Basiswissen Sozialwirtschaft und Sozialmanagement

Reihe herausgegeben von

Klaus Grunwald, Duale Hochschule BW Stuttgart, Stuttgart, Baden-Württemberg, Deutschland

Ludger Kolhoff, Fakultät Soziale Arbeit, Ostfalia Hochschule, Wolfenbüttel, Niedersachsen, Deutschland

Die Lehrbuchreihe „Basiswissen Sozialwirtschaft und Sozialmanagement" vermittelt zentrale Inhalte zum Themenfeld Sozialwirtschaft und Sozialmanagement in verständlicher, didaktisch sorgfältig aufbereiteter und kompakter Form. In sich abgeschlossene, thematisch fokussierte Lehrbücher stellen die verschiedenen Themen theoretisch fundiert und kritisch reflektiert dar. Vermittelt werden sowohl Grundlagen aus relevanten wissenschaftlichen (Teil-)Disziplinen als auch methodische Zugänge zu Herausforderungen der Sozialwirtschaft im Allgemeinen und sozialwirtschaftlicher Unternehmen im Besonderen. Die Bände richten sich an Studierende und Fachkräfte der Sozialen Arbeit, der Sozialwirtschaft und des Sozialmanagements. Sie sollen nicht nur in der Lehre (insbesondere der Vor- und Nachbereitung von Seminarveranstaltungen), sondern auch in der individuellen bzw. selbstständigen Beschäftigung mit relevanten sozialwirtschaftlichen Fragestellungen eine gute Unterstützung im Lernprozess von Studierenden sowie in der Weiterbildung von Fach- und Führungskräften bieten.

Beiratsmitglieder

Holger Backhaus-Maul, Philosophische Fakultät III, Universität Halle-Wittenberg, Halle (Saale), Sachsen-Anhalt, Deutschland

Marlies Fröse, Evangelische Hochschule Dresden, Dresden, Sachsen, Deutschland

Waltraud Grillitsch, Fachhochschule Kärnten, Feldkirchen, Österreich

Andreas Laib, Fachbereich Soziale Arbeit, Fachhochschule St. Gallen, St. Gallen, Schweiz

Andreas Langer, Department Soziale Arbeit, HAW Hamburg, Hamburg, Deutschland

Wolf-Rainer Wendt, Stuttgart, Baden-Württemberg, Deutschland

Peter Zängl, Hochschule für Soziale Arbeit, Fachhochschule Nordwestschweiz, Olten, Schweiz

Weitere Bände in der Reihe http://www.springer.com/series/15473

Ursula Weber

Bürgerschaftliches Engagement und Ehrenamt in der Sozialwirtschaft

Eine Einführung

Ursula Weber
Fakultät Soziale Arbeit, Duale
Hochschule Baden-Württemberg
Stuttgart, Baden-Württemberg
Deutschland

ISSN 2569-6009 ISSN 2569-6017 (electronic)
Basiswissen Sozialwirtschaft und Sozialmanagement
ISBN 978-3-658-28184-7 ISBN 978-3-658-28185-4 (eBook)
https://doi.org/10.1007/978-3-658-28185-4

Die Deutsche Nationalbibliothek verzeichnet diese Publikation in der Deutschen Nationalbibliografie; detaillierte bibliografische Daten sind im Internet über http://dnb.d-nb.de abrufbar.

© Springer Fachmedien Wiesbaden GmbH, ein Teil von Springer Nature 2020
Das Werk einschließlich aller seiner Teile ist urheberrechtlich geschützt. Jede Verwertung, die nicht ausdrücklich vom Urheberrechtsgesetz zugelassen ist, bedarf der vorherigen Zustimmung des Verlags. Das gilt insbesondere für Vervielfältigungen, Bearbeitungen, Übersetzungen, Mikroverfilmungen und die Einspeicherung und Verarbeitung in elektronischen Systemen.
Die Wiedergabe von allgemein beschreibenden Bezeichnungen, Marken, Unternehmensnamen etc. in diesem Werk bedeutet nicht, dass diese frei durch jedermann benutzt werden dürfen. Die Berechtigung zur Benutzung unterliegt, auch ohne gesonderten Hinweis hierzu, den Regeln des Markenrechts. Die Rechte des jeweiligen Zeicheninhabers sind zu beachten.
Der Verlag, die Autoren und die Herausgeber gehen davon aus, dass die Angaben und Informationen in diesem Werk zum Zeitpunkt der Veröffentlichung vollständig und korrekt sind. Weder der Verlag, noch die Autoren oder die Herausgeber übernehmen, ausdrücklich oder implizit, Gewähr für den Inhalt des Werkes, etwaige Fehler oder Äußerungen. Der Verlag bleibt im Hinblick auf geografische Zuordnungen und Gebietsbezeichnungen in veröffentlichten Karten und Institutionsadressen neutral.

Planung/Lektorat: Stefanie Laux
Springer VS ist ein Imprint der eingetragenen Gesellschaft Springer Fachmedien Wiesbaden GmbH und ist ein Teil von Springer Nature.
Die Anschrift der Gesellschaft ist: Abraham-Lincoln-Str. 46, 65189 Wiesbaden, Germany

Vorwort

Bürgerschaftliches Engagement durchdringt viele gesellschaftliche Bereiche. Studien belegen, dass rund ein Drittel der Gesellschaft ehrenamtlich aktiv ist. Die Facetten des Engagements reichen vom individuellen Engagement in Projekten, von der freiwilligen unbezahlten Mitarbeit in karitativen Einrichtungen über das ehrenamtliche Betreiben einer Freiwilligenagentur bis hin zu den verschiedenen Formen direkt-demokratischer Bürgerbeteiligung. Gemeinnützige Organisationen, Projekte, Einrichtungen, Vereine gestalten zusammen mit Engagierten das örtliche Zusammenleben und das Miteinander. Dass dieses „soziale Kapital", das hier durch das Engagement entsteht, einen fördernden Rahmen benötigt, der das bürgerschaftliche Potenzial hebt und unterstützt, wird immer mehr Kommunen bewusst. Wohlfahrtseinrichtungen setzen darauf ebenso wie der Sozialstaat.

Kommunale Daseinsvorsorge und bürgerschaftliches Engagement wird inzwischen häufig miteinander verschränkt. Es gibt dabei eine positive Tendenz, denn bürgerschaftliches Engagement erfüllt eine staatlich relevante Ergänzungsfunktion. Aus ihm kommen Impulse für innovative Projekte und Lösungen für gesellschaftliche Probleme. Positiv betrachtet kann das bürgerschaftliche Engagement für die Bürgergesellschaft im Sinne der Solidarität einen wesentlichen Beitrag zur Weiterentwicklung des demokratischen Gemeinwesens leisten. In der Diskussion wird der Mehrwert, den es für alle Beteiligten erzeugt, herausgehoben. Die Koproduktion bleibt nicht ohne Kritik mit dem Verweis auf negative Tendenzen. Unter dem Deckmantel der Eigenverantwortung kann Engagement als Dienstleisterin für den Staat gesehen werden. Aus dieser Perspektive wird dem Sozialstaat der Rückzug und die Individualisierung von Problemen auf Kosten der Betroffenen und der Engagierten ermöglicht. Herausragend für das bürgerschaftliche Engagement ist, dass es sich in seinen ganz unterschiedlichen Facetten dadurch auszeichnet, dass es zwischen den Sphären

Staat, Markt und Privatleben stattfindet, dass es Öffentlichkeit einschließt und in seiner Wirkung über die unmittelbar Beteiligten hinauszielt.

Bürgerengagement hat eine zunehmende Aufwertung im Zusammenhang mit den gegenwärtigen gesellschaftlichen Transformationsprozessen erfahren, im Zeitalter der Individualisierung, der Digitalisierung, des demografischen Wandels oder der globalen Migrationsprozesse. Zugleich hat die Debatte um Bürgerengagement eine neue Qualität angenommen. Es wird ihm vielfach das Potenzial zugeschrieben, der „soziale Kitt" zu sein, der unsere Gesellschaft zusammenhalte. Die Erwartungen steigen, viele Engagierte sind gefragt, und dazu haben sich vielfältige institutionelle Erscheinungsformen wie Koordinierungsstellen und Freiwilligenagenturen etabliert, um Engagement und Beteiligung zu fördern.

Seit den 1990er-Jahren haben ökonomische Fragestellungen im Sozial- und Gesundheitswesen vermehrt an Bedeutung gewonnen. Diskutiert werden sie u. a. unter dem Begriff der Sozialwirtschaft. Der Begriff ist vor dem Hintergrund einer zunehmenden Ökonomisierung zu verstehen, im Sinne einer Unterordnung der Sozialen Arbeit unter die marktwirtschaftliche Logik: mehr Wirtschaftlichkeit, zunehmende Reprivatisierung, die Propagierung von Selbsthilfe, die Ausweitung von Gratisarbeit und dem Niedriglohnsektor. Dies betrifft z. B. freigemeinnützige Einrichtungen als sozialwirtschaftliche Unternehmen. Sie sind weder eindeutig dem Markt noch dem Staat zuzuordnen. Sie sind staatsergänzend, nicht ausschließlich am Gewinn orientiert und werden eigenständig und unabhängig vom Staat verwaltet, aber größtenteils durch staatliche Zuwendungen finanziert. Sie arbeiten in vielen Bereichen wie z. B. Bildung, Entwicklungshilfe, Gesundheit, Kultur, Politik und soziale Wohlfahrt sowie weiteren sozialen Bereichen. Neben den hauptamtlich Beschäftigten binden sie auch Engagierte in ihre soziale Dienstleistungserbringung mit ein. Von der Unterstützung und Pflege von älteren Personen, der Betreuung von Kindern und Jugendlichen, über soziale Hilfen in spezifischen Problemlagen bis in den Sport-, Freizeit- und Kulturbereich hinein.

Wohlfahrtsverbände, Städte, Gemeinden, Quartiere sind Gestaltungsräume für bürgerschaftliches Engagement. Sie leben vom bürgerschaftlichen Engagement. Lokale Förderkonzepte in Rathäusern, Verwaltungen und in Wohlfahrtsverbänden sind nötig, weil dem bürgerschaftlichen und ehrenamtlichen Engagement eine zukunftsbezogene sozialpolitische Bedeutung zukommt, jedoch nicht immer selbstverständlich und voraussetzungslos erbracht wird. Fast 80 % des Engagements entfaltet sich auf der lokalen Ebene. Die strategische und konzeptionelle Förderung muss hier verankert werden. Diese Engagementstrategien sind dann besonders lebendig und nachhaltig, wenn der Akzent nicht nur auf dem Organisieren, Schaffen und Produzieren liegt, sondern der Raum für eine zeitgemäße Beteiligungskultur geöffnet ist, also Erörterung, Dialoge und Mitentscheidung ebenso gefragt sind wie die Mitarbeit. Diese Entwicklung wird unter dem Diskurs der Beteiligung oder Partizipation gefasst.

Die Selbstorganisation und Eigenmotivation von Engagierten und Ehrenamtlichen sowie die Ermöglichung dieser Aktivitäten bedeutet ein komplexes Zusammenspiel, das unter fördernden Rahmenbedingungen gut gelingen kann. Hierfür benötigen Sozialarbeiter*in oder Fachkräfte für bürgerschaftliches Engagement Wissen und grundlegende Kenntnisse, die dieses Lehr- und Studienbuch in fünf Kapiteln vermittelt. Im ersten Kapitel werden begriffliche Grundlagen des alten und neuen Ehrenamtes aufgearbeitet. Ehrenamt als klassische Bezeichnung für Tätigkeiten, in deren Amt man durch Wahl, Berufung oder Beauftragung kommt und dessen sogenannter Lohn die Ehre ist. Darunter wird ein individuelles Handeln verstanden, das sich durch Freiwilligkeit, fehlende persönliche materielle Gewinnabsicht und eine Ausrichtung auf das Gemeinwohl auszeichnet und das als Sammelbegriff für alle Formen der freiwilligen, sozialen, unentgeltlichen und gemeinwohlorientierten Tätigkeit gilt. Beide Begriffe werden nicht in Konkurrenz zueinander gesehen und lassen sich auch nicht immer trennscharf verwenden. Daran im Anschluss werden empirische Befunde dargelegt, um die historisch enge Verflechtung von Bürgerengagement mit der Sozialen Arbeit sowie deren Aktualität darzulegen.

In Kap. 2 erfolgt eine Einbettung des Themas in die theoretischen Bezüge der Zivilgesellschaft. Daraus erklärt sich seine gesellschaftliche und (sozial-)politische Relevanz. Das führt zum Konzept des Wohlfahrtsmix, für dessen Umsetzung Bürgerengagement konstituierend ist. Anhand der neuen Unterstützungsangebote-Verordnung (UstA-VO) wird die Tragweite skizziert.

Die strukturellen und strategischen Grundlagen zur Förderung von Bürgerengagement werden in Kap. 3 thematisiert. Sie spielen in der aktuellen Engagementförderung auf den Ebenen der Kommunen, der Länder, des Bundes und in Einrichtungen der Sozialwirtschaft sowie der Wohlfahrtsverbände eine wichtige Rolle. Wie sie im Einzelnen aussehen und ausgestaltet sind, zeigt sich hier.

Die Ebene der strategischen Ausrichtung ist die Basis für die Analyse der operativen Ebene. Rahmenbedingen für eine engagementfördernde Infrastruktur in Kommune und in wohlfahrtsverbandlichen Organisationen stehen im Mittelpunkt. Das Freiwilligenmanagement als Förderinstrument wird vorgestellt. Es gehört zugleich ins Spektrum von neuen Arrangements der Mitsprache und Beteiligung, was unter dem Stichwort der Partizipation verhandelt wird. Im abschließenden Kap. 5 geht es um die Bedeutung und den Wert von

Bürgerengagement. Hier ordnen sich weitere fachliche Vertiefungen ein, wie die Anerkennungskultur von Engagierten, die Bedeutung von Qualifizierung, die Diskussion zur Monetarisierung, das Engagement von Unternehmen und die Verortung von Engagement im Spannungsfeld von Zuwanderung, Globalisierung und dem heimatlichen, lokalen Raum.

Der Aufbau des Buches reflektiert die Vielfalt der Themen, gleichzeitig werden aktuelle Herausforderungen an das Management der politischen Ebenen und Organisationen dargelegt und ihre strategische Bearbeitung in einer praxisnahen, theoretisch fundierten und inspirierenden Handreichung behandelt.

Danken möchte ich Kolleg*innen und Begleiter*innen des Buches: Frank Brunecker, Klaus Grunwald, Andrea Helmer-Denzel, Dorothea Lampke und Ella Sophie Weber.

Ursula Weber

Inhaltsverzeichnis

1	**Einführung und Annäherung.**	1
1.1	Begriffsarbeit: Ehrenamt und bürgerschaftliches, freiwilliges Engagement	3
1.2	Bürgerschaftliches Engagement – Motive	6
	1.2.1 Die Relevanz der Ressourcenausstattung.	9
1.3	Wie viele Menschen engagieren sich? – Wer engagiert sich?	10
	1.3.1 Die aktuellen Kernaussagen.	10
	1.3.2 Wer engagiert sich?	10
	1.3.3 Bildung ist eine wichtige Ressource für die Beteiligung am freiwilligen Engagement	12
	1.3.4 Ungenutzte Potenziale	14
	1.3.5 Engagement von Menschen mit Migrationshintergrund – Potenziale liegen brach	15
	1.3.6 Unterschiede in den Bundesländern.	16
1.4	Engagement in seiner Vielfalt – Die Qual der Wahl	17
	1.4.1 Formen und Bereiche bürgerschaftlichen Engagements	18
1.5	Bürgerschaftliches Engagement in Sozialwirtschaft und Sozialer Arbeit – ein Verflechtungsverhältnis.	21
	1.5.1 Engagement im Spannungsfeld	24
	1.5.2 Gegenwartsbestimmung.	26
	Literaturempfehlungen	27
2	**Die Einbettung des bürgerschaftlichen Engagements in theoretische Bezüge.**	31
2.1	Zivilgesellschaft.	32
2.2	Strukturwandel und Individualisierung	35

	2.2.1	Drei Dimensionen der Individualisierung	36
	2.2.2	„Sozialstaat unter Druck"	38
2.3	Das Sozialkapital der Bürgergesellschaft.		38
	2.3.1	Konzept des Sozialkapitals	39
2.4	Das Konzept des Wohlfahrtsmix		41
	2.4.1	Das Zusammenspiel der Akteure	43
	2.4.2	Wohlfahrtsmix und die Soziale Arbeit	44
	2.4.3	Die Pflegestärkungsgesetze und die Unterstützungsangebote-Verordnung (UstA-VO)	46
	2.4.4	Herausforderungen des demografischen Wandels	48
Literaturempfehlungen			49

3 Strategische Förderung von bürgerschaftlichem Engagement 53
   3.1 Ohne Infrastruktur läuft es nicht 54
   3.2 Kommunale Koordinierungsstellen 56
      3.2.1 Verwaltungslogik vs. Handeln im Engagement 58
   3.3 Bund und Bundesländer 60
      3.3.1 Das Bundesnetzwerk Bürgerschaftliches Engagement (BBE) als Interessenvertretung der Engagierten 61
      3.3.2 Unterausschuss „Bürgerschaftliches Engagement" des Deutschen Bundestages 62
      3.3.3 Der Weg vom Bund in die Kommunen 62
      3.3.4 Die Förderstruktur auf Landesebene am Beispiel von Baden-Württemberg 65
   3.4 Die Wohlfahrtsverbände in der Tradition von Ehrenamt und Bürgerengagement 68
      3.4.1 Exkurs in die Geschichte der Wohlfahrtsverbände 72
      3.4.2 Akzentverschiebungen 73
      3.4.3 Das Dilemma der Wohlfahrtsverbände 74
      3.4.4 Neue Herausforderungen in der Besetzung von ehrenamtlichen Positionen 76
   Literaturempfehlungen 78

4 Operative Förderung von bürgerschaftlichem Engagement 83
   4.1 Förderung von Bürgerengagement in der Kommune 85
      4.1.1 Investitionen in Personal und Einrichtungen 87
      4.1.2 Freiwilligenagenturen 89
      4.1.3 Seniorenbüros 90
      4.1.4 Mehrgenerationenhäuser 90

4.2	Freiwilligenmanagement in Organisationen der Wohlfahrt und der Sozialen Arbeit		91
	4.2.1	Professionelle Strategien	92
	4.2.2	Aufgabenbereiche	93
	4.2.3	Der Engagementzyklus	94
4.3	Im Zeichen der Zeit: Partizipation und Freiwilligenmanagement		97
	4.3.1	Verfahren der Beteiligung	99
	4.3.2	Partizipation und Soziale Arbeit	102
Literaturempfehlungen			103

5 Bedeutung und Wert von bürgerschaftlichem Engagement 109
   5.1 Zwischen Konkurrenz und Mehrwert 113
      5.1.1 Konstruktive Rahmenbedingungen schaffen 114
   5.2 Wissen schafft Zukunft – Qualifizierung und Anerkennung 115
      5.2.1 Weiterbildung in Baden-Württemberg 117
   5.3 Monetarisierung im Bürgerengagement 118
   5.4 Corporate Social Responsibility 122
      5.4.1 Sektorenübergreifendes Zusammenspiel 123
      5.4.2 Corporate Giving, Volunteering, Support 125
   5.5 Engagement in der Zuwanderungsgesellschaft 127
      5.5.1 Engagement gibt es in allen Kulturen 128
      5.5.2 Migrantenselbstorganisationen 131
      5.5.3 Bürgerschaftliches Engagement in der kommunalen Flüchtlings- und Integrationspolitik 132
   5.6 Engagement schafft Heimat – im Spannungsfeld von Globalisierung und lokalem Raum 134
   Literaturempfehlungen 137

Literatur 143

Einführung und Annäherung 1

Zusammenfassung

Das Kapitel führt in die Begriffe des bürgerschaftlichen, freiwilligen Engagements und des Ehrenamts ein. Dies geschieht vor dem Hintergrund des gesellschaftspolitischen Horizonts, der für die Entwicklung des bürgerschaftlichen Engagements eine maßgebliche Rolle spielt. Unter den Aspekten der Stärkung der Zivil- und Bürgergesellschaft sowie des Umbaus des Sozialstaats findet das bürgerschaftliche Engagement eine außerordentliche öffentliche und politische Aufmerksamkeit. Mit dem Blick in die Empirie wird seine Größenordnung erkennbar werden wie auch die Motivlagen, welche für die Aufnahme eines Engagements bedeutend sind. Das Engagement in seiner Vielfalt wird skizziert und in seiner gesellschaftspolitischen Bedeutung transparent gemacht. Die historisch enge Verknüpfung von Ehrenamt und Sozialer Arbeit sowie seine Möglichkeiten und Herausforderungen im Handlungsfeld der Sozialen Arbeit und in der Sozialwirtschaft werden das erste Kapitel beschließen.

Schlüsselwörter

Ehrenamt · Bürgerschaftliches Engagement · Freiwilligenengagement · Motivlagen – extrinsisch · Intrinsisch · Anteile freiwillig engagierter Personen · Motive und Vielfalt im Engagement · Soziale Arbeit · Sozialwirtschaft · Wohlfahrtsverbände

Lernziele
Sie lernen in diesem Kapitel die Begriffe Ehrenamt und bürgerschaftliches Engagement kennen sowie die verschiedenen Formen, in denen sich Engagement zeigt. Sie können sowohl die Gemeinsamkeiten und die Unterschiede sowie die gesellschaftliche und politische Dimension einordnen, die im Begriff Bürgerengagement impliziert ist. Sie wissen um die empirischen Größenordnungen und die Motive im Engagement. Sie gewinnen Erkenntnisse zum engen Verhältnis von Ehrenamt und Engagement zur Sozialen Arbeit. Sie nehmen den miteinander verwobenen Entwicklungsprozess wahr, ebenso wie die Aktualität dieses Verhältnisses und die kritische Auseinandersetzung dessen.

Jede Sozialarbeiterin und jeder Stadtteilmanager weiß, wer gemeint ist: Menschen, auf die man zählen kann, wenn im Quartier etwas organisiert werden muss, eine Projektidee handfeste Unterstützung braucht oder wenn es darum geht, beim Stadtteilfest konkrete Ideen und zupackende Teilnehmer zu finden. Es sind jene Aktiven, die mit ihrem Engagement den bürgerschaftlichen Raum nach dem Motto „für sich und für andere" bereiten (Hoeft et al. 2014, S. 31). Viele Menschen sind in Deutschland in der Nachbarschaft und im Stadtteil oder im Quartier engagiert. Sie sind z. B. aktiv in Verbänden und Vereinen, in Kirchengemeinden, in Bürgerinitiativen und Parteien, in Freiwilligendiensten, in der Freiwilligen Feuerwehr, in Seniorenbüros, in Jugendparlamenten, in Mehrgenerationenhäusern, in der Flüchtlingsarbeit und in Projekten.

Das Engagement der Menschen ist vielfältig und in hohem Maße vorhanden. Dieser Befund spiegelt sich wider in den Umfragewerten des Freiwilligensurveys der im Jahr 2014 durchgeführt wurde. Er bestätigt die Entwicklung, wie sie bereits seit den 1980er-Jahren zu beobachten ist. Im Jahr 2014 sind es bundesweit 43,6 % der Wohnbevölkerung ab 14 Jahren – was 30,9 Mio. Menschen entspricht (Simonson et al. 2017). So überzeugend und beeindruckend die Zahlen sind, so unterschiedlich sind die Begriffe und Bezeichnungen für das freiwillig geleistete Engagement. *Ehrenamt, bürgerschaftliches Engagement, Freiwilligenarbeit, Bürgerarbeit, freiwilliges Engagement, ehrenamtliches Engagement* sind Varianten, die überwiegend synonym benutzt werden. Zugleich drückt sich in der Auseinandersetzung mit der Terminologie ein Form- und Bedeutungswandel aus, welcher das Engagement in seiner Geschichte erfahren hat.

1.1 Begriffsarbeit: Ehrenamt und bürgerschaftliches, freiwilliges Engagement

Der Begriff des Ehrenamts ist bis in die 1980er-Jahre die klassische Bezeichnung für freiwillige, unbezahlte und uneigennützige Tätigkeiten, deren Lohn die „Ehre" ist (Reifenhäuser et al. 2017, S. 14). Im Ehrenamt scheint die Institutionalisierung des ehrenamtlichen Handelns im Rahmen eines Amtes im Vordergrund zu stehen. Dagegen betonen die Begriffe „bürgerschaftliches Engagement" und „freiwilliges Engagement" moderne Aspekte der demokratischen Partizipation und der Individualisierung (Hollstein 2015, S. 22).

Greift man in der Historie weiter zurück, dann zeigen sich zwei unterschiedliche Entwicklungsstränge. Der eine Weg führt zu den Reformen der nachnapoleonischen Zeit zu Beginn des 19. Jahrhunderts, als die „kommunale Selbstverwaltung" in der preußischen Städteordnung verankert wurde. Die Bürger waren von nun an verpflichtet, gegebenenfalls öffentliche Stadtämter zu übernehmen, ohne dafür eine Bezahlung erwarten zu können – das Ehrenamt hat hier seinen Ausgangspunkt.

Der zweite Weg hat im sogenannten „Elberfelder System" seine Geburtsstunde und weist auf die sozialen Reformen in der Mitte des 19. Jahrhunderts hin. Männer aus dem Bürgertum machten bei den „Armen" Hausbesuche, um herauszufinden, ob die Hilfsbedürftigen würdig waren, die Armenhilfe durch die kommunale Verwaltung zu erhalten. Die entscheidende Qualifikation des Armenpflegers bestand in seiner Eigenschaft als Bürger und Nachbar, seiner lokalen Vertrautheit und Präsenz (Sachße 2002, S. 4). Die Entwicklungsgeschichte verweist darauf, dass es sich beim Ehrenamt um eine staatlich abgeleitete Tätigkeit handelt.

Der Einzelne tut etwas für seine Gemeinde und hat dafür in gewisser Weise eine Art Beauftragung – und wird dafür mit der Ehre für das Geleistete belohnt. Heute kommt man üblicherweise durch Wahl, Berufung oder (noch immer) durch Beauftragung zu einem Ehrenamt. Die Positionen in Gremien wie Gemeinde- oder Stadtrat, Kirchengemeinderat, Elternbeirat, die Tätigkeit als Schöffe oder Vormund oder der Vorsitz in Vereinen werden mit Personen besetzt, deren Engagement als selbstverständlich vorausgesetzt wird. Darin klingt noch die besondere moralisch-ethische Verpflichtung an, die besondere Verbundenheit zu einem Amt und einer Organisation, die als Belohnung, als Ausgleich und Gegenwert „Ehre" gewährt.

Von diesem etatistischen Verständnis von Ehrenamt, also auf die Staatsinteressen hin ausgerichtet, hat sich die Enquete-Kommission des Deutschen Bundestages wegweisend abgegrenzt. In ihrer Beschreibung von bürgerschaftlichem Engagement bündeln sich unterschiedliche Formen von freiwilligen, nicht auf materiellen Gewinn ausgerichtete, gemeinsinnorientierte Tätigkeiten (2002, S. 86). Fünf Kriterien sind zentral, um bürgerschaftliches Engagement zu beschreiben:

- Das Engagement ist freiwillig.
- Das Engagement ist nicht auf materiellen Gewinn ausgerichtet.
- Das Engagement erfolgt gemeinwohlorientiert.
- Das Engagement ist öffentlich bzw. findet im öffentlichen Raum statt und
- wird in der Regel gemeinschaftlich/kooperativ ausgeübt.

Der Begriff des bürgerschaftlichen Engagements kam in den 1990er-Jahren auf und hat sich inzwischen fest etabliert. Er wird als Oberbegriff verwendet, doch drückt sich damit gleichzeitig eine Tendenz zur Abgrenzung hin zum Ehrenamt aus, denn ihm wohnt eine gesellschaftliche Dimension inne und diese wird mit dem Begriff betont (Klein 2011a, S. 36; Roß 2014, S. 433 ff.).

Holzschnittartig werden nun das sogenannte „traditionelle Ehrenamt" und das neuere „Freiwilligenengagement" voneinander unterschieden. Diese Trennung ist jedoch eher theoretischer Natur. Beide Engagementtypen sind in der Praxis vertreten und überschneiden sich in verschiedenen Organisationen (Tab. 1.1).

Die Enquete-Kommission hebt zudem den „Eigensinn" des Engagements hervor und schließt ausdrücklich Bürgerinitiativen, soziale Bewegungen und Selbsthilfegruppen in ihre Begriffsbestimmung ein: Bürgerengagement ist der Einsatz für das Gemeinwohl als unverzichtbare Bedingung für den Zusammenhalt unserer Gesellschaft (2002, S. 86).

Herausgestellt wird durch die Arbeit der Kommission und in Analysen und weiterführenden Betrachtungen zur Entwicklung des bürgerschaftlichen Engagements insbesondere der zivilgesellschaftliche Horizont (2002, S. 56 ff.; Zimmer 2009; Roß 2012; Evers 2009). Es wird die Verbindung zwischen Bürgerschaft, Zivilgesellschaft und dem freiwilligen Engagement betont, mit der Folge, dass der Begriff eine politische Aufwertung erfährt (Klein 2011a, S. 36). Er verbindet Gemeinsinnorientierung mit Teilhabe- und Mitbestimmungsmöglichkeiten und unterscheidet sich damit essenziell von der Begriffsgeschichte des Ehrenamtes.

Vor diesem Horizont geht es auch um die Frage, in welcher Weise Bürger*innen das gesellschaftliche Umfeld gestalten können und sich zivilgesellschaftliche und solidarische Engagement- und Beteiligungsformen durchsetzen. In diesem

Tab. 1.1 Traditionelles Ehrenamt und neues Freiwilligenengagement. (Eigene Darstellung in Anlehnung an Reifenhäuser et al. 2017, S. 36)

Traditionelles Ehrenamt	Neues Freiwilligenengagement
Engagement in etablierten Organisationen	Engagement in Initiativen und Projekten
Langjähriges kontinuierliches Engagement	Zeitlich definiertes Engagement
Angefragt, gebeten, berufen oder gewählt	Eigener Entschluss
Altruistische Motivation und hohes Pflichtgefühl	Breit gefächerte Motivation: Spaß, Freude an der Tätigkeit, eigene Interessen und Nutzen, Geselligkeit
Diffuse Aufgabenstruktur	Konkrete Beschreibung der Tätigkeiten und Verantwortungsbereiche
Bereitschaft, sich in hierarchische und komplexe Strukturen einzufinden	Wunsch nach Transparenz der Strukturen sowie Möglichkeiten der Teilhabe und Mitbestimmung

spezifischen Begriffsverständnis wird die gesellschaftspolitische Bedeutung freiwilliger Betätigung in den Mittelpunkt gestellt und der Beitrag hervorgehoben, den das bürgerschaftliche Engagement für die Gesellschaft leistet (Klein et al. 2010, S. 27).

Der Eigensinn des Engagements ist darin zentraler Kern. Zunächst basiert die Tätigkeit in aller Regel auf der Selbstorganisation, auch wenn sie in gemeinnützigen Organisationen erbracht wird. Den Eigensinn macht dann „all jenes aus, was Staat nicht ist und auch nicht sein kann" (Alberg-Seerich et al. 2015, S. 18). Das erweiterte Verständnis von Engagement spiegelt sich im *Ersten Engagementbericht* wider. Es ist ein Verweis darauf, dass das bürgerschaftliche Engagement seine Rolle im Zusammenwirken von Staat, Bürgergesellschaft und Wirtschaft hat und sich erst in diesem Zusammenspiel die zeitgemäße Entwicklung des Gemeinwohls zeigt (BMFSJ 2012, S. 35).

Daraus kann geschlossen werden, dass sich die aktuelle Debatte zum bürgerschaftlichen Engagement durch den Bezug auf die Zivil- bzw. Bürgergesellschaft als Rahmung auszeichnet. Diese neu gewonnene Perspektive führt zu der Erkenntnis, dass das politische und soziale Engagement in Verbindung zueinander betrachtet wird und dass die häufige Abgrenzung voneinander nicht wegweisend ist. Die Engagementformen in ihrer Vielfalt und die verschiedenen Tätigkeiten sind durch ihren Beitrag Gestalter des Gemeinwesens. Es zählt der Einsatz der Feuerwehr ebenso wie der Besuchsdienst im Pflegeheim, die Tätigkeit als Jugendtrainer oder die Aktivität in einer Selbsthilfegruppe.

Eine weitere Perspektive zur Bedeutung und zur Aktualität eröffnet sich hinsichtlich der Stärkung und Betonung der gesellschaftlichen demokratischen Teilhabe, die mit bürgerschaftlichem Engagement befasst ist. Gemeint ist hier die Bürgerbeteiligung bzw. Partizipation. Die Erweiterung des Blickwinkels „erlaubt es schließlich, freiwilliges Engagement einerseits und Bürgerbeteiligung andererseits zwar zu unterscheiden, aber nicht voneinander zu trennen" (Roß 2014, S. 434). Das Thema der Partizipation wird in Abschn. 4.3 vertieft.

1.2 Bürgerschaftliches Engagement – Motive

Bürgerschaftliches Engagement entfaltet sich in einem großen Spektrum von Handlungs- und Betätigungsfeldern. Die Motive für das Engagement sind so vielfältig wie die Aufgaben, die freiwillig und unentgeltlich übernommen werden. Grundsätzlich kann zwischen situativen und personalen Motiven unterschieden werden, wobei Erstere mit der sogenannten extrinsischen und Letztere mit der sogenannten intrinsischen Motivation zusammenhängen. Engagiert sich jemand in einer Hilfsorganisation wegen der sozialen Kontakte mit Gleichgesinnten, dann leitet ihn überwiegend die extrinsische Motivation. Ein Beispiel für die intrinsische Motivation stellt dar, wenn jemand aufgrund seiner sozialen Verantwortlichkeit heraus in einer Hilfsorganisation arbeitet, also seine innere Überzeugung ihn zum Handeln führt (Bierhoff 2002, S. 23).

Die Entscheidung für ein Engagement generiert sich aus einem differenzierten Bündel an Motiven und wird zum Auslöser für eine Tätigkeit. Die Motive können dabei auch im Widerstreit zueinander stehen oder sich im Verlauf der Zeit verändern (Abb. 1.1).

Neben einem breiten Spektrum an Aufgaben gibt es ganz unterschiedliche Beweggründe um sich für ein Engagement zu entscheiden. Sowohl die Orientierung am Gemeinsinn und altruistische Motive sind relevant als auch der sogenannte Eigensinn und Eigennutzen sind Faktoren, die eine Rolle spielen.

Es ist ein Gemisch aus verschiedenen Interessen und Erwartungen, welches die Menschen in ein Engagement bringen. Der Eigensinn und der Eigennutzen des freiwilligen Engagements ist dabei ebenso ein Faktor, wie die Gemeinsinnorientierung und altruistischen Motive (Klein 2011a, S. 37). Kommt es zu einer Aktivität als Engagierte bzw. Engagierter, dann stehen der Wunsch, Spaß zu haben, mit anderen Menschen zusammenzukommen, durch das eigene Engagement die Gesellschaft zumindest im Kleinen mitzugestalten und mit anderen Generationen zusammenzutreffen, auf der Motivliste ganz oben.

1.2 Bürgerschaftliches Engagement – Motive

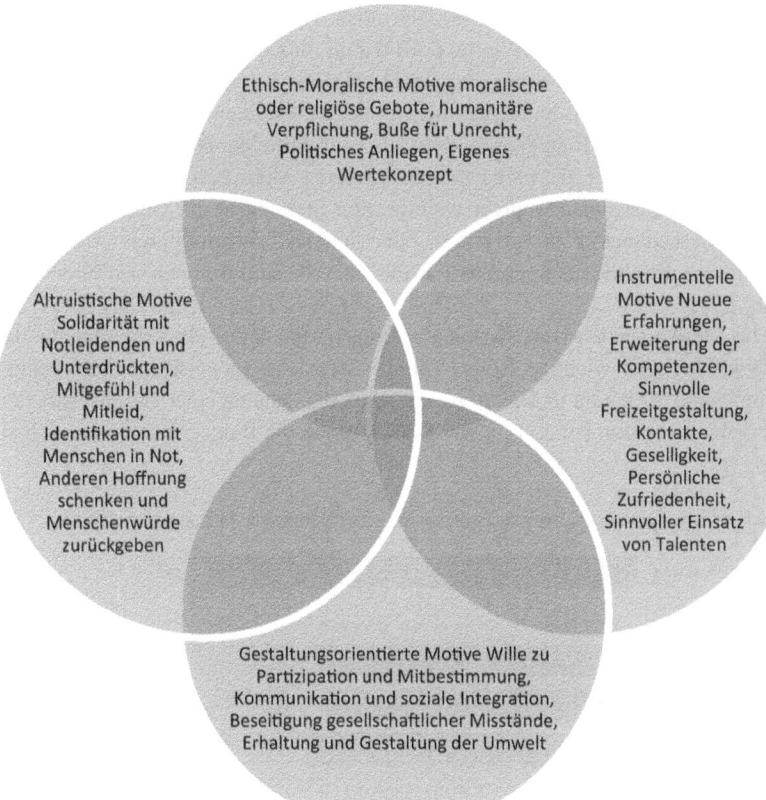

Abb. 1.1 Darstellung der Motive, die Freiwillige und potenziell Freiwillige bewegen. (Eigene Darstellung in Anlehnung an Reifenhäuser et al. 2017, S. 21)

Mit 93,9 % stimmen die meisten Personen der Aussage voll oder eher zu, dass sie in ihrem Engagement Spaß haben wollen (davon 80,0 % volle Zustimmung). Daneben möchte die überwiegende Mehrheit der Engagierten mit anderen Menschen zusammenkommen (82,0 %), die Gesellschaft mitgestalten (81,0 %) und mit Menschen anderer Generationen zusammen sein (80,1 %). Motive, die sich eher auf einen materiellen, beruflichen oder einen Statusgewinn durch das Engagement beziehen, werden deutlich seltener genannt. So gibt gut die Hälfte der Engagierten an, durch ihr Engagement Qualifikationen erwerben zu wollen, die im Leben wichtig sind (51,5 %). Nur noch 31,5 % wollen Ansehen und Einfluss gewinnen und etwa ein Viertel hofft darauf, durch das Engagement beruflich voranzukommen. Das am wenigsten wichtige Motiv ist das finanzielle: Insgesamt 7,2 % geben an, durch ihr Engagement etwas dazuverdienen zu wollen. Für die große Mehrheit der Engagierten steht also im Mittelpunkt, etwas zu tun, das ihnen Freude bereitet, dass sie etwas mit anderen Menschen zusammen machen können. Dabei ist ihnen weniger wichtig, ihre Stellung in der Gesellschaft oder auf dem Arbeitsmarkt zu verbessern oder finanziell zu profitieren. Als Motive spielen sie zwar eine untergeordnete Rolle, aber sie sind dennoch von Bedeutung (Abb. 1.2).

Die Motive spielen zunächst für die Engagierten selbst als Kriterium für das Aktivwerden eine wichtige Rolle. Thomas Gensicke verweist auf eine weitere Komponente. Er betont in seinem Ansatz, dass die Qualität einer Gesellschaft sich unter anderem daran bemisst, in welchem Ausmaß die Bürger*inneninnen sich an

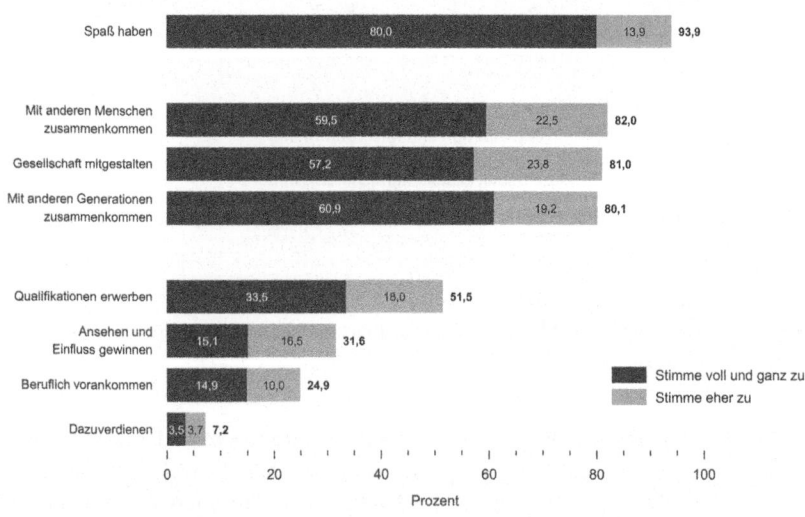

Quelle: FWS 2014, gewichtet, eigene Berechnungen (DZA). Basis: Alle Engagierten (n = 11.651–12.506).

Abb. 1.2 Die Motive der Engagierten sind vielfältig (Simonson et al. 2017, S. 427) (Die Abbildungen, die in der Folge aus dieser Publikation entnommen sind, stammen aus einer Open-Access-Publikation. Das Buch ist unter der Creative Commons Namensnennung 4.0 International Lizenz (https://creativecommons.org/licenses/by/4.0/deed.de) veröffentlicht.)

1.2 Bürgerschaftliches Engagement – Motive

öffentlichen Aktivitäten beteiligen und inwiefern sie zu freiwilligem Engagement bereit sind. Je höher dieses ist, desto gefestigter ist die „Zivilgesellschaft" als Kern einer modernen „Bürgergesellschaft" (Gensicke 2006, S. 9). Mit ihrem Engagement im Rahmen der Zivilgesellschaft wollen Bürger*inneninnen etwas zum Gemeinwesen beitragen. Dieses Kernkriterium der Zivilgesellschaft ist jenseits der unterschiedlichen Motivlage nicht ohne Voraussetzungen. Das in guter Absicht erbrachte freiwillige Engagement muss in der Praxis den Kriterien der Öffentlichkeit, der Kooperationsbereitschaft und der Toleranz gerecht werden. Neben der Orientierung am Gemeinwohl sind sie für die Idee der Zivilgesellschaft bestimmend.

Über die Motive hinaus, gibt es eine Reihe von Gunst- und Hemmfaktoren, die ein Engagement auslösen. Sie werden in der folgenden Übersicht dargelegt (Tab. 1.2).

1.2.1 Die Relevanz der Ressourcenausstattung

Anhand dieser Faktoren, die für ein Engagement sprechen oder sich als hinderlich herausstellen, wird deutlich, dass freiwilliges Engagement eine Form sozialer Teilhabe ist. Die Möglichkeiten zur Teilhabe sind jedoch sozial ungleich verteilt. Im deutlichen Zusammenhang zwischen der selbst eingeschätzten finanziellen Situation und dem freiwilligen Engagement wird dies anschaulich: Personen, die ihre finanzielle Lage als sehr gut einschätzen, engagieren sich zu einem fast doppelt so hohen Anteil (50 %) wie Personen, die ihre finanzielle Lage als sehr schlecht einschätzen (26,9 %).

In der Konsequenz heißt das: Soll freiwilliges Engagement gefördert werden, kann dies dann am besten gelingen, wenn berücksichtigt wird, dass freiwilliges Engagement individuelle und gesellschaftliche Ressourcen voraussetzt und dass die Vereinbarkeit von freiwilligem Engagement mit Verpflichtungen und

Tab. 1.2 Übersicht über Gunst- und Hemmfaktoren (Roß 2014, S. 422)

Faktoren, die ein Engagement begünstigen	Faktoren, die ein Engagement hemmen
Hohe Bildung	Niedrige Bildung
Gesichertes Einkommen	Unsichere finanzielle Situation
Erfahrung im Engagement als Jugendliche oder Jugendlicher gesammelt	Keine Erfahrung
Erwerbstätigkeit	Arbeitslosigkeit

Tätigkeiten in anderen Lebensbereichen, wie der beruflichen Tätigkeit und den familialen Verpflichtungen, korrespondiert.

1.3 Wie viele Menschen engagieren sich? – Wer engagiert sich?

Eine systematische, umfassende Datenerhebung für das freiwillige Engagement in Deutschland wurde zum ersten Mal 1999 durchgeführt. Initiiert wurde die Umfrage durch die Bundesregierung im Jahr 1996, nachdem aufgrund einer parlamentarischen Anfrage festgestellt wurde, dass es an einem zuverlässigen Gesamtbild fehlte (Embacher und Lang 2008, S. 39). Der Freiwilligensurvey (engl. survey: Überblick) wurde daraufhin initiiert und ist zu einer wichtigen empirischen Quelle geworden. Als repräsentative Befragung wird er seit 1999 im Abstand von fünf Jahren durchgeführt und ermöglicht, Entwicklungen und Veränderungen im Zeitverlauf zum bürgerschaftlichen und freiwilligen Engagement, zu Ehrenamt und zu Freiwilligenarbeit und Freiwilligendiensten zu betrachten. Aus vier Erhebungswellen liegen mittlerweile die Daten vor, die vom Bundesministerium für Familie, Senioren, Frauen und Jugend (BMFSJ) veröffentlicht werden.

1.3.1 Die aktuellen Kernaussagen

Derzeit sind 43,6 % der Wohnbevölkerung Deutschlands im Alter ab 14 Jahren freiwillig engagiert. Das sind 30,9 Mio. Menschen, die im öffentlichen Raum aktiv sind. Offensichtlich in der Betrachtung des Zeitverlaufs wird, dass die Quote der Engagierten seit Beginn der Befragung 1999 stetig anstieg. 1999 waren es 34 %, im Jahr 2004 und 2009 waren es knapp 36 % (Simonson et al. 2017). Das heißt, dass sich zunehmend mehr Menschen freiwillig engagieren (Abb. 1.3).

1.3.2 Wer engagiert sich?

Was die Geschlechterverteilung beim Engagement betrifft, so zeigen die Ergebnisse, dass die Beteiligung am Engagement unterschiedlich ist. Frauen engagieren sich mit 41,5 % anteilig etwas seltener als Männer mit 45,7 %. Wird die Quote im Zeitverlauf betrachtet, dann ist festzustellen, dass sie sich angleicht. 1999 waren 29,9 % der Frauen und 38,4 % der Männer engagiert. Dies führen die Autoren

1.3 Wie viele Menschen engagieren sich? – Wer engagiert sich?

Abbildung 3-1: Anteile freiwillig engagierter Personen vor und nach Prüfung im Zeitvergleich

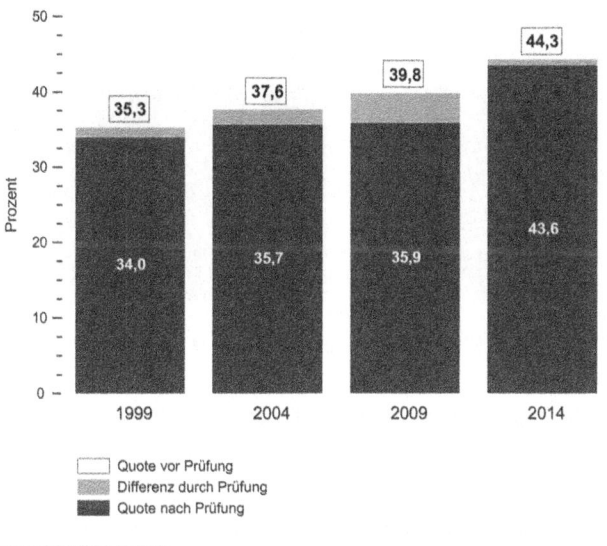

Quelle: FWS, gewichtet, eigene Berechnungen (DZA). Basis: Alle Befragten. FWS 1999 (n = 14.922), FWS 2004 (n = 15.000), FWS 2009 (n = 20.005), FWS 2014 (n = 28.689).
Nachrichtlich: Bei der Quote vor Prüfung im Jahr 1999 handelt es sich um eine Schätzung.

Abb. 1.3 Anteile freiwillig engagierter Personen im Zeitvergleich (Simonson et al. 2017, S. 98)

des aktuellen Freiwilligensurveys auf die mittlerweile stärkere Erwerbsbeteiligung von Frauen zurück. Hier bieten die berufliche Tätigkeit und die sozialen Kontakte mehr Gelegenheitsstrukturen für ein freiwilliges Engagement. Dennoch bleibt die Differenz zwischen den Geschlechtern relativ gering. Deutlich größere Unterschiede gibt es dagegen zwischen den verschiedenen Altersgruppen und Bildungsgruppen.

Sowohl in der Altersgruppe von 14 bis 29 Jahren als auch bei der Altersgruppe der 30- bis 49-Jährigen zeichnen sich mit 46,9 bzw. 47 % die höchsten Beteiligungsquoten ab. Auch der Anteil der 50- bis 64-Jährigen liegt mit 45,5 % über dem Gesamtanteil. Wesentlich niedriger ist der Anteil der Personen im Alter von 65 und mehr Jahren mit 34 %. Die Beteiligung im freiwilligen Engagement unterscheidet sich somit deutlich nach Altersgruppen, die auch als Ausdruck verschiedener Lebensstile verstanden werden können. Personen im beruflichen Ruhestand sind vergleichsweise seltener freiwillig engagiert als Personen, die

a) gesamt, nach Geschlecht und nach Alter

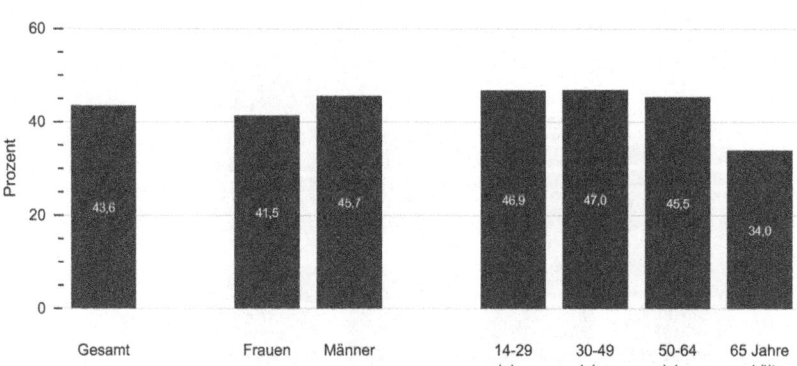

Abb. 1.4 Anteile freiwillig engagierter Personen nach Geschlecht und Alter (Simonson et al. 2017, S. 102)

noch zur Schule gehen oder in der Ausbildung sind, und als Personen in der Erwerbs- und/oder der Familienphase (Simonson et al. 2017, S. 102) (Abb. 1.4).

1.3.3 Bildung ist eine wichtige Ressource für die Beteiligung am freiwilligen Engagement

Bildung ist eine wichtige Ressource für die Entscheidung zu einem Engagement. Die Ergebnisse aus den Umfragen im Jahr 2014 belegen, wie stark das Bildungsniveau (hier gemessen durch den höchsten erreichten Schulabschluss) die Beteiligung im freiwilligen Engagement strukturiert.

Am geringsten ist der Anteil freiwillig Engagierter in der Gruppe der Personen mit niedriger Bildung, also bei Personen, die keinen oder nur einen niedrigen Schulabschluss erreicht haben. Aus der Gruppe mit niedriger Bildung sind lediglich 28,3 % in den letzten zwölf Monaten freiwillig engagiert gewesen. Deutlich höher ist der Anteil bei Personen mit hoher Schulbildung; mehr als die Hälfte dieser Gruppe hat sich in den letzten zwölf Monaten freiwillig engagiert (52,3 %). Am höchsten ist jedoch das Engagement in der Gruppe der Personen, die ihre Schulausbildung noch nicht abgeschlossen haben: 54,8 % der Schülerinnen und Schüler engagieren sich freiwillig (Abb. 1.5).

b) nach Bildung

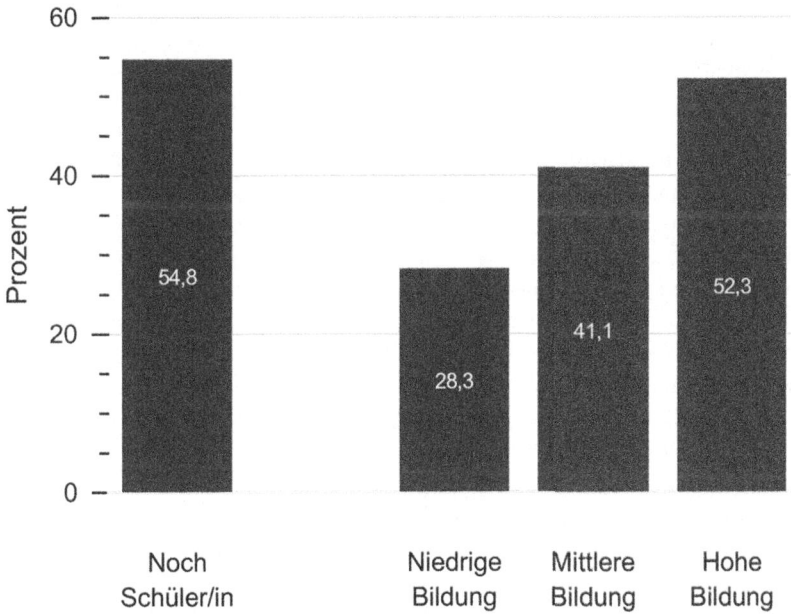

Abb. 1.5 Anteile freiwillig engagierter Personen nach Bildung (Simonson et al. 2017, S. 102)

Bei jungen Menschen zeigt sich, dass das Engagement stark von der schichtspezifischen Herkunft bestimmt ist und davon abhängt, welchen Schultyp sie besuchen. Zudem weiß man durch weitere Untersuchungen, dass Jugendliche aus bildungsfernen und unterprivilegierten Elternhäusern auch beim freiwilligen Engagement unterrepräsentiert sind (Düx et al. 2008). In der Engagementdebatte spielt das Engagement junger Menschen eine wichtige Rolle. Im Fokus stehen dabei die Lernchancen, die ein Engagement mit sich bringt, und die inzwischen begründete Annahme, dass ein Engagement in jungen Jahren einen positiven Einstieg für ein Engagement in einem späteren Lebensabschnitt bedeutet.

Jenseits des Aspekts des Alters gibt es den Zusammenhang zwischen Engagement, Erwerbsstatus, Einkommenssituation und Bildungsstatus. Eine der Kernaussagen im *Freiwilligensurvey,* bezogen auf den sozioökonomischen Status und freiwilliges Engagement, lautet, dass sowohl das schulische als auch das berufliche Ausbildungsniveau mit der Quote des freiwilligen Engagements zusammenhängen und auch Erwerbstätige sich zu höheren Anteilen engagieren als Nichterwerbstätige. Personen, die einen Hauptschul- oder Realschulabschluss sowie eine abgeschlossene Berufsausbildung haben, engagieren sich zu gut 36 %; die Engagementquote von Personen, die einen Haupt- oder Realschulabschluss, jedoch keine Berufsausbildung haben, beträgt rund 23 %. Die höchsten Anteile Engagierter sind bei Personen mit einem abgeschlossenen Fachhochschul- oder Universitätsstudium mit rund 54 % zu finden. Hinzu kommt, dass Personen, die ihre finanzielle Lage als sehr gut einschätzen, sich mit 50 % zu einem fast doppelt so hohen Anteil engagieren wie Personen, die ihre finanzielle Lage als sehr schlecht einschätzen. Hier liegt die Quote bei knapp 30 %. Die Wahrscheinlichkeit, sich freiwillig zu engagieren, sinkt, wenn ungünstige Ressourcenausstattungen, wie beispielsweise ein niedriger Bildungsstatus und Arbeitslosigkeit, zusammentreffen, und sie steigt, wenn förderliche Ressourcen aufeinandertreffen (Simonson et al. 2017, S. 439).

Diese Entwicklung bestätigt Chantal Munsch in ihrer Studie. Sie zeigt, dass Engagement ein zusätzliches Feld ist, aus dem sozial benachteiligte Bevölkerungsgruppen ausgegrenzt werden. Ihr Fokus ist insbesondere die Gemeinwesenarbeit und hier stellt sie fest, dass sozial benachteiligte Gruppen über das Bürgerengagement ausgegrenzt werden können bzw. ein Engagement nicht automatisch zur Beteiligung führt (Munsch 2005, S. 5).

1.3.4 Ungenutzte Potenziale

Wenn unter den Bedingungen von Armut, Arbeitslosigkeit und sozialer Ausgrenzung die Möglichkeiten zur Teilhabe stark beschnitten sind, so muss sich die Diskussion um das bürgerschaftliche Engagement mit den der sozialen Benachteiligung zugrunde liegenden gesellschaftlichen Strukturen und den notwendigen sozialpolitischen Rahmenbedingungen für gesellschaftliche Teilhabe befassen. Vor diesem Hintergrund und den Ergebnissen ihrer Studie weist Chantal Munsch darauf hin, dass Engagement die Chancengleichheit und Teilhabe für alle Menschen zum Ziel haben sollte.

Es gibt also keinen Einklang mit dem deutlichen Aufwärtstrend, der sich in den Ergebnissen der bisherigen *Freiwilligensurveys* und mit den Engagierten insgesamt spiegelt. Trotz der Erhöhung des Engagements sind nicht alle Gruppen in der Bevölkerung gleichermaßen vertreten, sondern einige Bevölkerungsgruppen bleiben unterrepräsentiert. Die soziale Ungleichheit zeigt sich auch darin, dass sich Angehörige sozial benachteiligter Gruppen weniger beteiligen als gut situierte und gebildete Bürger*inneninnen.

1.3.5 Engagement von Menschen mit Migrationshintergrund – Potenziale liegen brach

Die Anteile Engagierter unterscheiden sich zwischen Menschen mit und ohne Migrationshintergrund. Bisherige Untersuchungen zeigen, dass Migrantinnen und Migranten weniger engagiert und in den klassischen zivilgesellschaftlichen Bereichen und Institutionen der Mehrheitsgesellschaft – zum Beispiel der Feuerwehr – unterrepräsentiert sind. Gründe dafür liegen in sozioökonomischen, migrationsspezifischen und kulturellen Faktoren. Diese Darlegung wird im aktuellen Freiwilligensurvey erneut bestätigt (BMFSJ 2017, S. 236).

Personen mit Migrationshintergrund engagieren sich zu gut 31 % und damit deutlich seltener als Personen ohne Migrationshintergrund mit knapp 47 %. Eine Rolle bei den Migranten spielt jedoch die Art des Migrationshintergrundes. In der Gruppe der Personen mit Migrationshintergrund der zweiten Generation, die die deutsche Staatsangehörigkeit besitzen, ist der Anteil Engagierter mit 43,2 % ähnlich hoch wie bei Personen ohne Migrationshintergrund. Deutlich geringer ist der Anteil engagierter Personen in der Gruppe der Personen mit Migrationshintergrund der zweiten Generation ohne deutsche Staatsangehörigkeit: hier beträgt die Quote 31,1 %. Am geringsten ist der Anteil bei ausländischen Staatsangehörigen mit eigener Zuwanderungserfahrung. Hier sind es lediglich 21,7 %, die sich engagieren. Auch bei deutschen Staatsangehörigen mit eigener Zuwanderungserfahrung ist der Anteil mit 26,4 % unterdurchschnittlich (Simonson et al. 2017, S. 618) (Abb. 1.6).

Betrachtet man nun im Umkehrschluss die Nichtengagierten und leitet daraus ein noch zu weckendes Potenzial ab, kommen interessante Größenverhältnisse zutage. Hinsichtlich der Engagementbereitschaft übertreffen nicht engagierte Personen mit Migrationshintergrund jene ohne Migrationshintergrund um 12,3 %. Schaut man differenziert auf die beiden Gruppen, so zeigt sich auch hier, dass durchgängig in der Gruppe der Menschen mit Migrationshintergrund ein hohes Maß an Engagementbereitschaft vorhanden ist. Hier liegt ein Potenzial für zivilgesellschaftliche Organisationen, neue Engagierte zu gewinnen (Simonson et al. 2017, S. 618).

Diese hohe Bereitschaft, sich künftig im Aufnahmeland Deutschland zu engagieren, kann als Bereitschaft zur gesellschaftlichen Teilhabe und Integration verstanden werden. Im Zusammenhang mit den vergleichsweise niedrigen

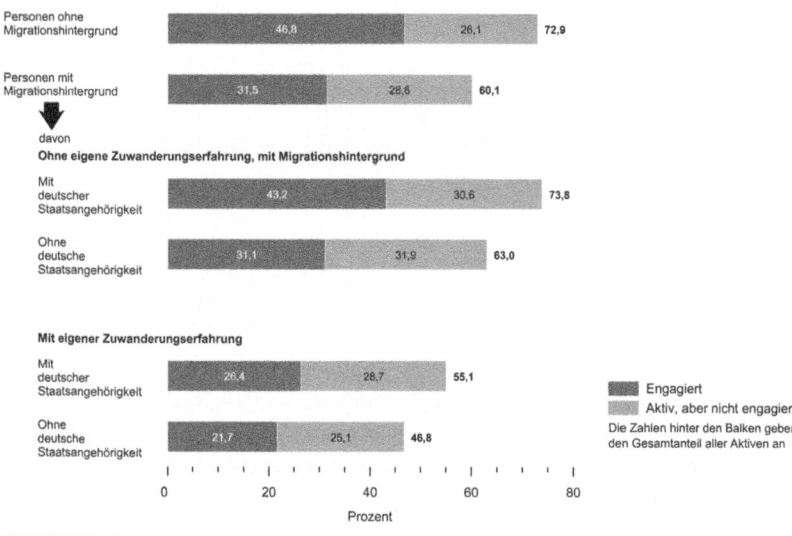

Abb. 1.6 Engagierte nach der Art des Migrationshintergrundes (Simonson et al. 2017, S. 615)

Engagementquoten von Menschen mit Migrationshintergrund verweist sie aber auch auf mögliche Barrieren, sich tatsächlich freiwillig zu engagieren. Das hat insbesondere eine gesellschaftspolitische Bedeutung, wenn gilt, dass Engagement Teilhabe bedeutet.

1.3.6 Unterschiede in den Bundesländern

Ungleich verteilt ist die Engagementbereitschaft auch zwischen den 16 Bundesländern in Deutschland. Dies ist darauf zurückzuführen, dass sich die Bundesländer in ihrer Sozialstruktur erheblich unterscheiden und es neben der bundesweiten Engagementförderung auch Landesprogramme gibt, die Infrastrukturen und Fördermittel für die Freiwilligenarbeit in unterschiedlichem Maße

1.4 Engagement in seiner Vielfalt – Die Qual der Wahl 17

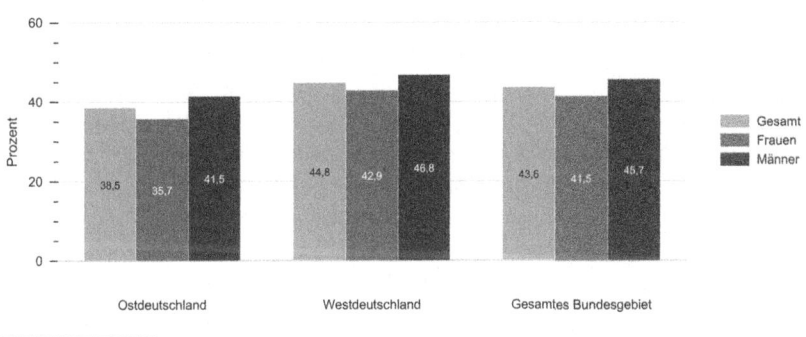

Abbildung 22-3: Anteile freiwillig Engagierter in Ost- und Westdeutschland 2014, gesamt und nach Geschlecht

Quelle: FWS 2014, gewichtet, eigene Berechnungen (DZA). Basis: Alle Befragten (n = 28.689).

Abb. 1.7 Freiwilliges Engagement in West- und Ostdeutschland (Simonson et al. 2017, S. 580)

zur Verfügung stellen (Reifenhäuser et al. 2017, S. 24). Deutlich ist, dass sich Menschen in Westdeutschland zu größeren Anteilen engagieren als Personen in Ostdeutschland. Menschen, die im ländlichen Raum leben, engagieren sich anteilig häufiger als Menschen, die in städtischen Gebieten wohnen (Abb. 1.7).

In allen Bevölkerungsgruppen ist ein Anstieg des freiwilligen Engagements zu beobachten, der Anstieg ist jedoch unterschiedlich stark. Frauen haben ihr freiwilliges Engagement zwischen 1999 und 2014 deutlicher ausgeweitet als Männer, somit nähern sich die Geschlechter im freiwilligen Engagement etwas an.

Das Engagement der jüngeren sowie der älteren Personen hat im Vergleich zum Engagement der mittleren Altersgruppen in den letzten 15 Jahren stärker zugenommen. Die Zunahme des Engagements kann auf gesellschaftliche Veränderungen, beispielsweise die Bildungsexpansion und die gestiegene Thematisierung des freiwilligen Engagements in Politik und Öffentlichkeit, zurückgeführt werden.

1.4 Engagement in seiner Vielfalt – Die Qual der Wahl

Menschen engagieren sich in unterschiedlichen Bereichen. Die höchste Engagementquote liegt im Bereich des Sports und der Bewegung: 16,3 % der in Deutschland lebenden Personen ab 14 Jahren engagieren sich hier freiwillig. Weitere größere Engagementfelder sind Schule und Kindergarten (z. B. Elternvertretung, Schülervertretung, Förderkreis) mit einer Quote von 9,1 %. Im Bereich der Kultur und Musik (z. B. Theater- oder Musikgruppe, Chor, kulturelle Vereinigung, Förderkreis) sind es 9 %. Der soziale Bereich (z. B. Wohlfahrtsverband, Hilfsorganisation, Nachbarschaftshilfe) hat eine Quote von 8,5 % und der kirchliche oder religiöse Bereich (z. B. Kirchengemeinde, kirchliche Organisation oder religiöse Gemeinschaft) zeigt sich mit einer Engagementquote von 7,6 %. Zu den kleinsten Engagementbereichen zählen der Bereich Justiz (z. B. als Schöffin oder Schöffe, Betreuung von Straffälligen oder Verbrechensopfern) mit 0,7 %, der Gesundheitsbereich mit 2,5 % (z. B. als Helferin oder Helfer in der Krankenpflege, Besuchsdienste, Verband, Selbsthilfegruppe) sowie der Bereich der beruflichen Interessenvertretung, ebenfalls mit 2,5 % (z. B. Gewerkschaft, Berufsverband, Arbeitsloseninitiative). Im sonstigen Bereich sind 2,7 % der Bevölkerung freiwillig engagiert. Dieser Bereich umfasst freiwilliges Engagement, das in keinem der genannten Bereiche stattfindet, aber auch sonstiges freiwilliges Engagement, das von den Befragten vorher nicht genannt worden war (Abb. 1.8).

Bemerkenswert ist der Befund, dass die Engagierten heute weniger Zeit auf ihre freiwillige Tätigkeit als vor 15 Jahren verwenden. Der Anteil der Engagierten, die sechs Stunden pro Woche und mehr aufwenden, ist zwischen 1999 und 2014 gesunken. Der Anteil der Engagierten, die bis zu zwei Stunden pro Woche für ihre Tätigkeit aufwenden, ist hingegen auf 50,1 % gestiegen.

Die in diesem Abschnitt dargestellten Befunde basieren auf den Informationen zur zeitintensivsten Tätigkeit bei Engagierten, die mehrere freiwillige Tätigkeiten ausüben, bzw. zur einzigen freiwilligen Tätigkeit bei Engagierten, die nur eine freiwillige Tätigkeit ausüben. Wird nicht ausschließlich der Zeitaufwand für eine freiwillige Tätigkeit, sondern für das freiwillige Engagement einer Person insgesamt betrachtet, bleibt der Befund weitgehend derselbe: Der Anteil der Engagierten mit hohem Stundenaufwand ist im Zeitvergleich leicht gesunken. Dies ist auch vor dem Hintergrund relevant, dass gut die Hälfte der freiwillig Engagierten 2014 nicht nur eine Tätigkeit, sondern zwei oder mehr freiwillige Tätigkeiten ausübte (Simonson et al. 2017) (Abb. 1.9).

1.4 Engagement in seiner Vielfalt – Die Qual der Wahl

Abbildung 3-10: Anteile freiwillig engagierter und öffentlich gemeinschaftlich aktiver Personen in vierzehn Bereichen 2014

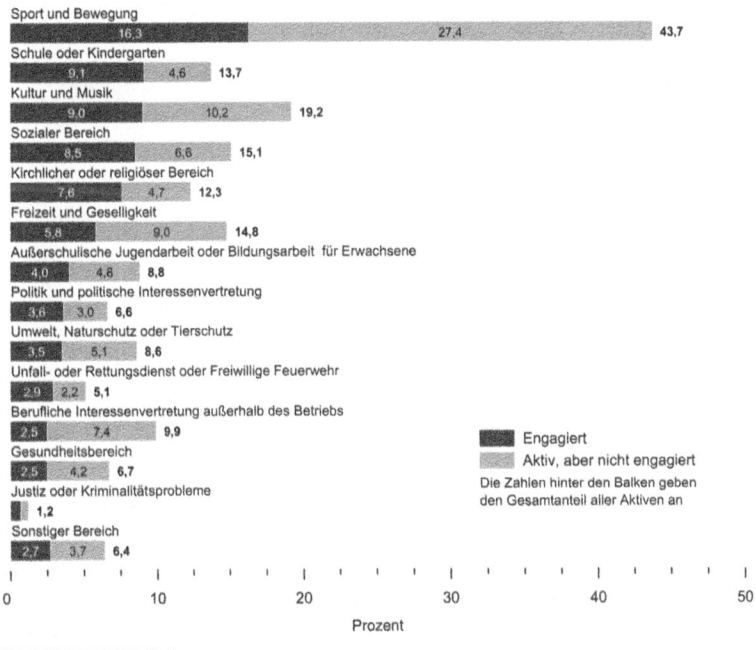

Quelle: FWS 2014, gewichtet, eigene Berechnungen (DZA). Basis: Alle Befragten (n = 28.689).

Abb. 1.8 Die Vielfalt des Engagements bildet sich im *Freiwilligensurvey* in 14 Feldern ab, die zum Zwecke der Messbarkeit angelegt wurden (Simonson et al. 2017, S. 114)

1.4.1 Formen und Bereiche bürgerschaftlichen Engagements

Bürgerschaftliches Engagement findet in all seinen verschiedenen Formen in nahezu allen Gesellschaftsbereichen statt. Wie die Enquete-Kommission auflistet:

- „Politisches Engagement: Dazu gehören die klassischen Formen des Engagements als Gemeinderat und Stadtverordnete in der Kommunalpolitik, die Mitarbeit in Parteien, Verbänden und Gewerkschaften sowie die neueren Formen der Beteiligung und Themenanwaltschaft in Bürgerinitiativen und sozialen

Abbildung 12-3: Stundenumfang pro Woche für die freiwillige Tätigkeit im Zeitvergleich

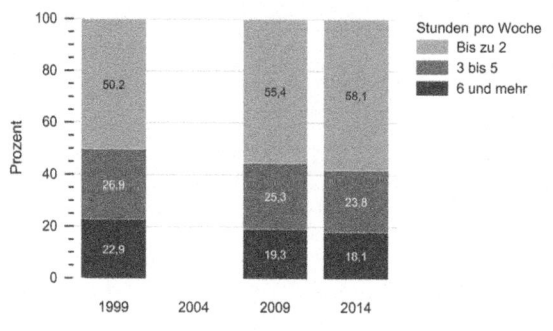

Quelle: FWS, gewichtet, eigene Berechnungen (DZA). Basis: Alle Engagierten. FWS 1999 (n = 4.440), FWS 2009 (n = 6.740), FWS 2014 (n = 11.799).

Abb. 1.9 Zeitaufwand für die freiwillige Tätigkeit (Simonson et al. 2017 S. 341)

Bewegungen, das Engagement in Kinder- und Jugendparlamenten, in Ausländer- und Seniorenbeiräten oder die Mitarbeit in lokalen Agenda-21-Gruppen.
- Soziales Engagement: Dies umfasst viele Tätigkeiten in Jugend- und Wohlfahrtsverbänden, in Kirchengemeinden und in öffentlichen Einrichtungen. Neue Formen sozialen Engagements finden sich z. B. in den Hospizgruppen, in der ‚Tafel'-Bewegung, in den AIDS-Initiativen und in Gruppen zur Unterstützung von Asylbewerbern.
- Engagement in Vereinen, Verbänden und Kirchen: Dies beinhaltet Vorstandstätigkeiten, Geschäftsführungs- und Leitungsaufgaben in allen verfassten Bereichen bürgerschaftlichen Engagements. Kennzeichen dieser Engagementformen sind ihr rechtlich strukturiertes Aufgabenfeld, die Übernahme von Verantwortung für Aktivitäten des Vereins oder Verbandes sowie die nicht selten hohen Anforderungen an organisatorische und betriebswirtschaftliche Qualifikationen. Dazu gehört die Tätigkeit des ehrenamtlich tätigen Trainers im Sportverein ebenso wie die Leitung eines Kirchenchores oder die Durchführung von Erste-Hilfe-Kursen im Bereich des Rettungswesens.
- Engagement in öffentlichen Funktionen: Darunter fallen klassische Ehrenämter wie Schöffen, ehrenamtliche Richter oder Wahlhelfer, die nicht immer freiwillig ausgeführt werden, sondern durchaus einen verpflichtenden Charakter haben können. Zu dieser Variante bürgerschaftlichen Engagements gehören auch Tätigkeiten im Rahmen des Betreuungsgesetzes oder das

Engagement von Elternbeiräten. Öffentliche Aufgaben werden zudem von den Freiwilligen Feuerwehren, vom Technischen Hilfswerk und den Rettungsdiensten wahrgenommen. Eine weitere und häufig neuere Variante sind die Bürgervereine und Zusammenschlüsse, die in Einrichtungen wie Museen, Bibliotheken oder Schwimmbädern durch ihr bürgerschaftliches Engagement den Betrieb aufrechterhalten.

- Formen der Gegenseitigkeit: Dazu zählen Nachbarschaftshilfen, Genossenschaften und Tauschringe. Bürgerschaftliches Engagement stützt sich hier auf Vorstellungen von einer Ökonomie, die auf gegenseitiger Hilfe und moralischen Grundsätzen beruht.–
- Selbsthilfe: Diese Form des Engagements findet sich vor allem in den Bereichen von Familie und Gesundheit, bei Arbeitslosen, Migranten und marginalisierten Gruppen. Kennzeichnend für viele dieser Gruppen sind die fließenden Übergänge zwischen Selbsthilfe und einem darüber hinausgehenden Engagement zur Unterstützung der Menschen.
- Bürgerschaftliches Engagement in und von Unternehmen: Neben den klassischen Formen der Interessenvertretung in Kammern und Verbänden unterstützen insbesondere kleine und mittlere Unternehmen örtliche Vereine und Einrichtungen mit Geld- und Sachspenden sowie Personal- oder Sacheinsatz. Während sich dieses Engagement in der Bundesrepublik Deutschland bisher eher im Verborgenen abspielt, zeichnet sich […] mittlerweile eine neue Entwicklung ab, in der die Unternehmen stärker und bewusster als Akteure bürgerschaftlichen Engagements auftreten und gefragt sind […]." (2002, S. 65–66; Embacher und Lang 2008, S. 23 ff.)

1.5 Bürgerschaftliches Engagement in Sozialwirtschaft und Sozialer Arbeit – ein Verflechtungsverhältnis

„Historisch betrachtet ist die Soziale Arbeit aus dem bürgerschaftlichen Engagement hervorgegangen" (Hamburger 2011, S. 317). Zwei Entwicklungsstränge waren dafür ausschlaggebend. Einmal der Weg von der Armenfürsorge zur kommunalen Sozialpolitik. Der zweite Weg führte von der bürgerlichen Privatwohltätigkeit zur professionellen bürokratischen Wohltätigkeitsorganisation. Insbesondere mit dem „Elberfelder System" entwickelte sich aus der ehrenamtlich organisierten kommunalen Armenpflege die Verberuflichung dieser Aufgaben. Ab Mitte des 19. Jahrhunderts wurden dann die sozialen Hilfen in Folge der Modernisierungsprozesse Schritt für Schritt professionalisiert. Die Verwandlung der freiwilligen sozialen Tätigkeiten in einen Beruf verlief jedoch keineswegs nach einem einheitlichen Muster (Hamburger 2011, S. 317), sondern noch nach dem Motto: zuerst war das Ehrenamt und dann wurde daraus eine hauptberufliche Tätigkeit.

Vielmehr kamen in diesem Entwicklungsprozess den sozialpolitischen Reformen eine zentrale Rolle zu. Sie manifestierten sich in der Einführung der Bismarckschen Sozialgesetzgebung – der Kranken-, Unfall-, Invaliden- und Altersversicherung. Die öffentliche Fürsorgearbeit wurde aufgrund der sozioökonomischen Entwicklung im Zuge der Industrialisierung, des Bevölkerungswachstums und der Verstädterung immer vielfältiger und forderte mehr Kontinuität und Komplexität. Entsprechend wurde die öffentliche Fürsorge aufgebaut und es bildeten sich eigenständige Ämter für die Gesundheitsfürsorge, die Kinder- und Jugendwohlfahrt, die Arbeitslosenunterstützung und die Wohnungsversorgung heraus. In diesen spezifischen Aufgabenbereichen kam fachlich qualifiziertes Personal zum Einsatz. Im Gegenzug hieß das allerdings, dass Ehrenamtliche aufgrund der Professionalisierung immer weniger Platz fanden. Mit der Folge, dass sich das Ehrenamt zunehmend zum freiwilligen, sozialen Hilfsangebot entwickelte (Dix 2005, S. 11).

Eine weitere Entwicklungslinie ist um 1880 parallel zur kommunalen Fürsorge zu beobachten. Die Wohlfahrtspflege als Beruf wurde durch Alice Salomon wesentlich befördert – insbesondere als Feld für ausgebildete Frauen. Die von ihr 1908 gegründete „Soziale Frauenschule" war die Grundlage für die soziale Ausbildung. Sie ist einerseits als renommiertes Bildungsprojekt der bürgerlichen Frauenbewegung zu werten und andererseits als Wiege der Professionalisierung der Sozialen Arbeit. Schwerpunkte der Ausbildung waren Gesundheitsfürsorge, Jugendwohlfahrtspflege und allgemeine Wohlfahrtspflege. Im Zuge dieser Entwicklung kann hinsichtlich des Ehrenamtes bestenfalls festgestellt werden, dass sich unter Frauen die berufliche Soziale Arbeit verbreitete, sich dagegen aber ehrenamtliche Mitarbeiterinnen und Mitarbeiter zurückzogen (Dix 2005, S. 14). Zu Beginn der Weimarer Republik gab es 26 Soziale Frauenschulen in Deutschland. Im Jahr 1925 gründete Alice Salomon die Akademie für soziale und pädagogische Frauenarbeit. Sie war der Ausgangspunkt für die heutigen Fachhochschulen für Sozialwesen.

In der Zeit des Nationalsozialismus wurde im Prinzip ein Zwang zur ehrenamtlichen Arbeit verhängt. „Zum Wohle des Volkes" war die Aufforderung – insbesondere für die Frauen – in der Kriegsfürsorge ehrenamtlich tätig zu sein. Nach dem Zweiten Weltkrieg und in Abgrenzung zu den Gegebenheiten im Krieg dominierte die professionelle Soziale Arbeit vor der ehrenamtlich geprägten Arbeit im beginnenden Wohlfahrtsstaat (Dix 2005, S. 15). In dieser Entwicklung ist die Soziale Arbeit ein Akteur in der Wohlfahrtsproduktion und die Erstellung von Fürsorgeleistungen wird durch die Soziale Arbeit erbracht (Heite 2011,

S. 108). An dieser chronologisch geprägten Darstellung zeigt sich, wie veränderte Konstitutionsbedingungen sowie gesellschaftspolitische Rahmenbedingungen auf die Entwicklung der Profession der Sozialen Arbeit Einfluss genommen haben und wie sehr anderseits die (Zeit-)Umstände einem Wandel unterliegen und für Veränderungen sorgen.

Das hat zur Konsequenz, dass

- für die Bedürftigen nunmehr ein Rechtsanspruch auf Fürsorge besteht;
- Aufgaben, die ehrenamtlich erledigt wurden, den Einzug in die Berufswelt fanden und man diese institutionalisierte und organisierte.

Damit grenzte sich die Soziale Arbeit vom Ehrenamt ab, das auf praktischen Erfahrungen und dem guten Willen der Engagierten beruhte. Mit der Verberuflichung ging ein Modernisierungs- und Entwicklungsprozess einher. Neue Methoden wie die Gruppenpädagogik, Einzelfallhilfe und Gemeinwesenarbeit fanden Eingang in die berufliche Methodenlehre. Aus der Fürsorge, die 100 Jahre Bestand hatte und als Gnadengabe (Dix 2005, S. 15) galt, wurde eine qualitative und quantitative sozialgesetzliche Leistung – mit Folgen für Haupt- und Ehrenamt in diesem Feld. Neben dieser geschulten Berufstätigkeit konnte sich das ehrenamtliche Sozialengagement nicht mehr als dominanter Typus der Hilfeleistung erhalten (Hamburger 2011, S. 317). Im Gegenteil, denn die kommunale Fürsorge wurde im Zuge der sozialpolitischen Reformen professionalisiert und lokale Selbstverwaltung war nicht länger Anlass für ehrenamtliches Engagement.

Dagegen fand die Ressource der Ehrenamtlichkeit Eingang in die erstarkenden Wohlfahrtsverbände. Sie charakterisieren sich als Wertegemeinschaften und betrachten die ehrenamtliche Tätigkeit als Teil ihres Profils (Steinbacher 2004a, S. 14). Doch auch hier veränderte sich der Zuschnitt ab den 1960er- und 1970er-Jahren. Mit der Folge, dass die Wohlfahrtsverbände (siehe dazu vertiefend Kap. 3.4) zunehmend professioneller, bürokratischer und verrechtlichter wurden.

Zunächst bleibt jedoch bemerkenswert, dass sich die Wohlfahrtsverbände als „Gemeinwohlagenturen" betrachten und eine besondere Qualität der Sozialen Arbeit für sich beanspruchen, die über eine tauschförmig erbrachte Dienstleistung hinausgeht. Das heißt, die Wohlfahrtsverbände beziehen sich einerseits auf die ethischen Grundlagen Sozialer Arbeit und anderseits – und das ist im Zusammenhang des Themas Ehrenamt hervorzuheben – auf die ehrenamtlich erbrachten Leistungen, die als eine konstitutive Grundlage gelten können. Franz Hamburger bezeichnet deshalb das Verhältnis von Sozialer Arbeit im Hauptamt zur ehrenamtlich erbrachten Leistung im Ehrenamt als strukturell bedeutend, von wechselseitiger Abhängigkeit bestimmt und als immer prekär (2011, S. 323). Das belegt vielfältig Elke Steinbacher (2004a) mit ihren Untersuchungen zum bürgerschaftlichen Engagement in Wohlfahrtsverbänden. Sie weist darauf hin, dass die (sozialpädagogische) Professionalität in Wohlfahrtsverbänden sich zunächst vor einem wertegebundenen Hintergrund (Steinbacher 2004a, S. 5) entfaltet, aber darüber hinaus von unterschiedlichen widersprüchlichen Herausforderungen geprägt ist. Es gibt Spannungsverhältnisse u. a. durch das sogenannte „Doppelte Mandat", durch die Orientierung am zentralen Stellenwert der Adressatinnen und Adressaten, durch die Abhängigkeit der sozialpädagogischen Arbeit von staatlicher Steuerung und der Einbindung in eine bürokratische Organisationsform (Steinbacher 2004a, S. 119–120). Bezieht man die Problematisierung enger auf das Verhältnis von Haupt- und Ehrenamtlichen zeigt Elke Steinbacher eine lange Traditionsgeschichte dieser beiden Akteursgruppen auf und hebt dabei hervor, dass das Verhältnis von beruflich zu freiwillig Tätigen ebenfalls in einem Spannungsfeld liegt. Dabei geht es um die Verortung des eigenen professionellen Handelns im Verhältnis zum Handeln der freiwillig Tätigen sowie um deren unterschiedlichen Status in der Organisation und wie sich das Verhältnis gestaltet.

1.5.1 Engagement im Spannungsfeld

Ein weiteres zentrales Spannungsfeld bei den Wohlfahrtsverbänden ist mit der Entwicklung hin zu betriebswirtschaftlich gesteuerten Dienstleistungsunternehmen (Steinbacher 2004a, S. 99) entstanden. Das heißt, in der Konfiguration zwischen staatlichen, marktlichen, verbandlichen und privaten Formen der Wohlfahrtsproduktion spielt der ökonomische Faktor in sozialpolitischen Arrangements mit Wirkung auf die Soziale Arbeit eine Rolle, die Konsequenzen nach sich zieht. Das zeigt sich an den Entwicklungen, die unter dem Stichwort der Sozialwirtschaft und Ökonomisierung der Sozialen Arbeit diskutiert werden. Seit den 1990er-Jahren gewinnen ökonomische Fragestellungen im Sozialwesen zunehmend an Bedeutung und werden u. a. unter dem Begriff der Sozialwirtschaft (Grunwald 2013, S. 1) gefasst. Das bedeutet, dass ökonomische Interessen den eher ideellen Interessen des solidarischen Miteinanders untergeordnet werden. Für Klaus Grunwald heißt das, dass es zur „Ökonomisierung der Sozialen Arbeit im Sinne einer Unterordnung der Sozialen Arbeit unter die marktwirtschaftliche Logik" (2013, S. 48) kommt. Das heißt, es muss gewirtschaftet werden, Ressourcen müssen effizient eingesetzt werden und die Bedeutung des wirtschaftlichen Denkens und Handelns ist gestiegen (Grunwald 2013, S. 48). Konkret geht es dabei auch um den Aspekt, dass in der Sozialen Arbeit Kosten eingespart werden müssen. Das sind Umstände, welche die Engagierten erneut als attraktive Alternative zu den hauptamtlichen Kräften ins Spiel bringen, um Kosten zu sparen. Aus dieser Perspektive bereichern die Engagierten den Leistungskatalog der Einrichtungen und senken dadurch die Kosten (Dahme und Wohlfahrt 2011, S. 119), andererseits jedoch werden sie unter diesen Bedingungen zur Konkurrenz für die hauptamtlichen Kräfte.

In der kritischen Betrachtung zur Laienpflege in Deutschland, die von der Sozialwissenschaftlerin Tine Haubner (2017) vorgelegt wurde, geht hierzu ein klarer Verweis aus. Sie analysiert kritisch die vorwiegend informelle und ‚unsichtbare' Arbeit in den Pflegeeinrichtungen durch die Laienhelfer in den Grauzonen des Pflegemarktes. Dazu hält sie fest, dass der Einsatz dieser Kräfte, sprich die „Ausbeutung dieser Laienhelfer" (Haubner 2017, S. 20), dazu beiträgt, die gegenwärtige Pflegekrise regulieren zu können. Der Staat, aber auch die Pflegeeinrichtungen, erzielen durch den Einsatz dieser Kräfte „Gewinne", weil die Kosten für das kaum qualifizierte Pflegepersonal gering bleiben. Die Pflegeeinrichtungen sehen sich teilweise durch die Vergütungsverhandlungen dazu gezwungen, in diese Ausbeutung mit einzusteigen. Denn selbst wenn sie sich entscheiden, höhere Vergütungen zu zahlen, so bekommen sie diese nicht refinanziert.

Die Autorin hat in ihrer Analyse zwar in erster Linie die Krise in der Pflege im Blick, jedoch geht es ihr darüber hinaus, analog zu Elke Steinbacher, auch um Fragen des professionellen sozialpädagogischen Handelns in Organisationen bzw. Wohlfahrtsverbänden sowie um die Auseinandersetzung hinsichtlich einer professionellen Kompetenz. Sie kritisiert, dass die voraussetzungsreiche und anspruchsvolle Profession der Sozialen Arbeit aufgrund der politisch-ökonomischen Entwicklung nicht durch die Aufwertung des Pflegeberufs und durch eine bessere Bezahlung gestärkt werden soll, sondern durch den immer weiter auszubauenden Bereich der Laienpflege. Damit wird das tradierte Negativimage der „Jedermannsarbeit", das dem Sozialberuf anhaftet – und das bestenfalls als überkommen betrachtet wurde –, erneut von Seiten des (Sozial-) Staates reproduziert (Haubner 2017, S. 20).

Jenseits dieser Auseinandersetzung bleibt in diesem Zusammenhang eine Konstante, dass es zwischen Ehren- und Hauptamt konfliktäre Reibungsflächen gibt. Zumal bereits die unterschiedlichen Legitimationsgrundlagen von Hauptamt und Ehrenamt eine Friktion bedeuten:

- Hauptamt – Qualität durch professionelle Ausbildung, Erfahrung, und Distanz
- Ehrenamt – freiwillig, unabhängig, autonom, intrinsisch motiviert, von persönlicher Nähe bestimmt

Die unterschiedlichen Handlungslogiken verursachen und prägen das spannungsreiche Verhältnis (Hartnuß 2018, S. 54). In der Folge schwanken die entsprechenden Zuschreibungen zwischen Konkurrenten (das Konkurrenzverhältnis zwischen Engagierten und hauptamtlichen Kräften in der Sozialen Arbeit wird in Kap. 5.1 vertiefend ausgeführt), Jobkillern und den unverzichtbaren „Helfern" zur Aufrechterhaltung der sozialen Sicherungssysteme.

1.5.2 Gegenwartsbestimmung

Aktuell wird in der öffentlichen wie in der wissenschaftlichen Diskussion der Mehrwert des bürgerschaftlichen Engagements betont: für die Empfänger des Engagements, für die Organisationen und Verbände, für die Kommunen und Quartiere. Auch die Geber des Engagements, also die Engagierten selbst, haben durch ihr freiwilliges Handeln einen Mehrwert. Allerdings wird dieser vielseitige Mehrwert jedoch skeptisch beobachtet (Hilse-Carstensen et al. 2019, S. 13). Dies gilt insbesondere in der Verflechtung von bürgerschaftlichem Engagement mit der Sozialen Arbeit. Anlass dafür bieten Tendenzen und Entwicklungen, wie der Rückzug des Sozialstaates, der Verfall staatlicher Sicherungssysteme, die Ökonomisierung in der Sozialen Arbeit, die Individualisierung von Problemen. Sie fordern den Ruf nach Aktivierung von zivilgesellschaftlichen Ressourcen ein, um durch das bürgerschaftliche Engagement Lücken, Schwierigkeiten und Herausforderungen auszugleichen.

Begleitet und erleichtert wird dieser Prozess durch neue Methoden und Orientierungen in der Sozialen Arbeit. Das führte u. a. dazu, dass sich das Gefälle zwischen Adressaten und Erbringern von Hilfeleistungen verringert. Die Folge ist ein koproduktives Verhältnis, das heißt, eine Leistung wird im Zusammenspiel von Klient*innen und dem professionellen Hilfesystem erbracht. Empowerment-Strategien sollen Klient*innen dazu befähigen, ihre eigenen Ressourcen zu entdecken und zu stärken. In den neueren Ansätzen der Inklusion wird dabei von einem dyadischen Verhältnis zwischen Klient und Helfer gesprochen (Röbke 2012, S. 20), das um eine kulturelle Dimension erweitert wird. Das heißt, die Hilfebeziehung muss in ein soziales Umfeld eingebettet sein, das eine möglichst normale Lebensführung zulässt. Dafür braucht es soziale Netze, die u. a. durch das bürgerschaftliche Engagement verstärkt werden – das demzufolge an Bedeutung gewinnt. In dieser Konstellation entsteht ein Wohlfahrtsmix (Evers und Olk 1996) unterschiedlicher Leistungen, der durch die Idee einer neuen Subsidiaritätspolitik (Sachße 2011, S. 24) untermauert wird. Dabei wird auf die öffentliche Stärkung und Förderung dieser primären sozialen Netze und Selbsthilfegruppen abgezielt. Intelligentes Fallmanagement bezieht deshalb konstruktiv Ressourcen aus dem bürgerschaftlichen Engagement in die Hilfeplanung mit ein (Wendt 2010, zit. nach Röbke 2012, S. 20). Mit der Folge, dass die Soziale Arbeit mit dem Ehrenamt bzw. bürgerschaftlichem Engagement eng verknüpft ist. Es ist jedoch eine andere Konstellation als noch in den vergangenen Jahrzehnten. Nunmehr gehört das ehrenamtliche, bürgerschaftliche Engagement konstitutiv dazu.

Literaturempfehlungen

Für die weitere Auseinandersetzung mit den Begriffen Ehrenamt und bürgerschaftliches Engagement eigenen sich
Klein, A. (2011). Der Begriff „Bürgerschaftliches Engagement". In A. Klein, P. Fuchs & A. Flohé (Hrsg.), *Handbuch Kommunale Engagementförderung im sozialen Bereich* (S. 36–39). Berlin: Eigenverlag des Deutschen Vereins für öffentliche und private Fürsorge e. V.
Roß, P.-S. (2014). Freiwilliges Engagement. In U. Arnold, K. Grunwald & B. Maelicke (Hrsg.), *Lehrbuch der Sozialwirtschaft* (4. erw. Aufl., S. 417–438). Baden-Baden: Nomos.
Rosenkranz, D., & Weber, A. (2012). Freiwilligenarbeit in der Sozialen Arbeit zwischen Tradition, ‚Homöopathie' und Zukunftsaufgabe. In D. Rosenkranz & A. Weber (Hrsg.), *Freiwilligenarbeit. Einführung in das Management von Ehrenamtlichen in der Sozialen Arbeit* (S. 11–14). 2. akt. Aufl. Weinheim, Basel: Beltz Juventa.
Übersichtliche und fundierte Darstellung bezogen auf Bürgerengagement und Soziale Arbeit
Hamburger, F. (2011). Soziale Arbeit. In Th. Olk & B. Hartnuß (Hrsg.), *Handbuch Bürgerschaftliches Engagement* (S. 317–328). Weinheim, Basel: Beltz Juventa.
Grundlegend und umfassend für die Kombination der Themen Bürgerengagement – Soziale Arbeit – Wohlfahrtsverbände
Steinbacher, E. (2004). *Bürgerschaftliches Engagement in Wohlfahrtsverbänden. Professionelle und organisationale Herausforderungen in der Sozialen Arbeit.* Wiesbaden: Deutscher Universitäts-Verlag.

Weitere Informationen

Bundesministerium für Familie, Senioren, Frauen und Jugend [BMFSJ] (Hrsg.). (2012). *Erster Engagementbericht 2012. Für eine Kultur der Mitverantwortung. Engagementmonitor 2012.* Berlin.

Bundesministerium für Familie, Senioren, Frauen und Jugend [BMFSJ] (Hrsg.). (2017). *Zweiter Engagementbericht über die Entwicklung des bürgerschaftlichen Engagements in der Bundesrepublik Deutschland. Schwerpunktthema: „Demografischer Wandel und bürgerschaftliches Engagement: Der Beitrag des Engagements zur lokalen Entwicklung".* Berlin.

Enquete-Kommission (2002). *Bürgerschaftliches Engagement – auf dem Weg in eine zukunftsfähige Bürgergesellschaft. „Zukunft des Bürgerschaftlichen Engagements" des Deutschen Bundestages.* Schriftenreihe Band 4. Opladen: Leske& Budrich.

Literatur

Alberg-Seberich, M., Backhaus-Maul, H., Nährlich, S., Rickert, A., & Speth, R. (2015). Über die Zukunft von Engagement und Engagementpolitik. *Aus Politik und Zeitgeschichte APuZ Engagement, 65*(14–15), 15–21.

Bierhoff, H.-W. (2002). Wie entsteht soziales Engagement und wie wird es aufrechterhalten? In D. Rosenkranz & A. Weber (Hrsg.), *Freiwilligenarbeit. Einführung in das Management von Ehrenamtlichen in der Sozialen Arbeit* (1. Aufl., S. 21–30). Weinheim: Juventa.

Bundesministerium für Familie, Senioren, Frauen und Jugend [BMFSJ]. (Hrsg.). (2012). *Erster Engagementbericht 2012.* Berlin: Für eine Kultur der Mitverantwortung.

Bundesministerium für Familie, Senioren, Frauen und Jugend [BMFSJ]. (Hrsg.). (2017). *Zweiter Engagementbericht über die Entwicklung des bürgerschaftlichen Engagements in der Bundesrepublik Deutschland. Schwerpunktthema: „Demografischer Wandel und bürgerschaftliches Engagement: Der Beitrag des Engagements zur lokalen Entwicklung".* Berlin.

Dahme, H.-J., & Wohlfahrt, N. (2011). Freie Wohlfahrtspflege und Bürgerschaftliches Engagement – eine Zwischenbilanz. *Theorie und Praxis in der sozialen Arbeit, 2*(2011), 115–124.

Dix, Y. (2005). *Ehrenamt als Ersatz für die Soziale Arbeit?! Die aktuelle Entwicklung im Verhältnis Ehrenamt –Soziale Arbeit und ihre Zukunftsperspektiven.* Norderstedt: Grin.

Düx, W., Sass, E., Prein, G., & Tully, C. J. (Hrsg.). (2008). *Kompetenzerwerb im Freiwilligen Engagement. Eine empirische Studie zum informellen Lernen im Jugendalter.* Wiesbaden: VS-Verlag.

Enquete-Kommission. (2002). *Bürgerschaftliches Engagement – Auf dem Weg in eine zukunftsfähige Bürgergesellschaft. „Zukunft des Bürgerschaftlichen Engagements" des Deutschen Bundestages Schriftenreihe* (4. Aufl.). Opladen: Leske & Budrich.

Embacher, S., & Lang, S. (2008). *Bürgergesellschaft. Lern- und Arbeitsbuch Bürgergesellschaft.* Bonn: J. H. W. Dietz.

Evers, A. (2009). Bürgergesellschaftliches Engagement. Versuch, einem Allerweltsbegriff wieder Bedeutung zu geben. In I. Bode, A. Evers, & A. Klein (Hrsg.), *Bürgergesellschaft als Projekt. Eine Bestandsaufnahme zu Entwicklung und Förderung zivilgesellschaftlicher Potentiale in Deutschland* (S. 66–79). Wiesbaden: VS Verlag.

Evers, A., & Olk, T. (1996). *Wohlfahrtspluralismus. Vom Wohlfahrtsstaat zur Wohlfahrtsgesellschaft.* Opladen: Westdeutscher Verlag.
Gensicke, T. (2006). Bürgerschaftliches Engagement in Deutschland. *Aus Politik und Zeitgeschichte, 12*(2006), 9.
Grunwald, K., & Langer, A. (Hrsg.). (2018). *Sozialwirtschaft. Handbuch für Wissenschaft und Praxis.* Baden-Baden: Nomos.
Hamburger, F. (2011). Soziale Arbeit. In T. Olk & B. Hartnuß (Hrsg.), *Handbuch Bürgerschaftliches Engagement* (S. 317–328). Weinheim: Beltz Juventa.
Hartnuß, B. (2018). *Bürgerschaftliches Engagement und Soziale Arbeit. Ein Studienbuch für die Praxis.* Bremen: Apollon University Press.
Haubner, T. (2017). *Die Ausbeutung der sorgenden Gemeinschaft. Laienpflege in Deutschland.* Frankfurt a. M.: Campus.
Heite, C. (2011). Professionalität im Post-Wohlfahrtsstaat. Zur aktivierungspolitischen Reformierung Sozialer Arbeit. In K. Böllert (Hrsg.), *Soziale Arbeit als Wohlfahrtsproduktion* (S. 107–124). Wiesbaden: Springer.
HilseCarstensen, T., Meusel, S., & Zimmermann, G. (2019). Freiwilliges Engagement und soziale Inklusion. Perspektiven zweier gesellschaftlicher Phänomene in Wissenschaft und Praxis. In H. Dies (Hrsg.), *Freiwilliges Engagement und soziale Inklusion. Perspektiven zweier gesellschaftlicher Phänomene in Wissenschaft und Praxis* (S. 11–23). Wiesbaden: Springer.
Hoeft, Ch., Klatt, J., Klimmeck, A., Kopp, J., Messinger, S., Rugenstein, J., & Walter, F. (Hrsg.). (2014). *Wer organisiert die „Entbehrlichen"? Viertelgestalterinnen und Viertelgestalter in benachteiligten Stadtquartieren.* Bielefeld: Transcript.
Hollstein, B. (2015). *Ehrenamt verstehen. Eine handlungstheoretische Analyse.* Frankfurt a. M., New York: Campus.
Klein, A. (2011a). Der Begriff „Bürgerschaftliches Engagement". In A. Klein, P. Fuchs, & A. Flohé (Hrsg.), *Handbuch Kommunale Engagementförderung im sozialen Bereich* (S. 36–39). Berlin: Eigenverlag des Deutschen Vereins für öffentliche und private Fürsorge e. V.
Klein, A. (2011b). Zivilgesellschaft/Bürgergesellschaft. In Th. Olk & B. Hartnuß (Hrsg.), *Handbuch Bürgerschaftliches Engagement* (S. 29–40). Weinheim, Basel: Beltz Juventa.
Klein, A., Olk, T., & Hartnuß, B. (2010). Engagementpolitik als Politikfeld: Entwicklungserfordernisse und Perspektiven. In T. Olk, A. Klein, & B. Hartnuß (Hrsg.), *Engagementpolitik. Die Entwicklung der Zivilgesellschaft als politische Aufgabe* (S. 24–62). Wiesbaden: VS Verlag.
Munsch, C. (2005). *Die Effektivitätsfalle. Gemeinwesenarbeit und bürgerschaftliches Engagement zwischen Ergebnisorientierung und Lebensbewältigung.* Hohengehren: Schneider.
Reifenhäuser, C., Hoffmann, S. G., & Kegel, T. (2017). *Freiwilligen-Management.* Regensburg: Walhalla.
Röbke, T. (2012). Freiwilligenmanagement zwischen Engagementpolitik und Praxis vor Ort. In D. Rosenkranz & A. Weber (Hrsg.), *Freiwilligenarbeit Einführung in das Management von Ehrenamtlichen in der Sozialen Arbeit* (2 akt, S. 15–27). Weinheim: Beltz Juventa.

Rosenkranz, D., & Weber, A. (2012). Freiwilligenarbeit in der Sozialen Arbeit zwischen Tradition, ‚Homöopathie' und Zukunftsaufgabe. In D. Rosenkranz & A. Weber (Hrsg.), *Freiwilligenarbeit. Einführung in das Management von Ehrenamtlichen in der Sozialen Arbeit* (2 akt, S. 11–14). Weinheim: Beltz Juventa.

Roß, P. S. (2012). *Demokratie weiter denken. Reflexionen zur Förderung bürgerschaftlichen Engagements in der Bürgerkommune*. Baden-Baden: Nomos.

Roß, P. S. (2014). Freiwilliges Engagement. In U. Arnold, K. Grunwald, & B. Maelicke (Hrsg.), *Lehrbuch der Sozialwirtschaft* (4 erw, S. 417–438). Baden-Baden: Nomos.

Sachße, C. (2002). Traditionslinien bürgerschaftlichen Engagements in Deutschland. *Aus Politik und Zeitgeschichte, 9,* 3–5.

Sachße, C. (2011). Traditionslinien bürgerschaftlichen Engagements in Deutschland. In Th. Olk & B. Hartnuß (Hrsg.), *Handbuch Bürgerschaftliches Engagement* (S. 17–28). Weinheim, Basel: Beltz Juventa.

Simonson, J., Vogel, C., & Tesch-Römer, C. (Hrsg.). (2017). *Freiwilliges Engagement in Deutschland. Der Deutsche Freiwilligensurvey 2014*. Wiesbaden: Springer VS.

Steinbacher, E. (2004a). *Bürgerschaftliches Engagement in Wohlfahrtsverbänden. Professionelle und organisationale Herausforderungen in der Sozialen Arbeit*. Wiesbaden: Deutscher Universitäts-Verlag.

Steinbacher, E. (2004b). Lebensweltorientierte Fachlichkeit in der Förderung bürgerschaftlichen Engagement. In K. Grunwald & H. Thiersch (Hrsg.), *Praxis Lebensweltorientierter Sozialer Arbeit. Handlungszugänge und Methoden in unterschiedlichen Arbeitsfeldern* (S. 317–331). Weinheim: Beltz Juventa.

Zimmer, A. (2009). Bürgergesellschaftliches Engagement – Thema von Lehre und Forschung? In I. Bode, A. Evers, & A. Klein (Hrsg.), *Bürgergesellschaft als Projekt Eine Bestandsaufnahme zu Entwicklung und Förderung zivilgesellschaftlicher Potentiale in Deutschland*. Wiesbaden: VS Verlag.

Die Einbettung des bürgerschaftlichen Engagements in theoretische Bezüge 2

Zusammenfassung

Im folgenden Kapitel wird zunächst die Einbettung des bürgerschaftlichen Engagements in das theoretische Konzept der Zivilgesellschaft vorgestellt. Nach dieser Verortung des Engagements in gesellschaftliche Rahmenbedingungen, wird mithilfe der Individualisierungstheorie erklärt, warum sich die Gestalt des bürgerschaftlichen Engagements tendenziell wandelt, nämlich vom langfristigen Einsatz in Wohlfahrtsverbänden und Vereinen zum eher projekthaften Engagement, das stärker themenbezogen in Initiativen erfolgt. Welche Rolle dabei das bürgerschaftliche Engagement in Zeiten des Verlusts des gesellschaftlichen Zusammenhalts spielt, wird anhand des Konzepts des sozialen Kapitals dargelegt. In der Folge gewinnt der Begriff des Wohlfahrtsmix an Bedeutung. Mit ihm wird das Zusammenwirken verschiedener gesellschaftlicher Sektoren erklärt. Im Zusammenspiel von Staat, Markt, freien Trägern der Wohlfahrt und dem informellen Bereich nimmt das bürgerschaftliche Engagement einen bedeutenden Stellenwert ein, der hier entfaltet wird. Am Beispiel der Unterstützungsangebote-Verordnung (UstA-VO) im Rahmen der Pflegestärkungsgesetze wird diese Verbindung exemplifiziert.

Schlüsselwörter

Zivilgesellschaft · Bürgergesellschaft · Sozialkapital · Konzept des Wohlfahrtsmix · Drittes Pflegestärkungsgesetz · UstA-verordnung

Lernziele
Sie lernen den Begriff der Zivilgesellschaft kennen, sowohl im gesellschaftlichen Raum, in dem Bürgerengagement realisiert wird, als auch als Handlungsmaxime, die sich durch Gewaltfreiheit, Toleranz und Kompromissbereitschaft auszeichnet. In diesem Rahmen wird Bürgerengagement theoretisch verortet. Warum sich die Ausgangslage für das Ehrenamt verändert hat und heute der Begriff des Bürgerengagements eine große Rolle spielt, erklärt sich durch die Individualisierungstheorie und die Auseinandersetzung mit dem Begriff des sozialen Kapitals. Das führt dann zum Begriff des Wohlfahrtsmix, der in seiner Aktualität vorgestellt wird und in dessen Umsetzung die Bedeutung von Bürgerengagement konstituierend ist. Das zeigt sich auch in der Skizzierung der neuen Unterstützungsangebote-Verordnung (UstA-VO), die vom Gesetzgeber jüngst beschlossen wurde und in der Engagement eine zentrale Komponente ist.

Seit dem Anfang der 2000er-Jahre wird verstärkt die Debatte um die theoretische Grundlegung zum bürgerschaftlichen Engagement geführt. Die Auseinandersetzung ist u. a. deshalb von Bedeutung, weil sich bürgerschaftliches Engagement nicht nur auf der individuellen Ebene zeigt und seine Wirkung entfaltet, sondern in einer Wechselwirkung mit staatlichen und strategischen Rahmenbedingungen steht. Bürgerschaftliches Engagement kann als „Handlungsmodus" der Zivilgesellschaft" (Hartnuß 2018, S. 10) betrachtet werden. Die Auseinandersetzung mit dem Diskurs zur Zivilgesellschaft schafft den analytischen Zugang vom bürgerschaftlichen Engagement und verortet es in diesem Rahmen. Zugleich öffnet sie den Blick für die demokratietheoretische Dimension, die dem Thema seine Tiefenwirkung gibt.

2.1 Zivilgesellschaft

Der Begriff der Zivilgesellschaft ist ausgesprochen schillernd, hat eine lange historische Begriffsgeschichte (Schade 2002) und erfasst verschiedene Sichtweisen auf das bürgerschaftliche Engagement. Die Definition von Zivilgesellschaft kann sich auf einen gesellschaftlichen Raum (Dritter Sektor) beziehen, in dem bürgerschaftliches Engagement von Personen, aber auch von sozialen Bewegungen und Organisationen stattfinden kann. Der Begriff bezieht sich jedoch auch auf das Handeln von Akteuren, die in ihrem bürgerschaftlichen Handeln gewaltlos miteinander umgehen und dies vor dem Hintergrund einer „politischen Kultur, die sich durch Gewaltfreiheit, Toleranz und Kompromissbereitschaft auszeichnet" (Zimmer 2012, S. 2).

2.1 Zivilgesellschaft

Die Kommission zum *Zweiten Engagementbericht 2017* stellt Engagement ausdrücklich in den Rahmen der Debatte über die Zivilgesellschaft und in den Kontext der Engagementpolitik. Dabei verfolgt sie ein differenziertes Verständnis, in dem Zivilgesellschaft nicht allein als Dritter Sektor verstanden wird, sondern mehrdimensional angelegt ist. Zivilgesellschaft als öffentliche Sphäre, als intermediärer Bereich und eine Gesellschaft, die zivil ist, das heißt, sie ist den Grundprinzipien eines demokratischen Gemeinwesens verpflichtet, zu denen Respekt, Offenheit, Menschenrechte und ein ziviler Umgang mit Konflikten gehören (BMFSJ 2017, S. 78, 119).

Betrachtet man zunächst den sogenannten Dritten Sektor, in dem Zivilgesellschaft wirksam werden kann, dann ist hier eine gesellschaftliche Sphäre gemeint, die nicht den Handlungslogiken des Marktes oder des Staates unterliegt. In diesem besonderen Raum wird nicht gewinnorientiert agiert wie auf dem Markt und es liegt auch keine staatliche Organisationsstruktur vor. Außerdem wird der Dritte Sektor häufig auch noch abgegrenzt von der Privatsphäre der Familie. In diesem gesellschaftlichen Bereich des Dritten Sektors werden Vereine, Verbände, Initiativen und soziale Bewegungen verortet, die ihr Handeln am Gemeinwohl ausrichten und die zugleich im öffentlichen Raum tätig sind. Dies ist der gesellschaftliche Raum, in dem bürgerschaftliches Handeln stattfinden kann, da auch das bürgerschaftliche Engagement qua Definition öffentlich stattfindet. Der Vorteil dieser raumbezogenen Abgrenzung ist, dass hier nicht nur politisches und soziales Engagement erfasst wird, das stark an gesellschaftlicher Mitsprache interessiert ist, sondern auch bürgerschaftliches Engagement, das nicht politisch intendiert ist, sondern die pragmatische Hilfe im Nahraum in den Vordergrund stellt (Evers 2011a, S. 211).

Diese vereinfachte Darstellung des Dritten Sektors, wie sie hier zunächst vorgestellt wurde, wird kritisiert, weil sie eine klare Abgrenzung des Sektors vermittelt, die so jedoch nicht gegeben ist. So wird z. B. nicht berücksichtigt, dass sich Engagement auch durchaus in anderen Sektoren abbildet, etwa durch Engagement in staatlichen Schulen oder Museen. Aber auch das Engagement von und in Unternehmen wird durch diese Zuordnung nicht erfasst. Und auch wenn man die Organisationen innerhalb des Dritten Sektors in den Blick nimmt, sind nicht alle Organisationen, die dem Sektor zugerechnet werden, nur an der Gemeinnützigkeit orientiert, z. B. werden im Dritten Sektor auch Standesvertretungen von Berufsgruppen angesiedelt, in denen das bürgerschaftliche Engagement gar nicht vorkommt (ausführlich zu dieser Problematik: Evers 2011b). Aus diesem Grund erweitert z. B. Roß (2012) den Begriff der Zivilgesellschaft und plädiert für eine dreidimensionale Definition, die unter einer Zivilgesellschaft den Dritten Sektor bezeichnet, aber auch die Akteursgruppen der anderen Sektoren einbezieht, die den Dritten Sektor unterstützen und sicherstellen. Darüber hinaus müssen, nach dieser Definition, in einer Zivilgesellschaft auch „zivile und demokratische Interaktionsregeln gelten" (Roß 2012, S. 245) – und zwar sowohl innerhalb der Teilbereiche als auch in Interaktionen zwischen den Sektoren.

Damit wird eine weitere Facette des Begriffs der Zivilgesellschaft deutlich. Zivilgesellschaft ist auch ein Qualitätsmerkmal für eine Gesamtgesellschaft. In diesem Kontext entbrennt die Frage: Was ist zivil? „Zivilität und das Verhalten eines guten Bürgers werden für die einen stärker mit der Bereitschaft assoziiert, sich bei allem Eigensinn einzuordnen, während andere stärker die Fähigkeit zum Widerspruch und den Wert von Dissidenz betonen" (Evers 2011a, S. 214).

Ein weiterer Blick auf die Zivilgesellschaft ist davon geprägt, dass es einen öffentlichen Raum gibt, in dem das Recht auf freie Meinungsäußerung gegeben ist und in dem für verschiedene Themen Öffentlichkeit hergestellt werden kann. Hier steht weniger das gelebte und praktische bürgerschaftliche Engagement im Vordergrund, sondern die Möglichkeit der öffentlichen Debatte in einer Gesellschaft, die mit dem Begriff der politischen Partizipation zusammengefasst werden kann. Die Debatte wird oft – aber nicht nur – von Akteuren des Dritten Sektors mitgeführt, wie Nichtregierungsorganisationen (NGOs), etwa Umweltorganisationen, Interessensvertretungen (z. B. Gewerkschaften, politische Initiativen und Bürgerbewegungen), die ihr Anliegen diskutieren wollen und Änderungen bestehender Settings anstreben (Evers 2011a). Mit dieser Betrachtungsweise werden auch Transformationsprozesse von ehemaligen Ostblockstaaten hin zu demokratisch legitimierten Regierungssystemen in den Blick genommen.

Was bedeuten die unterschiedlichen theoretischen Facetten der Zivilgesellschaft für das bürgerschaftliche Engagement? Durch die Zuweisung einer gesellschaftlichen Sphäre, in der bürgerschaftliches Engagement hauptsächlich stattfindet, können Abgrenzungen und Überschneidungen des Engagements zu anderen Sektoren deutlich gemacht werden. Durch das Handeln im öffentlichen Raum, das auf politische Partizipation zielt, wird auf eine Facette des Engagements aufmerksam gemacht, die den Blick von der tätigen Nächstenliebe auf Veränderungsprozesse lenkt, die durch Bürger*inneninnen initiiert und getragen werden. Im Hinblick auf die „gute Gesellschaft" wird die Frage gestellt, welche Formen des Engagements einer zivilen Gesellschaft zuträglich sind. Sie sind verankert in der etablierten Debatte über die Bedeutung der Zivilgesellschaft für die Prozesse der sozialen Integration und sie drücken sich im Konzept des sozialen Kapitals aus (Klein 2011, S. 36).

2.2 Strukturwandel und Individualisierung

Das Konzept der „Bürgergesellschaft" impliziert die Vorstellung, „dass Bürger*inneninnen in größerem Maße für die Geschicke des Gemeinwesens Sorge tragen" (Deutscher Bundestag 2002, S. 76). Das bedeutet, dass sich bürgerschaftliches Engagement nicht nur auf der zwischenmenschlichen Ebene und aus den dort angesiedelten Bedürfnissen heraus zeigt, sondern sich im Spannungsfeld von Gesellschaft und Politik bewegt und der Gleichzeitigkeit von gemeinschaftlichen und gesellschaftlichen Orientierungen unterliegt (BMFSJ 2017, S. 109).

Auf dieser strukturellen Ebene spiegeln sich in der modernen Gesellschaft Prozesse der Enttraditionalisierung, der Individualisierung, der kulturellen Pluralisierung und des Wertewandels wider. In den aktuellen Gesellschaftsanalysen bleibt die Frage nach dem gesellschaftlichen Zusammenhalt relevant und die Individualisierung spielt insbesondere durch einen vieldiskutierten Individualisierungsschub in der Gesellschaft, der in den 1990er-Jahren ausgelöst wurde, eine zentrale Rolle. In seinem Individualisierungsmodell legt der Soziologe Ulrich Beck (1986) diesen Trend gesellschaftlichen Veränderungen dar. Eine der zentralen Aussagen ist, dass die Bindung an traditionelle, hierarchisch-strukturierte Organisationen nicht mehr allein die Orientierung für das Individuum schaffen, sondern dass zunehmend weitere Optionen vorhanden sind.

Um einem häufig getroffenen Missverständnis vorzubeugen, Beck meint „mit Individualisierung nicht die Atomisierung, die Vereinzelung, nicht Beziehungslosigkeit des Individuums, auch nicht Individuation, Emanzipation oder Autonomie" (Beck 2015 S. 207). Mit dem Begriff Individualisierung verbunden ist die individuelle Planungs- und Gestaltungshoheit für das eigene Leben. Das heißt, es erhöhen sich die Chancen, Vorstellungen für das eigene Leben zu realisieren, aber damit einher geht auch der Zwang, Entscheidungen treffen zu müssen. Und zwar aus dem Grund, weil nicht mehr die traditionalen Klassenbedingungen und Versorgungsbezüge der Familie gelten, sondern die Menschen auf sich selbst und ihr individuelles Arbeitsmarktschicksal verwiesen sind (Beck 2015, S. 116). Die Individuen sind für die Planung der eigenen Biografie verantwortlich – mit den verbundenen Chancen und Risiken. Das wiederum kann durchaus zur Entstehung neuer soziokultureller Gemeinsamkeiten führen, etwa in Form von sozialen Bewegungen und Bürgerinitiativen (Beck 2015, S. 119). Durch diese Veränderung ergeben sich auch neue Chancen, Bürgerinnen und Bürger für das Engagement zu gewinnen, um ihnen eine Reintegration in die Gemeinschaft zu ermöglichen.

2.2.1 Drei Dimensionen der Individualisierung

Beck unterscheidet beim Begriff „Individualisierung" drei Dimensionen eines gesellschaftlichen Prozesses, der die Moderne prägt:

- die „Freisetzungsdimension", was die Herauslösung aus historisch vorgegebenen Sozialformen und -bindungen im Sinne traditionaler Herrschafts- und Versorgungszusammenhänge thematisiert;
- die „Entzauberungsdimension", also den „Verlust von traditionalen Sicherheiten im Hinblick auf Handlungswissen, Glauben und leitende Normen" sowie
- die „Kontroll- bzw. Reintegrationsdimension", die sich auf eine „neue Art der sozialen Einbindung" bezieht (Beck 2015, S. 206).

Zunehmende gesellschaftliche Individualisierung baut somit nicht in pauschaler Weise Solidarbeziehungen ab (Keupp 2001), sondern sie schafft vielmehr einen neuen Typus von Solidarität.

Dieser Typus findet sich im Begriff des bürgerschaftlichen Engagements wieder, das freiwillig erbracht wird und viel weniger aus einem Gefühl der Verpflichtung heraus, wie es beim Ehrenamt anklingt, sondern aus traditionalen Gemeinschaftsbindungen folgt. Der neue Typus von Sozialbeziehung zeigt sich im Vergleich zu der traditionalen Form zwangloser, vielseitiger, zeitlich sowie sachlich eingegrenzter und beweglicher. Individualität und solidarische Bezogenheit sind im aktuellen gesellschaftlichen Freisetzungsprozess deshalb nicht als Alternativen zu verstehen, sondern sie verweisen aufeinander. Von besonderem Interesse ist die Dimension der Reintegration. In ihr liegt das Potenzial für das bürgerschaftliche Engagement. Das vielfach projektorientierte freiwillige Handeln kann entsprechend der biografischen Situation angepasst werden: z. B. als Mutter oder Vater im Elternbeirat aktiv zu sein; als Job- oder Ausbildungspate während der Berufstätigkeit aktiv zu sein; als Jugendlicher im Jugendforum aktiv zu sein. Das hohe Maß an Selbstgestaltung und individueller Selbstentfaltung, welches das bürgerschaftliche Engagement ebenso wie Formen der Partizipation charakterisiert, können zur Erklärung dafür dienen, warum traditionell geprägte, langfristige Bindungen an Großorganisationen oder pflichtorientierte Ehrenämter an Bedeutung verlieren und im Gegenzug neue Formen des Engagements entstanden sind. Dieser verstärkt entstandene Zwang und die Herausforderung an die Gestaltungsmöglichkeiten im Zuge der Individualisierung zeigen sich in der Tatsache, dass individuelle Biografien immer weniger vorgezeichnet sind und bei wachsendem Risiko selbst gestaltet werden müssen.

2.2 Strukturwandel und Individualisierung

Das bedeutet, dass die subjektiven und objektiven Voraussetzungen, warum Menschen freiwillig aktiv werden, sich verändert haben. Ging es im Ehrenamt früher vor allen Dingen um das Amt, um die Pflicht und die zu erfüllende Aufgabe, die vorgegeben war und die es zu erledigen galt, so liegt der Schwerpunkt beim Bürgerengagement auf den Wünschen, den Vorstellungen und den Anliegen, die Menschen mitbringen, wenn sie ein Engagement suchen und sich darauf einlassen. Die Herausforderung liegt in der Entscheidung und in der Ausgestaltung des Handelns. Die neuen Formen des Engagements sind einerseits der Indikator dafür und andererseits treiben sie diese Entwicklung an: „Dazu gehören öffentliche Kritik und Widerspruch, d. h. Formen der Selbstorganisation, die neu, unbequem, herausfordernd [...] sind" (Embacher und Lang 2008, S. 32).

Das gegenwärtige bürgerschaftliche Engagement unterliegt demzufolge veränderten Bedingungen. An folgenden Stichworten ist das aufzuzeigen:

- *Pluralisierung und Individualisierung:* Das Engagement muss zu den Wünschen und Motiven der Aktiven passen und entsprechend hat sich eine Vielfalt an Engagementformen ausdifferenziert. Diesen subjektiven Engagementwünschen werden vor allem kleinere Initiativen, Projekte und Vereine gerecht. Kommunale Anlaufstellen für Engagement, Freiwilligenagenturen, Träger der Wohlfahrt und andere Einrichtungen kümmern sich um eine passgenaue Vermittlung, um Koordinierung, Initiierung und Vernetzung des Engagements.
- *Mobilität:* Menschen müssen heute eine höhere Mobilität aufweisen. Diese Anforderung bringt die Erwerbsarbeit oder der gewählte Ausbildungsweg mit sich. Entsprechend muss sich das Zeitbudget für ein Engagement an diese Bedingungen anpassen und auch kurzfristiges und kurzzeitiges Engagement muss im optimalen Fall möglich sein. Entsprechend müssen Engagementangebote angepasst werden.
- *Verantwortungsübernahme:* Überall in der Gesellschaft werden Bindungen lockerer und demzufolge überlegen Menschen genauer, welche Verantwortung sie übernehmen wollen und können.
- *Lebenssinn:* Engagement ist für viele Menschen mit der Suche nach dem individuellen Lebensglück verbunden. Sie engagieren sich in Räumen, die nicht von Markt und Kommerz diktiert sind, sie protestieren gegen Eingriffe in ihre Umwelt und experimentieren mit nachhaltigen Lebensstilen und sehen einen Sinn darin, anderen Zeit und ihre Kompetenz zu widmen.

Freiwilliges Engagement der Menschen lebt von der Fähigkeit, sich selbst zu organisieren, und von der Freiheit zur Selbstermächtigung und Mitsprache. Sei es in formellen Bezügen, z. B. im Verein, oder informell, etwa in lockeren Netzwerken oder unverbindlichen Strukturen. Es geht um die Verantwortungsübernahme im Kleinen wie im Großen. Innerhalb der aktuellen Engagementdebatte spielt diese Befähigung zur Selbstgestaltung u. a. hinsichtlich der Daseinsvorsorge eine der zentralen Rollen (BMFSJ 2017, S. 86). Sie ist Grundlage für Selbstbestimmung und Teilhabe. Dafür braucht es einerseits Rahmenbedingungen im Großen (Politik und Verwaltung) sowie die Diskussion darüber, in welcher Weise sich Staat, Markt und Selbst(vor)sorge verknüpfen. Der Sozialstaat und die Idee von Verwirklichungschancen für alle Bürger liefern dafür die Basis. Der (Werte-)Wandel trifft jedoch auch auf den Sozialstaat bzw. die sozialstaatlichen Einrichtungen (Röbke 2012, S. 18–19).

2.2.2 „Sozialstaat unter Druck"

Der Sozialstaat steht unter finanziellem Druck. Die Kostenträger geben diesen an die Leistungserbringer weiter. Arbeitsabläufe werden auf den Prüfstand gestellt, betriebswirtschaftliche Managementmethoden verbreiten sich in allen Gebieten Sozialer Arbeit. Zudem wächst der Einfluss des Marktes. Gesetzliche Veränderungen verschärfen die Wettbewerbssituation. Davon bleiben die Engagementmöglichkeiten nicht unberührt. Zum einen kann der ökonomische Zwang dazu führen, dass der Trend zur Verdienstleistung Sozialer Arbeit zunimmt und somit das Ehrenamt an den Rand gedrängt wird. Zum anderen werden aber auch Stimmen laut, die mehr ehrenamtliche Tätigkeiten fordern, weil in Zukunft, etwa wegen des demografischen Wandels, das professionelle Hilfesystem an seine finanziellen und personellen Grenzen stoßen wird (Röbke 2012, S. 19).

2.3 Das Sozialkapital der Bürgergesellschaft

Die Umfrageergebnisse im aktuellen *Freiwilligensurvey* zeigen, dass das bürgerschaftliche Engagement zunimmt. In allen Bevölkerungsgruppen ist ein Anstieg des freiwilligen Engagements zu beobachten, wenngleich unterschiedlich stark. Frauen haben ihr freiwilliges Engagement zwischen 1999 und 2014 deutlicher ausgeweitet als Männer, somit nähern sich die Geschlechter im freiwilligen Engagement etwas an. Das Engagement der jüngeren sowie der älteren Personen hat im Vergleich zum Engagement der mittleren Altersgruppen in den letzten 15 Jahren stärker zugenommen, trotz der Lockerung der familiären und gemeinschaftlichen Bindungen und der Expansion des Individualismus. Hier kommt das sogenannte „soziale Kapital" ins Spiel. Der vom US-amerikanischen Soziologen Robert Putnam eingeführte Begriff hat nachhaltigen Einfluss auf die Diskussionen um eine Bürgergesellschaft und die damit verbundenen Vorstellungen von bürgerschaftlichem Engagement als „Produzenten" von Sozialkapital in modernen Gesellschaften. Soziales Kapital spielt überall dort eine Rolle, wo von sozialen Beziehungen und sozialem Vertrauen sowie von Solidarität die Rede ist. Mit Sozialkapital wird die Gesamtheit all jener Ressourcen bezeichnet, die aus der Einbindung von Individuen in soziale Beziehungsnetzwerke resultieren (Braun 2011, S. 53).

Der Verlust des gesellschaftlichen Zusammenhalts, die Frage nach einem ausgewogenen Verhältnis von Gemeinwohl- und Eigeninteressen sowie die Frage, ob hochindividualisierte Gesellschaften noch Integration zulassen, führte in den USA in den 1990er-Jahren zu Putnams Gesellschaftsanalysen, in denen sich das Sozialkapital als auflösender Faktor darstellt. Das Sozialkapital besteht nach Putnam aus drei wesentlichen Elementen:

- sozialem Vertrauen, das die Kooperation zwischen Individuen erleichtert;
- Reziprozitätsnormen, die zum Aufbau sozialen Vertrauens und zur Lösung sozialer Dilemmata beitragen;
- Netzwerke bürgerschaftlichen Engagements, die generalisierte Reziprozitätsnormen pflegen und soziales Vertrauen aufbauen.

Durch die individuelle Einbindung in Netzwerke bürgerschaftlichen Engagements wird die Kooperation, das Erreichen bestimmter gemeinsamer Ziele und die soziale Integration der Gesellschaft gefördert (Putnam 1995, zit. nach Braun 2011, S. 57).

2.3.1 Konzept des Sozialkapitals

Putnam hat mit dem Konzept des Sozialkapitals die Unterscheidung zwischen dem verbindenden („bonding") und dem überbrückenden („bridging") Sozialkapital (vgl. Evers et al. 2015, S. 6–7) getroffen, das durch Engagement erzeugt wird (Tab. 2.1).

Die Analysen der US-amerikanischen Gesellschaft trafen auf einen gesellschaftspolitischen Diskurs in Deutschland, der sich in den 1990er-Jahren an den Schattenseiten des Individualisierungsschubs abarbeitete (Braun 2003, S. 10) und sich mit den Fragen nach dem gesellschaftlichen Zusammenhalt und den

Tab. 2.1 Verbindendes und überbrückendes Sozialkapital. (Eigene Darstellung)

Bonding social capital	Bridging social capital
Als Möglichkeit der Selbstbehauptung	Als Möglichkeit Verbindungen zu schaffen
Verbindende Solidarität in Gemeinschaften ist auf exklusive Netzwerke ausgerichtet. Ihre wichtige Funktion hat sie im Aufbau und Erhalt von Vertrauen in von Reziprozität geprägten Netzwerken: Nachbarschaften, Glaubensgemeinschaften, ethnische Gruppen. Nachbarschaften sind neben Familien die wichtigsten Institutionen von alltagsrelevantem Engagement. Effekte können problematisch sein etwa in Form von Ausschluss oder Abgrenzung	Das überbrückende Sozialkapital verbindet unterschiedliche soziale, kulturelle, politische Gruppen und lebt davon, mit Menschen zu kooperieren, die „anders" sind und denken als man selbst Inklusions- und Integrationsanliegen sowie die Bilder von einer bunten Gesellschaft leben vom Bridging-Kapital. Die Willkommenskultur gegenüber Flüchtlingen, die Öffnung der Nachbarschaft für Menschen mit Behinderung oder die Entwicklung zur demenzfreundlichen Kommune sind Ausdruck dieser überbrückenden Solidarität

Wegen der Solidaritätsproduktion auseinandersetzte. Sein Begriffsverständnis von Sozialkapital entfaltete seinen Einfluss auf die Diskussionen zur Bürgergesellschaft und zum bürgerschaftlichen Engagement (Braun 2011, S. 58). Die Auswirkungen dieser Entwicklung reichen in die Arbeitsfelder der Sozialen Arbeit hinein, denn dort haben sich inzwischen in vielen Berufsfeldern neue, Engagement bezogene Aufgabenfelder etabliert und zahlreiche Organisationen haben mittlerweile dafür zuständige Personen benannt, die als Freiwilligenkoordinatoren und -manager dafür verantwortlich sind (Rosenkranz und Weber 2012, S. 11).

Ungeachtet der Etablierung dieser Funktion, bewegt sich die Diskussion um die Einbindung von Ehrenamtlichen zwischen zwei Polen: Entweder wird erwartet, dass die Hauptamtlichen mit den Ehrenamtlichen zusammenarbeiten, und dies quasi als selbstverständlich angesehen wird; andererseits wird die Sorge formuliert, dass durch die Engagierten die professionelle Arbeit bedroht würde oder das Engagement gar ein Modell des Lohndumpings darstelle, mit dem Gelder gespart und Budgets geschont würden. Gleichwohl führt die Freiwilligenarbeit in der Sozialen Arbeit zu Veränderungen (siehe auch Kap. 1.5 und 3.4), die als gravierend bezeichnet werden können, was sich in der These von Rosenkranz manifestiert, dass „das Ehrenamt insbesondere im sozialen Bereich vor einem deutlichen Umbruch steht, auf den Soziale Dienste und Einrichtungen – stärker als bisher – reagieren müssen" (Rosenkranz und Weber 2012, S. 13).

2.4 Das Konzept des Wohlfahrtsmix

Der Daseinsvorsorge wird im *Zweiten Engagementbericht* zentraler Stellenwert (BMFSJ 2017, S. 86) zugewiesen. Sie umzusetzen, dafür tragen die Städte, Gemeinden und Landkreise die Verantwortung. Sie sind verpflichtet, diese Dienste allen Mitgliedern der Gesellschaft zugänglich zu machen und ihnen eine selbstbestimmte Lebensgestaltung und Teilhabe zu ermöglichen. In der Umsetzung fällt dem bürgerschaftlichen Engagement eine besondere Bedeutung zu. Dies soll allerdings keinem Plädoyer für die Relativierung der kommunalen und sozialstaatlichen Pflichtaufgaben gleichkommen (Klie 2015, S. 31). Im Gegenteil, es soll deutlich werden, dass die Bürger*inneninnen in dieser Konstellation für die Realisierung benötigt werden. Dafür brauchen sie Angebote für neue Formen der Selbstorganisation und Formen für Kooperationen bzw. es braucht eine Offenheit dafür, dass sie selbst Angebote entwickeln können, um diese zu verwirklichen.

Anfang der 1990er-Jahre tauchte in der Diskussion um das bürgerschaftliche Engagement der Begriff des Wohlfahrtsmix auf (Evers 2011b, S. 979; Grunwald und Langer 2018; Röbke 2012, S. 22; Roß 2012, S. 312). Darunter wird das Zusammenwirken verschiedener gesellschaftlicher Sektoren bei der Erbringung von Wohlfahrtsleistungen verstanden, das heißt, „Wohlfahrt [wird] zunehmend im Zusammenspiel von Staat, Markt, freien Trägern und informellem Bereich (Haushalte, Familien usw.) erbracht bzw. produziert" (Roß 2012 S. 312–313). Zentral geht es also darum, dass neben dem Staat weiteren Akteuren Rollen in diesem Zusammenspiel zugewiesen werden.

In diesem Kontext erhält das bürgerschaftliche Engagement einen bedeutenden Stellenwert. Es ist eine Ressource aus der Gesellschaft für die Gesellschaft und schafft mit ihrer konkreten Aktivität eine Nähe zu den Adressaten der Daseinsfürsorge, welche die institutionalisierte Hilfeleistung nicht in gleicher Weise erbringen kann bzw. hat Qualitäten, die der professionellen Betreuung oft nicht zugänglich sind. Entsprechend fördern zunehmend die Kommunen, etwa durch Koordinierungsstellen oder Stabsstellen, das bürgerschaftliche Engagement. Ebenso sehen die sozialwirtschaftlichen Träger freiwilliges Engagement als unverzichtbaren Bestandteil eines Wohlfahrtsmix (Roß 2012, S. 429).

Dabei geht es um eine neue Ressourcenkombination, die eine Institution zur Bewältigung ihrer Aufgaben benötigt. Neben Geld und professioneller hauptamtlicher Arbeit rückt das bürgerschaftliche Engagement in den Blickpunkt. Es ist nicht mehr nur als Ergänzung gedacht, sondern als Koproduzent von Dienstleistungen. Beispiele dafür finden sich etwa in der Form eines Vorleseprojektes im Kindergarten, als Hausaufgabenbetreuung in der Schule, als Patenschaft beim Übergang von Schule in den Beruf. Der Umgang mit Migration und Asylfragen bietet ebenfalls gute Anknüpfungspunkte wie etwa die Unterstützung über Freundschaftsnetzwerke und Familien. Das heißt, Kommune und Träger der Wohlfahrt koordinieren und unterstützen das Angebot, das zusammen mit den Engagierten durchgeführt wird.

Von grundlegender Bedeutung ist die Wohlfahrtsproduktion in Kombination mit engagierten Ehrenamtlichen in der Alten- oder Behindertenhilfe. Im Zuge der Inklusion ist es für Einrichtungen von zentraler Bedeutung geworden, sich dem Leben im Gemeinwesen zu öffnen, sodass ältere Menschen oder Menschen mit Behinderungen selbstverständlich an der Gesellschaft teilhaben können. Die Chance des wohlfahrtspluralistischen Ansatzes liegt in der potenziell integrativen Wirkung, in der spezifischen Qualität, die geschaffen und gesichert wird (Klie 2015, S. 29). Die Vorteile des Ansatzes sollen allerdings nicht darüber hinwegtäuschen, dass er voraussetzungsreich ist. Denn wohlfahrtsstaatliche Strategien sind weder selbstverständlich, noch stoßen sie überall auf Zustimmung.

Das gilt, wie Thomas Klie hervorhebt, für die lebensweltliche und persönliche Ebene ebenso wie für die institutionelle und staatliche Ebene:

„Nicht alle Milieus, nicht alle Kulturen sind offen für wohlfahrtspluralistische Konzepte zur Beantwortung von Solidaritätsaufgaben, wie etwa der Kindererziehung oder der Pflege. Die öffentliche Verwaltung tut sich bisweilen schwer in ihre Handlungsstrategien etwa das Engagement von Bürger*innen einzubeziehen. Ebenso passt es nicht in klassische Strategien und Logiken von profitorientierten Unternehmen, Formen bürgerschaftlicher Mitwirkung zu integrieren. Auf der politischen Ebene fällt es vielen Sozialpolitiker*innen schwer sich wohlfahrtspluralistischen Politikentwürfen zu öffnen." (Klie 2015, S. 30).

Im positiven Fall bleibt es bei der Herausforderung, dass sich im Gemeinwesen Menschen finden, die bereit sind, sich zu engagieren und Verantwortung in diesem Zusammenspiel von Akteuren zu übernehmen, weil darauf sozialraumorientierte Konzepte angewiesen sind. Paul-Stefan Roß konstatiert in Anknüpfung an den aufgeführten Nutzenaspekt, dass das freiwillige Engagement – wenn es angemessen eingeführt und gut begleitet wird – einen nachweisbaren Nutzen für diejenigen Menschen erbringt, denen es gilt (Roß 2012, S. 429), und ebenso für die sozialstaatlichen Akteure.

Angesichts der politischen und gesellschaftlichen Herausforderungen zu Beginn des 21. Jahrhunderts, die mit den folgenden Stichworten angerissen sind:

- sich verändernde tradierte Familienstrukturen,
- Rückgang der Zahl der Erwerbstätigen,

2.4 Das Konzept des Wohlfahrtsmix

- alternde Gesellschaft,
- Integration unterschiedlicher Kulturen,
- Teilhabe von Menschen mit Behinderung am Leben der Gesellschaft,
- veränderte Erwerbsstrukturen,
- Generationengerechtigkeit angesichts des demografischen Wandels,
- begrenzte Leistungsfähigkeit der sozialstaatlichen Sicherungssysteme

scheinen wohlfahrtspluralistische Strategien nahezuliegen. Damit ist die hohe Bedeutung des bürgerschaftlichen Engagements verknüpft.

So ist es nicht verwunderlich, dass es auch von den Wohlfahrtsverbänden als Ressource „in neuer Weise als unverzichtbaren Bestandteil [...]" (Roß 2014, S. 429) entdeckt und weiterentwickelt wird. Im Zusammenspiel den Sektoren Staat, Markt und gesellschaftliche Assoziationen sorgt es für eine Balance in der Produktion sozialer Leistungen. Einerseits, weil die finanziellen Spielräume enger sind, die politische und administrative Planung Grenzen hat und weil andererseits durch den Wandel von Familie und Kirche die sozialen Netze voraussetzungsreicher werden und nicht mehr selbstverständlich sind. Eine erhöhte Selbstorganisation ist deshalb notwendig und neue Kooperationsformen sind gefragt.

2.4.1 Das Zusammenspiel der Akteure

Das Zusammenspiel verschiedener Akteure mit dem Ziel einer verbesserten Daseinsvorsorge, in das sich das bürgerschaftliche Engagement mit seiner spezifischen Qualität und als Beitrag in die koproduktiven Prozesse einbringt, ist zugleich eine wichtige Begründung für das bürgerschaftliche Engagement, seiner Förderung sowie in der Diskussion um seine Rolle. Das Konzept des Wohlfahrtsmix bindet das bürgerschaftliche Engagement als festen Bestandteil in seine Funktionslogik ein. Die Produktion sozialer Wohlfahrt liegt demnach nicht nur in den Händen von Staat und Markt, sondern ganz wesentlich in denen von Familien, Nachbarschaften und in den vielfältigen Formen solidarischer Selbstorganisation der Gesellschaft (Klie 2015, S. 28). Das ist die entscheidende Schnittstelle zum Konzept, das davon lebt, dass es verschiedene Institutionen an der Erbringung von Wohlfahrt beteiligt.

Würden allerdings nur die monetären Gesichtspunkte beim Einsatz der Engagierten im Vordergrund stehen und sieht man in ihm nur das Sparpotenzial für Wohlfahrt und Staat, dann wird die Bedeutung der Selbstorganisation und die Eigensinnigkeit bürgerschaftlichen Engagements entwertet. Entsprechend

hat z. B. die baden-württembergische Engagementförderung immer wieder die These vertreten, dass die entscheidende Bedeutung des Engagements nicht in der Entlastung kommunaler Kassen liegt, sondern der Mehrwert sich in der sozialen Lebensqualität, in der demokratischen Teilhabe und in der Identifikation mit der Kommune gründet (Roß 2012, S. 348).

Wohlfahrt in gemischten Arrangements, wo unterschiedliche Akteure mit verschiedenen Handlungslogiken zusammenwirken und bürgerschaftliches Engagement ein integraler Bestandteil ist, braucht für die Entfaltung den örtlichen Sozialraum. Der lokale Raum ist sein „Ankerort" (Roß 2012, S. 350), wo es zum Zusammenspiel der verschiedenen Akteure kommt und die Verantwortungsteilung zwischen Staat, Markt, formal organisierten freien Trägern, bürgerschaftlichen Assoziationen und privaten Initiativen geleistet wird. Das geschieht allerdings im Schatten der unterschiedlichen und keineswegs immer kompatiblen und teilweise auch widerstreitenden Funktionslogiken (Abb. 2.1).

Die Sektoren leisten je unterschiedliche Beiträge in der Wohlfahrtsproduktion. Primäre Netze, Staat, Markt und Dritter Sektor mit je unterschiedlichen Funktionslogiken, zentralen Werten und Ansprüchen müssen zusammen kooperieren und funktionieren.

Während bei den primären Netzwerken die Logik der Zugehörigkeit, der nichtmonetäre Tausch und der Zentralwert der Reziprozität im Vordergrund stehen, sind dies bei den Institutionen des Marktes die monetäre Tauschlogik, der Zentralwert der Freiheit und des Wohlstands sowie der Anspruch des Profits. Bei den Assoziationen des Dritten Sektors gibt es vielfältige und heterogene Institutionen, deren Logik die Mitgliedschaft und der Zentralwert die Solidarität ist. Beim Sektor Staat stehen die Zentralwerte der Gleichheit und Sicherheit im Vordergrund. Im Zusammenwirken der vier Sektoren können sich die jeweiligen Logiken und Werte in ergänzender Weise realisieren und so ihren je eigenen Beitrag zur Wohlfahrtsproduktion leisten. Bei einer solchen Betrachtungsweise geht es weniger um die Funktionalisierung des einen Bereiches aus der Sicht eines anderen Sektors, sondern vielmehr um die Fragestellung, wie jeder Sektor das, was ihm im Sinne der Erreichung von Wohlfahrtszielen in besonderer Weise möglich ist, einbringen kann (Klie 2015, S. 29–30).

2.4.2 Wohlfahrtsmix und die Soziale Arbeit

Die Verknüpfung vom Thema Wohlfahrtsmix und bürgerschaftlichem Engagement mit der Sozialen Arbeit zeigt sich insbesondere im Zusammenhang von sozialen Diensten. In ihren Handlungsfeldern und durch ihre Träger

2.4 Das Konzept des Wohlfahrtsmix

- alternde Gesellschaft,
- Integration unterschiedlicher Kulturen,
- Teilhabe von Menschen mit Behinderung am Leben der Gesellschaft,
- veränderte Erwerbsstrukturen,
- Generationengerechtigkeit angesichts des demografischen Wandels,
- begrenzte Leistungsfähigkeit der sozialstaatlichen Sicherungssysteme

scheinen wohlfahrtspluralistische Strategien nahezuliegen. Damit ist die hohe Bedeutung des bürgerschaftlichen Engagements verknüpft.

So ist es nicht verwunderlich, dass es auch von den Wohlfahrtsverbänden als Ressource „in neuer Weise als unverzichtbaren Bestandteil [...]" (Roß 2014, S. 429) entdeckt und weiterentwickelt wird. Im Zusammenspiel den Sektoren Staat, Markt und gesellschaftliche Assoziationen sorgt es für eine Balance in der Produktion sozialer Leistungen. Einerseits, weil die finanziellen Spielräume enger sind, die politische und administrative Planung Grenzen hat und weil andererseits durch den Wandel von Familie und Kirche die sozialen Netze voraussetzungsreicher werden und nicht mehr selbstverständlich sind. Eine erhöhte Selbstorganisation ist deshalb notwendig und neue Kooperationsformen sind gefragt.

2.4.1 Das Zusammenspiel der Akteure

Das Zusammenspiel verschiedener Akteure mit dem Ziel einer verbesserten Daseinsvorsorge, in das sich das bürgerschaftliche Engagement mit seiner spezifischen Qualität und als Beitrag in die koproduktiven Prozesse einbringt, ist zugleich eine wichtige Begründung für das bürgerschaftliche Engagement, seiner Förderung sowie in der Diskussion um seine Rolle. Das Konzept des Wohlfahrtsmix bindet das bürgerschaftliche Engagement als festen Bestandteil in seine Funktionslogik ein. Die Produktion sozialer Wohlfahrt liegt demnach nicht nur in den Händen von Staat und Markt, sondern ganz wesentlich in denen von Familien, Nachbarschaften und in den vielfältigen Formen solidarischer Selbstorganisation der Gesellschaft (Klie 2015, S. 28). Das ist die entscheidende Schnittstelle zum Konzept, das davon lebt, dass es verschiedene Institutionen an der Erbringung von Wohlfahrt beteiligt.

Würden allerdings nur die monetären Gesichtspunkte beim Einsatz der Engagierten im Vordergrund stehen und sieht man in ihm nur das Sparpotenzial für Wohlfahrt und Staat, dann wird die Bedeutung der Selbstorganisation und die Eigensinnigkeit bürgerschaftlichen Engagements entwertet. Entsprechend

hat z. B. die baden-württembergische Engagementförderung immer wieder die These vertreten, dass die entscheidende Bedeutung des Engagements nicht in der Entlastung kommunaler Kassen liegt, sondern der Mehrwert sich in der sozialen Lebensqualität, in der demokratischen Teilhabe und in der Identifikation mit der Kommune gründet (Roß 2012, S. 348).

Wohlfahrt in gemischten Arrangements, wo unterschiedliche Akteure mit verschiedenen Handlungslogiken zusammenwirken und bürgerschaftliches Engagement ein integraler Bestandteil ist, braucht für die Entfaltung den örtlichen Sozialraum. Der lokale Raum ist sein „Ankerort" (Roß 2012, S. 350), wo es zum Zusammenspiel der verschiedenen Akteure kommt und die Verantwortungsteilung zwischen Staat, Markt, formal organisierten freien Trägern, bürgerschaftlichen Assoziationen und privaten Initiativen geleistet wird. Das geschieht allerdings im Schatten der unterschiedlichen und keineswegs immer kompatiblen und teilweise auch widerstreitenden Funktionslogiken (Abb. 2.1).

Die Sektoren leisten je unterschiedliche Beiträge in der Wohlfahrtsproduktion. Primäre Netze, Staat, Markt und Dritter Sektor mit je unterschiedlichen Funktionslogiken, zentralen Werten und Ansprüchen müssen zusammen kooperieren und funktionieren.

Während bei den primären Netzwerken die Logik der Zugehörigkeit, der nichtmonetäre Tausch und der Zentralwert der Reziprozität im Vordergrund stehen, sind dies bei den Institutionen des Marktes die monetäre Tauschlogik, der Zentralwert der Freiheit und des Wohlstands sowie der Anspruch des Profits. Bei den Assoziationen des Dritten Sektors gibt es vielfältige und heterogene Institutionen, deren Logik die Mitgliedschaft und der Zentralwert die Solidarität ist. Beim Sektor Staat stehen die Zentralwerte der Gleichheit und Sicherheit im Vordergrund. Im Zusammenwirken der vier Sektoren können sich die jeweiligen Logiken und Werte in ergänzender Weise realisieren und so ihren je eigenen Beitrag zur Wohlfahrtsproduktion leisten. Bei einer solchen Betrachtungsweise geht es weniger um die Funktionalisierung des einen Bereiches aus der Sicht eines anderen Sektors, sondern vielmehr um die Fragestellung, wie jeder Sektor das, was ihm im Sinne der Erreichung von Wohlfahrtszielen in besonderer Weise möglich ist, einbringen kann (Klie 2015, S. 29–30).

2.4.2 Wohlfahrtsmix und die Soziale Arbeit

Die Verknüpfung vom Thema Wohlfahrtsmix und bürgerschaftlichem Engagement mit der Sozialen Arbeit zeigt sich insbesondere im Zusammenhang von sozialen Diensten. In ihren Handlungsfeldern und durch ihre Träger

- alternde Gesellschaft,
- Integration unterschiedlicher Kulturen,
- Teilhabe von Menschen mit Behinderung am Leben der Gesellschaft,
- veränderte Erwerbsstrukturen,
- Generationengerechtigkeit angesichts des demografischen Wandels,
- begrenzte Leistungsfähigkeit der sozialstaatlichen Sicherungssysteme

scheinen wohlfahrtspluralistische Strategien nahezuliegen. Damit ist die hohe Bedeutung des bürgerschaftlichen Engagements verknüpft.

So ist es nicht verwunderlich, dass es auch von den Wohlfahrtsverbänden als Ressource „in neuer Weise als unverzichtbaren Bestandteil [...]" (Roß 2014, S. 429) entdeckt und weiterentwickelt wird. Im Zusammenspiel den Sektoren Staat, Markt und gesellschaftliche Assoziationen sorgt es für eine Balance in der Produktion sozialer Leistungen. Einerseits, weil die finanziellen Spielräume enger sind, die politische und administrative Planung Grenzen hat und weil andererseits durch den Wandel von Familie und Kirche die sozialen Netze voraussetzungsreicher werden und nicht mehr selbstverständlich sind. Eine erhöhte Selbstorganisation ist deshalb notwendig und neue Kooperationsformen sind gefragt.

2.4.1 Das Zusammenspiel der Akteure

Das Zusammenspiel verschiedener Akteure mit dem Ziel einer verbesserten Daseinsvorsorge, in das sich das bürgerschaftliche Engagement mit seiner spezifischen Qualität und als Beitrag in die koproduktiven Prozesse einbringt, ist zugleich eine wichtige Begründung für das bürgerschaftliche Engagement, seiner Förderung sowie in der Diskussion um seine Rolle. Das Konzept des Wohlfahrtsmix bindet das bürgerschaftliche Engagement als festen Bestandteil in seine Funktionslogik ein. Die Produktion sozialer Wohlfahrt liegt demnach nicht nur in den Händen von Staat und Markt, sondern ganz wesentlich in denen von Familien, Nachbarschaften und in den vielfältigen Formen solidarischer Selbstorganisation der Gesellschaft (Klie 2015, S. 28). Das ist die entscheidende Schnittstelle zum Konzept, das davon lebt, dass es verschiedene Institutionen an der Erbringung von Wohlfahrt beteiligt.

Würden allerdings nur die monetären Gesichtspunkte beim Einsatz der Engagierten im Vordergrund stehen und sieht man in ihm nur das Sparpotenzial für Wohlfahrt und Staat, dann wird die Bedeutung der Selbstorganisation und die Eigensinnigkeit bürgerschaftlichen Engagements entwertet. Entsprechend

hat z. B. die baden-württembergische Engagementförderung immer wieder die These vertreten, dass die entscheidende Bedeutung des Engagements nicht in der Entlastung kommunaler Kassen liegt, sondern der Mehrwert sich in der sozialen Lebensqualität, in der demokratischen Teilhabe und in der Identifikation mit der Kommune gründet (Roß 2012, S. 348).

Wohlfahrt in gemischten Arrangements, wo unterschiedliche Akteure mit verschiedenen Handlungslogiken zusammenwirken und bürgerschaftliches Engagement ein integraler Bestandteil ist, braucht für die Entfaltung den örtlichen Sozialraum. Der lokale Raum ist sein „Ankerort" (Roß 2012, S. 350), wo es zum Zusammenspiel der verschiedenen Akteure kommt und die Verantwortungsteilung zwischen Staat, Markt, formal organisierten freien Trägern, bürgerschaftlichen Assoziationen und privaten Initiativen geleistet wird. Das geschieht allerdings im Schatten der unterschiedlichen und keineswegs immer kompatiblen und teilweise auch widerstreitenden Funktionslogiken (Abb. 2.1).

Die Sektoren leisten je unterschiedliche Beiträge in der Wohlfahrtsproduktion. Primäre Netze, Staat, Markt und Dritter Sektor mit je unterschiedlichen Funktionslogiken, zentralen Werten und Ansprüchen müssen zusammen kooperieren und funktionieren.

Während bei den primären Netzwerken die Logik der Zugehörigkeit, der nichtmonetäre Tausch und der Zentralwert der Reziprozität im Vordergrund stehen, sind dies bei den Institutionen des Marktes die monetäre Tauschlogik, der Zentralwert der Freiheit und des Wohlstands sowie der Anspruch des Profits. Bei den Assoziationen des Dritten Sektors gibt es vielfältige und heterogene Institutionen, deren Logik die Mitgliedschaft und der Zentralwert die Solidarität ist. Beim Sektor Staat stehen die Zentralwerte der Gleichheit und Sicherheit im Vordergrund. Im Zusammenwirken der vier Sektoren können sich die jeweiligen Logiken und Werte in ergänzender Weise realisieren und so ihren je eigenen Beitrag zur Wohlfahrtsproduktion leisten. Bei einer solchen Betrachtungsweise geht es weniger um die Funktionalisierung des einen Bereiches aus der Sicht eines anderen Sektors, sondern vielmehr um die Fragestellung, wie jeder Sektor das, was ihm im Sinne der Erreichung von Wohlfahrtszielen in besonderer Weise möglich ist, einbringen kann (Klie 2015, S. 29–30).

2.4.2 Wohlfahrtsmix und die Soziale Arbeit

Die Verknüpfung vom Thema Wohlfahrtsmix und bürgerschaftlichem Engagement mit der Sozialen Arbeit zeigt sich insbesondere im Zusammenhang von sozialen Diensten. In ihren Handlungsfeldern und durch ihre Träger

2.4 Das Konzept des Wohlfahrtsmix

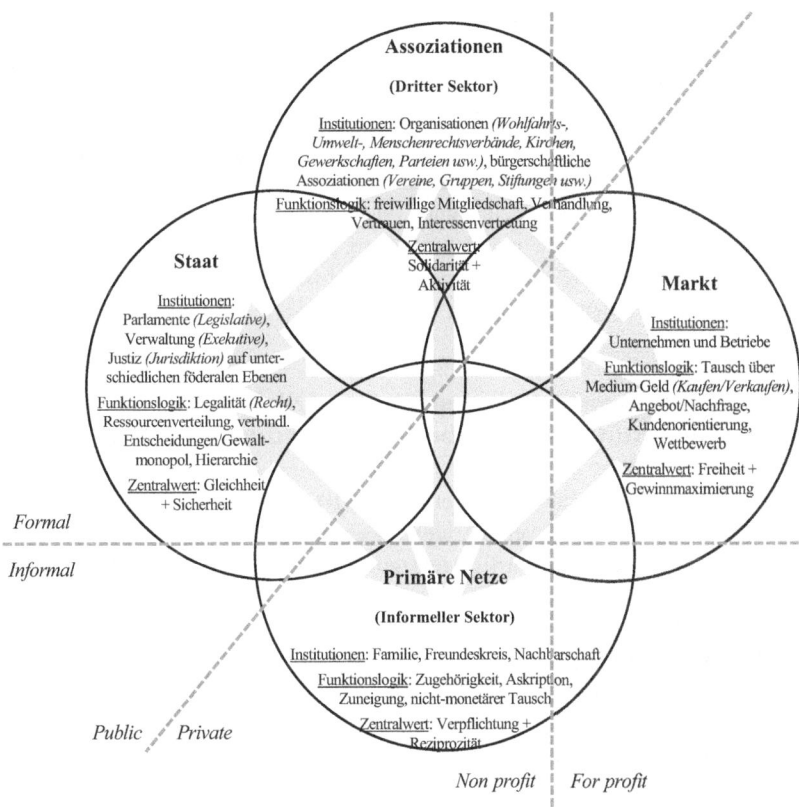

Abb. 2.1 Sektoren und die entsprechenden Funktionslogiken von Wohlfahrtsproduktion (Roß 2018, S. 728)

bzw. Institutionen ist sie mit dem Thema verbunden. Das zeigt sich bspw. an den gesundheitlichen Dienstleistungen. Neben Staat und Markt ist auch der Adressat sowie sein familiäres Umfeld und seine sozialen Netze als Akteure gefragt. Deutlich wird es auch in der bereits angesprochenen Pflege. Auch hier gilt, dass ohne einen Versorgungsmix der unterschiedlichen Akteure eine gelingende Pflegestruktur schwer möglich ist.

Es geht sowohl um die Ressourcen von professionell als auch von informell Pflegenden – und dabei auch der freiwillig Engagierten. Das heißt, der Integration von freiwillig Tätigen in den Versorgungsprozess kommt eine offenkundige

Relevanz zu (Zentrum für Qualität in der Pflege 2013, S. 7). Es ist aber nicht nur die „Notwendigkeit", es ist auch die besondere Qualität, die im bürgerschaftlichen Engagement in Pflegekontexten gesehen und von ihm erwartet wird: das Zeitgeschenk, die Teilhabesicherung, die persönliche Zuwendung und die Kreativität bürgerschaftlich Engagierter (Klie 2015). Wurde in der Vergangenheit bürgerschaftliches Engagement in Pflegekontexten oftmals noch als unqualifiziert zurückgewiesen, wird heute eine gute Pflegesituation ohne bürgerschaftliches Engagement nicht mehr für möglich gehalten. Das ist aktuell durch die Pflegestärkungsgesetze und die Unterstützungsangebote-Verordnung (UstA-VO) weiter ausbuchstabiert worden.

2.4.3 Die Pflegestärkungsgesetze und die Unterstützungsangebote-Verordnung (UstA-VO)

Mit dem dritten Pflegestärkungsgesetz (PSG III) realisiert die Bundesregierung nach PSG I (Leistungsausweitung und Pflegevorsorgefonds) und PSG II (Einführung des neuen Pflegebedürftigkeitsbegriffs) den dritten Teil der Pflegereform. Das Pflegestärkungsgesetz (PSG) III trat zum Januar 2017 in Kraft. Es setzt in erster Linie die Empfehlungen der Bund-Länder-AG zur Stärkung der Rolle der Kommunen in der Pflege um und dient zwei zentralen Zielen. Zum einen sollen die Regelungen zur im Kapitel sieben des Zwölften Sozialgesetzbuches (SGB XII) verankerten Hilfe zur Pflege an die bereits im PSG II erfolgte Neudefinition des Pflegebedürftigkeitsbegriffs und an das Bundesversorgungsgesetz angepasst werden. Zum anderen geht es – und dieser Aspekt wird hier vertieft – um die Verbesserung der Steuerung, Kooperation und Koordination von Beratung und Pflege in den Kommunen, um die Sicherstellung der Versorgung, um sogenannte niedrigschwellige Angebote und um die Pflegeberatung (2016).

Ziel ist es, Sozialräume weiterzuentwickeln, um das übergeordnete politische Hauptaugenmerk einer angemessenen Versorgung Pflegebedürftiger mit möglichst langem Verbleib in ihrem vertrauten Umfeld zu erreichen (BAGFW 2016).

Konkret wird im PSG III Folgendes geregelt (Gesetzblatt für Baden-Württemberg 2017):

1. Sicherstellung der pflegerischen Versorgung in Kommunen,
2. lokale Pflegeberatung,
3. Angebote zur Unterstützung im Alltag,
4. Umsetzung des neuen Pflegebedürftigkeitsbegriffs,

2.4 Das Konzept des Wohlfahrtsmix

5. Regelung der Schnittstellenproblematik zwischen Pflegeversicherung und Eingliederungshilfe,
6. Maßnahmen zur Verhinderung von Abrechnungsbetrug in der Pflege (Rödl 2016).

Bei den geplanten Regelungen sind im Kontext von Bürgerengagement die „Angebote zur Unterstützung im Alltag" von besonderer Bedeutung. Hier sind die Leistungen und das Engagement der Freiwilligen gefragt. Mit ihnen gestalten die Träger ihre Angebote aus und setzen die geschulten Engagierten bzw. Ehrenamtlichen ein. Der Bundesgesetzgeber gibt diesbezüglich Förderoptionen, die von den Bundesländern mit der Unterstützungsangebote-Verordnung (UstA-VO) ausformuliert und umgesetzt werden.

Die UstA-VO regelt im Wesentlichen Folgendes (Gesetzblatt für Baden-Württemberg 2017):

- die Anerkennung der Angebote zur Unterstützung im Alltag nach § 45a SGB XI einschließlich der Vorgaben zur regelmäßigen Qualitätssicherung und zur regelmäßigen Übermittlung einer Datenübersicht über die aktuell angebotenen Leistungen an die Pflegeversicherung,
- die Förderung des Auf- und Ausbaus von ehrenamtlich getragenen Angeboten zur Unterstützung im Alltag nach § 45c Absatz 1,
- die Förderung von Initiativen des Ehrenamts (z. B. Seniorennetzwerke und Pflegebegleiter-Initiativen) nach § 45c Absatz 4 SGB XI,
- die Förderung von Modellvorhaben zur Weiterentwicklung von Versorgungsstrukturen und -konzepten sowie
- die Förderung der Selbsthilfe nach § 45d SGB XI (Ministerium für Soziales und Integration Baden-Württemberg 2017).

Die UstA-VO setzt den bundesrechtlich gegebenen Rahmen nach §§ 45a, 45c und 45d SGB XI unter Berücksichtigung der Bundesempfehlungen nach § 45c Absatz 7 SGB XI in landesrechtliche Regelungen.

Das Land Baden-Württemberg, als Vorreiter, orientiert sich bei der Ausgestaltung der UstA-VO an der bereits vorhandenen ehrenamtlichen Engagementkultur, wie sie im Rahmen der Pflege im häuslichen Umfeld Anwendung findet. Sie berücksichtigt die Entwicklungen im Sinne sorgender Gemeinschaften im Quartier mit einem Unterstützungsmix, der das Ziel hat, häusliche Versorgungs-, Betreuungs- und Pflegesituationen zu stabilisieren sowie für die Qualität und Transparenz der Angebote Sorge zu tragen. Betont wird der Vorrang ehrenamtlicher Angebotsprofile und die Anerkennung von qualitätsgesicherten ehrenamtlichen Angeboten zur Unterstützung im Alltag als Betreuung für Pflegebedürftige, als Alltagsbegleitung für Pflegebedürftige; Pflegebegleitung für pflegende Angehörige und vergleichbar Nahestehende sowie hauswirtschaftliche Serviceleistungen (Ministerium für Soziales und Integration Baden-Württemberg 2017).

Hier lässt sich der Bogen zum Bürgerengagement schlagen, denn die UstA-VO bezieht das bürgerschaftliche Engagement zentral in seine Strukturen ein. Die Betonung in der neuen Verordnung liegt auf dem Vorrang von ehrenamtlichen Angeboten zur Unterstützung im Alltag, die in einem Mix von Akteuren und Institutionen erbracht werden. Das Konzept des Wohlfahrtsmix (siehe auch Abschn. 2.4) ist hier eine tragende Komponente einer gesetzlichen Bestimmung (Weber 2019).

2.4.4 Herausforderungen des demografischen Wandels

Der demografische Wandel bringt eine enorme Herausforderung für die Strukturen des Sozialstaates mit sich. Nach den Ergebnissen des *Pflegereports 2012* der Bertelsmann Stiftung ist bis zum Jahr 2030 aufgrund der Zunahme der Zahl der pflegebedürftigen Menschen um 50 % mit einer Versorgungslücke von bis zu einer halben Million Stellen für Vollzeitkräfte in der Pflege zu rechnen (vgl. Bertelsmann Stiftung 2012). Mehr Geld ins System zu geben und die bisherigen professionellen Strukturen zu vervielfachen, wird nicht helfen, wenn das Personal dazu nicht da ist. Von einem ansteigenden familiären Pflegepotenzial auszugehen, ist ebenfalls nicht realistisch. Entsprechend ist der wachsende Pflege- und Sorgebedarf eine gesamtgesellschaftliche Herausforderung, die das Miteinander aller gesellschaftlichen Kräfte fordert.

Nicht allein die professionellen Versorgungseinrichtungen, nicht allein die Familien und auch nicht allein die bürgerschaftlich Engagierten werden die Aufgabe stemmen können. Lokale Verantwortungsgemeinschaften sind deshalb gefragt. Die Perspektive findet sich im Wohlfahrtsmix wieder, wo Wohlfahrt nicht ein exklusives Ergebnis der unterschiedlichen Sektoren ist, sondern das Ergebnis des Zusammenspiels von Staat, Markt, gesellschaftlichen Assoziationen und informellen Netzwerken. Wohlfahrt wird deshalb pluralistisch in Koproduktion geschaffen (Kuhn 2015, S. 38).

Literaturempfehlungen

Zum Wohlfahrtsmix

Evers, A. (2011). Wohlfahrtsmix. In Deutscher Verein für öffentliche und private Fürsorge (Hrsg.), *Fachlexikon der sozialen Arbeit* (7. Aufl., S. 979–980). Baden-Baden: Nomos.
Klein, A. (2011). Zivilgesellschaft/Bürgergesellschaft. In Th. Olk & B. Hartnuß (Hrsg.), *Handbuch Bürgerschaftliches Engagement* (S. 29–40). Weinheim, Basel: Beltz Juventa.
Zimmer, A. (2012). Die verschiedenen Dimensionen der Zivilgesellschaft. *Bundeszentrale für politische Bildung (bpb)*. https://www.bpb.de/politik/grundfragen/deutsche-verhaeltnisse-eine-sozialkunde/139713/dimensionen. Zugegriffen: 6. Nov. 2017.

Übersichtliche und aussagefähige Literatur zum Thema Sozialkapital

Braun, S. (2011). Sozialkapital. In Th. Olk & B. Hartnuß (Hrsg.), *Handbuch Bürgerschaftliches Engagement* (S. 53–64). Weinheim, Basel: Beltz Juventa.

Weitere Informationen

Bundesministerium für Familie, Senioren, Frauen und Jugend [BMFSJ] (Hrsg.). (2017). *Zweiter Engagementbericht über die Entwicklung des bürgerschaftlichen Engagements in der Bundesrepublik Deutschland. Schwerpunktthema: „Demografischer Wandel und bürgerschaftliches Engagement: Der Beitrag des Engagements zur lokalen Entwicklung"*. Berlin.

Literatur

AOK-Bundesverband. (2016). *Drittes Pflegestärkungsgesetz (PSG III)*. https://www.aok-bv.de/hintergrund/gesetze/index_16397.html. Zugegriffen: 25. Juni 2019.
Beck, U. (2015). *Risikogesellschaft. Auf dem Weg in eine andere Moderne* (22. Aufl.). Frankfurt a. M.: Suhrkamp.
Bertelsmann-Stiftung. (2012). Themenreport „Pflege 2030". Was ist zu erwarten – was ist zu tun. Gütersloh. https://www.bertelsmann-stiftung.de/fileadmin/files/BSt/Publikationen/GrauePublikationen/GP_Themenreport_Pflege_2030.pdf.

Braun, S. (2003). *Putnam und Bourdieu und das soziale Kapital in Deutschland. Der rhetorische Kurswert einer sozialwissenschaftlichen Kategorie.* Universität Potsdam, Arbeitspapier 2/2003.
Braun, S. (2011). Sozialkapital. In T. Olk & B. Hartnuß (Hrsg.), *Handbuch Bürgerschaftliches Engagement* (S. 53–64). Weinheim, Basel: Beltz Juventa.
Bundesarbeitsgemeinschaft der Freien Wohlfahrtspflege e. V. [BAGFW]. (2016). *Stellungnahme der BAGFW zum Gesetzentwurf für ein Drittes Gesetz zur Stärkung der pflegerischen Versorgung und zur Änderung weiterer Gesetze (Drittes Pflegestärkungsgesetz – PSG III).* https://www.bagfw.de/fileadmin/user_upload/Veroeffentlichungen/Stellungnahmen/2016/2016-10-12_Stellungnahme_PSG_III_final.pdf. Zugegriffen: 25. Juni 2019.
Bundesministerium für Familie, Senioren, Frauen und Jugend [BMFSJ]. (Hrsg.). (2017). *Zweiter Engagementbericht über die Entwicklung des bürgerschaftlichen Engagements in der Bundesrepublik Deutschland. Schwerpunktthema: „Demografischer Wandel und bürgerschaftliches Engagement: Der Beitrag des Engagements zur lokalen Entwicklung".* Berlin.
Deutscher Bundestag. (2002). *Bericht der Enquete-Kommission „Zukunft des Bürgerschaftlichen Engagements". Bürgerschaftliches Engagement: auf dem Weg in eine zukunftsfähige Bürgergesellschaft.* Drucksache 14/8900. https://dipbt.bundestag.de/doc/btd/14/089/1408900.pdf. Zugegriffen: 7. Dez. 2015.
Embacher, S., & Lang, S. (2008). *Bürgergesellschaft. Lern- und Arbeitsbuch Bürgergesellschaft.* Bonn: J. H. W. Dietz.
Evers, A. (2011). Der Bezugsrahmen Zivilgesellschaft. Definitionen und ihre Konsequenzen für die Engagementforschung. *Soziale Arbeit. Zeitschrift für soziale und sozialverwandte Gebiete*, *60*(Juni), 207–219.
Evers, A. (2011b). Wohlfahrtsmix. In Deutscher Verein für öffentliche und private Fürsorge (Hrsg.), *Fachlexikon der sozialen Arbeit* (7. Aufl., S. 979–980). Baden-Baden: Nomos.
Evers, A., Klie, T., & Roß, P.-S. (2015). Die Vielfalt des Engagements. Eine Herausforderung an Gesellschaft und Politik. *Aus Politik und Zeitgeschichte (APuZ). Engagement*, *65*(14–15), 3–9.
Gesetzblatt für Baden-Württemberg. (2017). *Herausgegeben am 08.02.2017: Verordnung der Landesregierung über die Anerkennung der Angebote zur Unterstützung im Alltag nach § 45a Absatz 3 SGB XI, zur Förderung ehrenamtlicher Strukturen und Weiterentwicklung der Versorgungsstrukturen und Versorgungskonzepte nach § 45c Absatz 7 SGB XI sowie über die Förderung der Selbsthilfe nach § 45d SGB XI (Unterstützungsangebote-Verordnung – UstA-VO)* (S. 49–56). https://sozialministerium.baden-wuerttemberg.de/fileadmin/redaktion/m-sm/intern/downloads/Downloads_Pflege/UstA-VO_Begruendung_2017.pdf. Zugegriffen: 25. Juni 2019.
Grunwald, K. & Langer, A. (2018). *Sozialwirtschaft. Handbuch für Wissenschaft und Praxis.* Baden-Baden: Nomos Verlag.
Hartnuß, B. (2018). *Bürgerschaftliches Engagement und Soziale Arbeit. Ein Studienbuch für die Praxis.* Bremen: Apollon University Press.
Keupp, H. (2001). *Bürgergesellschaftliches Engagement als Basis posttraditionaler Gemeinschaftsbildung: Zur sozialpsychologischen Infrastruktur spätmoderner Gesellschaften.* https://www.ipp-muenchen.de/texte. Zugegriffen: 8. November 2017.

Klein, A. (2011). Zivilgesellschaft/Bürgergesellschaft. In T. Olk & B. Hartnuß (Hrsg.), *Handbuch Bürgerschaftliches Engagement* (S. 29–40). Weinheim: Beltz Juventa.

Klie, T. (2015). Welfare Mix – Elf Thesen. In A. Klein, R. Sprengel, & J. Neuling (Hrsg.), *Jahrbuch Engagementpolitik. Engagement und Welfare Mix – Trends und Herausforderungen* (S. 28–31). Schwalbach/Ts.: Wochenschau Verlag.

Kuhn, U. (2015). Nur gemeinsam sind wir stark. Wohlfahrtsträger als Partner lokaler Verantwortungsgemeinschaften. In A. Klein, R. Sprengel, & J. Neuling (Hrsg.), *Jahrbuch Engagementpolitik. Engagement und Welfare Mix – Trends und Herausforderungen* (S. 37–42). Schwalbach/Ts.: Wochenschau Verlag.

Ministerium für Soziales und Integration Baden-Württemberg. (2017). *Begründung I.* https://sozialministerium.baden-wuerttemberg.de/fileadmin/redaktion/m-sm/intern/downloads/Downloads_Pflege/UstA-VO_Begruendung_2017.pdf. Zugegriffen: 24. Juni 2019.

Röbke, T. (2012). Freiwilligenmanagement zwischen Engagementpolitik und Praxis vor Ort. In D. Rosenkranz & A. Weber (Hrsg.), *Freiwilligenarbeit. Einführung in das Management von Ehrenamtlichen in der Sozialen Arbeit* (2 akt, S. 15–27). Basel: Beltz Juventa.

Rosenkranz, D., & Weber, A. (2012). Freiwilligenarbeit in der Sozialen Arbeit zwischen Tradition, ,Homöopathie' und Zukunftsaufgabe. In D. Rosenkranz & A. Weber (Hrsg.), *Freiwilligenarbeit. Einführung in das Management von Ehrenamtlichen in der Sozialen Arbeit* (2 akt, S. 11–14). Weinheim: Beltz Juventa.

Roß, P.-S. (2012). *Demokratie weiter denken. Reflexionen zur Förderung bürgerschaftlichen Engagements in der Bürgerkommune.* Baden-Baden: Nomos.

Roß, P.-S. (2014). Freiwilliges Engagement. In U. Arnold, K. Grunwald, & B. Maelicke (Hrsg.), *Lehrbuch der Sozialwirtschaft* (4 erw, S. 417–438). Baden-Baden: Nomos.

Roß, P.-S. (2018). Governance. In K. Grunwald & A. Langer (Hrsg.), *Handbuch der Sozialwirtschaft* (S. 727–739). Baden-Baden: Nomos.

Rödl, Ch. (Hrsg.). (2016). *Newsletter Kompass Gesundheit und Soziales. Das dritte Pflegestärkungsgesetz,* Nürnberg. https://www.roedl.de/themen/kompass-gesundheitsoziales/05-2016/drittes-pflegestaerkungsgesetz. Zugegriffen: 25. Juni 2019.

Schade, J. (2002). „Zivilgesellschaft" – eine vielschichtige Debatte. *INEF Report. Institut für Entwicklung und Frieden der Gerhard-Mercator-Universität Duisburg 59.*

Weber, U. (2019). Care im bürgerschaftlichen Engagement und ziviler Partizipation mit Blick auf die neue Welt der Pflegestärkungsgesetze und die UstA-VO in Baden-Württemberg. In L. Kolhoff (Hrsg.), *Aktuelle Diskurse in der Sozialwirtschaft II, Perspektiven Sozialwirtschaft und Sozialmanagement* (S. 251–272). Wiesbaden: Springer.

Zentrum für Qualität in der Pflege (Hrsg.). (2013). Freiwilliges Engagement im pflegerischen Versorgungsmix – Themenreport. Berlin. https://www.zqp.de/wp-content/uploads/2016/06/ZQP_Themenreport_Freiwilliges_Engagement.pdf. Zugegriffen: 26. Juni 2019.

Zimmer, A. (2012). Die verschiedenen Dimensionen der Zivilgesellschaft. *Bundeszentrale für politische Bildung (bpb).* https://www.bpb.de/politik/grundfragen/deutscheverhaeltnisse-einesozialkunde/139713/dimensionen. Zugegriffen: 6. November 2017.

Strategische Förderung von bürgerschaftlichem Engagement

3

Zusammenfassung

Das vorliegende Kapitel widmet sich der strategischen Förderung von bürgerschaftlichem Engagement. Es geht um die Notwendigkeit und Ausgestaltung von der dafür notwendigen Infrastruktur. Auf der kommunalen Ebene, wo lokale Anlaufstellen Bürgerengagement begleiten und fördern, ebenso wie in den Organisationen der Wohlfahrtsverbände, wo Ehrenamt und Engagement eine lange Tradition haben und die vor strukturellen Herausforderungen stehen. Es werden die Engagementpolitik von Bund und Ländern betrachtet und Förderinstrumente wie das Bundesnetzwerk für Bürgerschaftliches Engagement (BBE) vorgestellt.

Schlüsselwörter

Kommunale Anlaufstellen · Koordinierungsstellen für Bürgerengagement · Infrastruktur · Engagementpolitik · Engagement in Wohlfahrtsverbänden · Wohlfahrtsverbände · Konkurrenz von Hauptamt und Ehrenamt · Strategische Förderung

Lernziele
Sie erkennen die Notwendigkeit, dass bürgerschaftliches Engagement an förderliche Rahmenbedingungen gebunden ist bzw. die Förderung dann Erfolg verspricht, wenn Ressourcen und Strukturen vorhanden sind oder entwickelt werden. Sie lernen Prinzipien für die Förderung von Bürgerengagement auf der verbandlichen Ebene, auf der kommunalen Ebene und auf Bundesebene kennen ebenso

wie die sozialpolitischen und ökonomischen Entwicklungen, die dafür verantwortlich sind.

Die Möglichkeiten, sich zu engagieren, sind vielfältig. Betrachtet man die einzelnen Engagementfelder, dann ist das Engagement der Bevölkerung sowohl im Sport als auch im sozialen Bereich besonders ausgeprägt. Exemplarisch zeigt sich das am Paritätischen Wohlfahrtsverband, der mit seinen zahlreichen Mitgliedsorganisationen einerseits besonders stark auf die ehrenamtlichen Helferinnen und Helfer angewiesen ist und anderseits vielen Engagierten eine Möglichkeit zum Engagement bietet. So sagt Ulrich Schneider, der Geschäftsführer des Paritätischen Wohlfahrtsverbands: „Bei uns sind einige Millionen Menschen engagiert" (Srikiow 2013, S. 1).

Jedoch steht das Potenzial der Engagierten, z. B. für Wohlfahrtsverbände, Vereine, Freiwilligenagenturen und Initiativen, nicht immer selbstverständlich zur Verfügung. Die Verknüpfung von der vorhandenen subjektiven Bereitschaft zum Engagement bei Einzelnen und der Realisierung in Einsatzfeldern ist in aller Regel an Voraussetzungen gebunden. Das kann im Einzelnen eine lokal oder verbandlich verankerte Koordinierungsstelle oder Freiwilligenagentur sein, die Nachfrage und Angebot zusammenbringt. Das können Formen der Anerkennung und Würdigung als Rahmenbedingung zur Förderung von bürgerschaftlichem Engagement sein, ebenso wie Weiterbildungs- und Qualifizierungsangebote für Engagierte (wie in Abschn. 5.2 vertieft dargestellt wird).

Um Engagement zu aktivieren, müssen sich die Einrichtungen systematisch mit den Rahmenbedingungen auseinandersetzen. Förderlich, wenn auch nicht notwendig, ist eine ressortübergreifende Vernetzung staatlicher und zivilgesellschaftlicher Akteure, deren Entwicklung und Umsetzung eine Herausforderung darstellt (Deutscher Bundestag 2002). Auch in diesem Kontext gilt, dass bürgerschaftliches Engagement nicht auf den „Freiwilligensektor" allein reduziert werden kann, sondern die Freiwilligenarbeit vielmehr als Kernbestandteil einer Bürgergesellschaft betrachtet werden muss und deshalb in unterschiedlichen Organisationen eine Rolle spielt.

3.1 Ohne Infrastruktur läuft es nicht

Die strategische Förderung spielt auf jeder Ebene im politischen Mehrebenensystem der Bundesrepublik Deutschland eine Rolle. Die damit angesprochenen Ebenen sind die Bundesebene, die der Länder und die kommunale Ebene. Die Förderung umfasst dabei zwei wesentliche Instrumente:

- die Anerkennung von erbrachtem bürgerschaftlichen Engagement und
- die (Weiter-)Qualifizierung von Engagierten

und betrifft verschiedene Erscheinungsformen des Engagements,

- als Selbstorganisation von Engagierten,
- als Einbettung des Engagements in ein komplexes hauptamtliches Umfeld,

und Orte:

- Initiativen, Vereine, Verbände,
- Bürgerbüros, Freiwilligenagenturen,
- Mehrgenerationenhäuser, Pflegeeinrichtungen.

Das Engagement findet also an sehr unterschiedlichen Orten statt und braucht demzufolge eine differenzierte Förderung. Diese Entwicklung ist in wissenschaftliche und politische Debatten zum Thema bürgerschaftliches Engagements eingebettet, die seit den 1990er-Jahren verstärkt geführt werden. In der Auseinandersetzung um lokale Bürgergesellschaft oder Bürgerkommunen (Bogumil und Holtkamp 2010, S. 388 ff.) und Zivilgesellschaft (Olk und Hartnuß 2011) geht es grob skizziert darum, das freiwillige Engagement zu fördern und die Bürger*inneninnen stärker an kommunalen Prozessen zu beteiligen – dieser Sachverhalt wird in Kap. 4 vertieft bearbeitet. Das Kräftedreieck zwischen Bürgerschaft, Kommunalvertretung und Verwaltung wird in den Blick genommen und soll neu ausgerichtet werden. Der Bürger erhält in dieser Konstellation neben der Verwaltung und Politik eine stärkere Bedeutung, was sich in einem kommunalen Leitbild mit fünf Zielen darstellen lässt:

- stärkere Teilnahme der Bürger*innen an der demokratischen Willensbildung und Revitalisierung der kommunalen Demokratie (Demokratisierung);
- höhere Bürger*innenzufriedenheit mit kommunalen Dienstleistungen und Planungsprojekten (Akzeptanz);
- Stärkung der Unterstützungsnetzwerke der Bürger*innen (Solidarität);
- Entlastung der kommunalen Haushalte (Effizienz);
- bessere Politikergebnisse im Sinne der politischen Zielsetzung (Effektivität) (Bogumil und Holtkamp 2010, S. 389).

Es geht darum, die Bürger*inneninnen in ihrer Rolle als Kund*in als Mitgestalter*inund Auftraggeber*in zu fördern. Mit dem Ziel, sie stärker einzubeziehen, Politik(er)verdrossenheit abzubauen, gravierende kommunale Haushaltsprobleme zu reduzieren und Engagement zu fördern (Bogumil und Holtkamp 2010, S. 389). Engagementförderung und Bürgerbeteiligung sind auf der kommunalen Ebene also bedeutende Faktoren, mit dem Effekt, dass einerseits die staatlichen Institutionen und zivilgesellschaftliche Akteure (z. B. wohlfahrtsstaatliche Verbände) herausgefordert werden und sie andererseits damit zur staats- und wirtschaftszentrierten deutschen Gesellschaft ein Korrektiv darstellen (Backhaus-Maul 2011, S. 999).

Mit der Auseinandersetzung um eine Neuordnung des Verhältnisses von Staat, Markt und Zivilgesellschaft in den letzten Jahren rückte das bürgerschaftliche Engagement verstärkt ins Zentrum der Aufmerksamkeit. Damit verbunden kam es zu einer Aufwertung des Themas. In dieser Entwicklung stehen Fragen im Fokus, wie Engagement im Gemeinwesen gefördert werden kann und welche Instrumente und Ansätze dafür notwendig sind (Jakob 2010, S. 237). Vor diesem Hintergrund kam es zu einer Ausdifferenzierung von Einrichtungen, die zur Engagementförderung beitragen (Jakob 2010, S. 233).

Dabei kommt den Kommunen eine besondere Aufmerksamkeit zu, weil ca. 80 % des Engagements auf kommunaler Ebene stattfindet (Bogumil und Holtkamp 2010, S. 382). Kommunen zeichnen sich durch Erfahrungsnähe und lebensweltliche Rückbindung der örtlichen Problemstellungen aus und zugleich sind sie politische Einheiten. In dieser Doppelstruktur haben sich Ansätze herausgebildet, um das Engagement von Bürger*inneninnen zu unterstützen.

3.2 Kommunale Koordinierungsstellen

Das freiwillige Engagement hat in den letzten drei Jahrzehnten einen doppelten Wandlungsprozess durchlaufen. Der gesellschaftliche Wandel von Motiven und Formen der Ehrenamtlichkeit wird von einem Wandel der Leitbilder und Diskurse begleitet. Nachdem das Ehrenamt lange Zeit als Privatangelegenheit einzelner Bürger*innen betrachtet wurde, erhielt es in der Folge den Status des sozialpolitischen Hoffnungsträgers und zugleich wurde es zum gesellschaftlichen Problem erklärt (Neumann 2016, S. 11). Das ist u. a. darauf zurückzuführen, dass das ehrenamtliche Engagement in den Vereinen und Verbänden zurückging und nicht mehr voraussetzungslos erbracht wurde (die vertiefende Ausarbeitung dazu findet sich in Abschn. 3.4).

Zum besseren Verständnis muss eine sozialpolitisch weitreichende Veränderung in der kommunalen Verwaltung in die Betrachtung einbezogen werden. Der Umbau der kommunalen (Sozial)Verwaltungen auf New Public Management-

3.2 Kommunale Koordinierungsstellen

Strategien und die Überarbeitung der Sozialgesetzgebung brachte sowohl für die Verwaltungen in den Rathäusern wie auch für die Wohlfahrtsverbände Anfang der 1990er-Jahre eine Umbruchsituation. Die Wohlfahrtsverbände büßten dabei ihr bisheriges Anbietermonopol bei den sozialen Diensten ein und kamen in eine Wettbewerbssituation mit Initiativen und privatgewerblichen Anbietern. Sie waren herausgefordert, den Spagat zwischen Ökonomisierung und der tradierten Gemeinwohlorientierung auszugestalten. Die vorhandenen ehrenamtlichen Kräfte waren dabei eine Hilfe, jedoch haben die Wohlfahrtsverbände im Zuge des gesellschaftspolitischen Strukturwandels den Status verloren, „Hauptträger des Ehrenamts" (Neumann 2016, S. 213) zu sein. Das heißt, den Einrichtungen fehlten die freiwilligen, unbezahlten Hände. Hinzu kam, dass ein weiterer zentraler Ort für das Engagement attraktiv wurde. Es sind die Kommunen, die Koordinierungsstellen einrichten und bürgerschaftlich angelegte Projekte, Initiativen und als Netzwerkpartner Ehrenamt und Engagement fördern und bündeln. Das tun sie mit gutem Recht, denn sowohl im Grundgesetz als auch in den Gemeindeordnungen ist der Auftrag zur Förderung des Gemeinwohls und die Unterstützung bürgerschaftlichen Engagements festgeschrieben (Hummel 2011, S. 777). Demzufolge gilt das Credo, dass die Förderung von Engagement in den Verantwortungsbereich der Kommunen und in den der etablierten Großorganisationen gehört – jedoch nicht zwingend zu den vordringlichen Aufgaben des Staates (Neumann 2016, S. 323).

Seit den 1990er-Jahren gehen von kommunaler Ebene wesentliche Impulse für Bürgerengagement und Bürgerorientierung aus. Das hängt stark mit den Modernisierungsprozessen zusammen, wie sie unter dem Begriff des Neuen Steuerungsmodells (NSM) gefasst sind. Das bis dahin vorherrschende Leitbild der Ordnungskommune („Obrigkeitskommune") galt als überholt und wurde vom Konzept der Dienstleistungskommune abgelöst. Die kommunale Gemeinschaftsstelle (KGSt) setzte dafür wichtige Impulse. Die Bürger*innen werden zu Kunden in der Verwaltung und die Verwaltung selbst erhält eine betriebswirtschaftlich ausgerichtete Steuerung, mit Elementen von Markt und Wettbewerb. Die inzwischen bereits wieder umstrittene Entwicklung zur Privatisierung von Leistungen der Daseinsvorsorge wurde in diesen Jahren auf den Weg gebracht (Hartwig und Kroneberg 2015, S. 6–7). Im Grunde ging es sowohl um eine Neubestimmung öffentlicher Aufgaben als auch um die Einführung einer marktgesteuerten, kundenorientierten öffentlichen Dienstleistungsproduktion.

Im realen Verwaltungsalltag kam es zu schwierigen Anpassungsprozessen, die intensive Analysen nach sich zogen (Bogumil und Holtkamp 2006, S. 81; Vandamme 2011, S. 262). Allerdings hat das Neue Steuerungsmodell der Bürgerorientierung in den Kommunalverwaltungen wichtige Impulse verliehen. Es entstanden z. B. Bürgerämter und Bürgerbüros, die heute kaum mehr aus den

Verwaltungen wegzudenken sind. Im weiteren Umgestaltungsprozess in den Rathäusern wurden aus Bürger*innenn Kunden und im nächsten Schritt „eine einzubeziehende und unverzichtbare Ressource" (Hartwig und Kroneberg 2015, S. 7). Sie rückten in den Mittelpunkt des kommunalen Geschehens und es wird seitdem von der Bürgerkommune gesprochen. Sie ist die Nachfolgerin bzw. die Weiterentwicklung der Dienstleistungskommune. Die „Bürgerkommune umreißt eine Haltung innerhalb und außerhalb des Rathauses. Sie ist auf der einen Seite durch Offenheit und Wertschätzung gegenüber bürgerschaftlichem Engagement geprägt und auf der anderen Seite durch die Bereitschaft sich aktiv einzubringen" (Vandamme 2011, S. 263).

Gegenwärtig ist es um den Begriff der Bürgerkommune ruhig geworden (Embacher und Lang 2008, S. 296). Das hängt u. a. damit zusammen, dass die „Bürgerkommune [...] kein erreichbarer Status [ist], sondern die produktive Neugier darauf, was gemeinsam mit der Bürgerschaft mehr und besser erreichbar ist, als wenn man die Geschicke der Kommune Fachleuten allein anvertraute" (Vandamme 2011, S. 263). Die Auseinandersetzung mit der Bürgerkommune hat wichtige Spuren gelegt. So ist sowohl das bürgerschaftliche Engagement als auch die Bürgerbeteiligung auf lokaler Ebene umfassender und präsenter geworden. Die Bürger*innen erhielten die Rolle von Mitgestaltern. Bei der positiven Entwicklung, was Umfang und Vielfalt anbelangt, muss jedoch kritisch beobachtet werden, dass die Engagierten nicht instrumentalisiert werden (Hartwig und Kroneberg 2015, S. 16). Das heißt, dass sich durch das Engagement der Bürgerschaft die öffentliche Hand nicht aus der Daseinsvorsorge zurückzieht.

3.2.1 Verwaltungslogik vs. Handeln im Engagement

Für die Entwicklung des bürgerschaftlichen Engagements auf kommunaler Ebene ist das Konzept der Bürgerkommune ein wichtiger Meilenstein, obgleich das Ausgangsproblem, die Unterschiedlichkeit von Verwaltungslogik und von bürgerschaftlich inspirierter Logik von Engagierten nicht aufgehoben werden konnte. Serge Embacher (2011, S. 249) hebt dies im produktiven Sinne heraus und er charakterisiert den Unterschied von Staatswesen und Gesellschaft als eine Spannung, die zur Anerkennung und Akzeptanz eines gewandelten bürgerschaftlichen Selbstbewusstseins und erheblich gestiegener Partizipationsansprüche von Bürger*inneninnen führt. Bürgerschaftliches Engagement als Ursache und Wirkung hat eine prägende und antreibende Rolle, die systematisch gefördert werden muss, um zu wachsen und sich entfalten zu können.

3.2 Kommunale Koordinierungsstellen

In vielen Kommunen sind inzwischen wichtige Knotenpunkte der Engagementförderung aufgebaut worden. Zum Spektrum dieser lokalen Infrastruktureinrichtungen (Jakob und Röbke 2011) zählen zentral

- kommunale Koordinierungsstellen für Bürgerengagement,
- Freiwilligenagenturen,
- Seniorenbüros und
- Mehrgenerationenhäuser.

Diese vier Varianten, die auf kommunaler Ebene angesiedelt sind, haben unterschiedliche Nuancierungen bei der Förderung von Engagement, wenngleich alle die Schnittmenge eint, dass sie Bürgerengagement fördern, koordinieren und vernetzen (vertiefend werden die Einrichtungen in Abschn. 4.1 dargestellt). Ihr Ziel ist es, an einer bürgerorientierten Entwicklung (Jakob und Röbke 2011, S. 291) mitzuwirken. Wie wichtig diese Einrichtungen und deren Fördermaßnahmen sind, das zeigt sich daran, dass rund 80 % des bürgerschaftlichen Engagements auf die lokale Ebene bezogen hier erbracht wird (Roth 2011, S. 29). Die Kommune ist damit die dominante politische Ebene im freiwilligen Engagement, wie Ansgar Klein konstatiert: „Viele wichtige Einrichtungen der Kommunen und in den Kommunen können ihre Arbeit ohne engagierte Bürger*innen nicht mehr in gewohnter Qualität ausüben bzw. zuweilen – ohne Engagement – sogar überhaupt nicht mehr leisten" (Klein et al. 2014, S. 106).

Unter diesen Gesichtspunkten geht es vorrangig darum, den Einrichtungen zu ermöglichen, bürgerschaftliches Engagement zu fördern, was bedeutet, dass sie u. a. eine ausreichende Finanzierung brauchen. Darüber jedoch entscheidet jede Kommune selbst und ohne Vorgaben. Ob die Finanzierung und in welchem Umfang sie sichergestellt ist, hängt ausschließlich vom politischen Willen der Bürgermeister und der Gemeinderäte ab. Es zählt nicht zu den sogenannten Pflichtaufgaben, die eine Gemeinde per Gesetz bearbeiten muss. Im Gegenteil, im System der Kommunalfinanzierung gehören die Infrastruktureinrichtungen der Engagementförderung zum Bereich der „freiwilligen Leistungen". Das heißt, die Kommune muss diese nicht finanzieren. Sie hat die Freiheit, dafür ein Budget im Haushaltsplan einzusetzen, aber in Zeiten knapper Kassen kann dieser Posten haushaltsrechtlich sofort wieder gestrichen werden. Ob sich das gesellschaftspolitisch ohne Weiteres durchsetzen lässt, ob sich dafür Mehrheiten im Gemeinderat finden oder die Bürgerschaft sich dies ohne Widerspruch gefallen lässt, wird die Entscheidung bestenfalls beeinflussen, aber die Entscheidung gegen eine finanzielle Förderung kann unabhängig davon getroffen werden.

Nach den Vorgaben des Haushaltsrechts ist die Kommune frei in der Entscheidung (Klein et al. 2014, S. 108), ob und wie sie in diesem Aufgabengebiet tätig wird. Noch viel freier dagegen sind die Träger der Wohlfahrtsverbände. Sie können eigenständig und unabhängig von der kommunalen Politik die Finanzierung von Zuschüssen oder Personalressourcen hinsichtlich einer Freiwilligenagentur oder anderer Formen zur Unterstützung bei der Förderung des freiwilligen Engagements oder Ehrenamts beschließen.

3.3 Bund und Bundesländer

Das „Internationale Jahr der Freiwilligen" wurde 2001 von den Vereinten Nationen ausgerufen und brachte in vielen deutschen Städten und Gemeinden Impulse zum Mitmachen für Bürger*innen. Dieser Schwung für das Thema Engagement löste nicht zuletzt auch die Gründung der Enquete-Kommission „Zukunft des bürgerschaftlichen Engagements" aus. Die Enquete-Kommission wurde am 14. Februar 2000 eingesetzt. Das Ziel, das der Deutsche Bundestag damit verfolgte, war es, auf der Grundlage einer Bestandsaufnahme konkrete Handlungsvorschläge für die Politik zu erhalten, um die Bürgergesellschaft in Deutschland zu fördern. Zwei Jahre später, am 3. Mai 2002, legte die Kommission ihren 432 Seiten umfassenden Abschlussbericht mit Analysen und Handlungsempfehlungen vor, der seitdem ein grundlegendes Werk für dieses Thema darstellt (Deutscher Bundestag 2002). In der nachfolgenden 15. Legislaturperiode des Deutschen Bundestages zwischen Oktober 2002 und Oktober 2005 wurde durch den Bundestag der Unterausschuss „Bürgerschaftliches Engagement" eingesetzt, mit dem Ziel, förderliche Rahmenbedingungen für ein Engagement in der Gesellschaft zu schaffen und an der Entwicklung der Engagementpolitik des Bundes mitzuwirken (Deutscher Bundestag 2002).

Der *Erste Engagementbericht* 2012 war das Resultat aus dem Beschluss des Bundestages aus dem Jahr 2009, dass in jeder Legislaturperiode ein Bericht zur Lage des bürgerschaftlichen Engagements vorgelegt wird. Der erste Bericht unter der Leitung von Sebastian Braun befasste sich schwerpunktmäßig mit dem Engagement von Unternehmen. Unter dem Titel „Für eine Kultur der Mitverantwortung" wird dieses Engagement sowohl aus sozialwissenschaftlicher als auch aus ökonomischer Sicht betrachtet. Bei geschätzten 11 Mrd. EUR, die Unternehmen in Deutschland jährlich in diesem Zusammenhang investieren, wird deutlich, dass bürgerschaftliches Engagement auch für die Wirtschaft zu einem wichtigen Thema zählt (BMFSJ 2012).

3.3 Bund und Bundesländer

Im Fokus des *Zweiten Engagementberichts*, der im Frühjahr 2017 vorgelegt wurde, steht das Thema „Demografischer Wandel und bürgerschaftliches Engagement: Der Beitrag des Engagements zur lokalen Entwicklung". Eine zehnköpfige Sachverständigenkommission unter der Leitung von Thomas Klie beschreibt die empirischen Befunde, Daten und Trends und greift zentrale gesellschaftliche Debatten auf. Hinsichtlich des Schwerpunktthemas liefert der umfassende Bericht Informationen über die Strukturmerkmale von Regionen und formuliert die unterschiedlichen Herausforderungen für die Engagementpolitik (BMFSJ 2017a).

Diese staatlichen Maßnahmen und Instrumente beeinflussen sowohl die Entwicklung als auch die Ausgestaltung des Themas von der Bundesebene über die Länder bis hinein in die Kommunen. So hat etwa eine der Empfehlungen der Enquete-Kommission auf der bundespolitischen Ebene dazu beigetragen, dass das Bundesnetzwerk Bürgerschaftliches Engagement (BBE) initiiert wurde. Zugleich erfüllte dies eine der zentralen Forderungen, nämlich Netzwerke zu gründen. Ebenfalls weitreichend war die Thematisierung der Bedeutung von Anerkennung und Qualifizierung für Engagierte. Auf lokaler Ebene zählt sie noch immer zu den zentralen Arbeitsinstrumenten, um Engagement weiterzuentwickeln.

3.3.1 Das Bundesnetzwerk Bürgerschaftliches Engagement (BBE) als Interessenvertretung der Engagierten

260 Mitgliedsorganisationen aus Zivilgesellschaft, Wirtschaft und Staat sind im BBE vereint. Hier laufen die Fäden des bürgerschaftlichen Engagements in Deutschland zusammen und das Netzwerk gilt als „Wissens- und Kompetenzplattform für Fragen des Bürgerschaftlichen Engagements" (Hartnuß et al. 2011, S. 772). Die Geschäftsführung des Netzwerks, das 2002 gegründet wurde, hat Ansgar Klein inne. Das Netzwerk übernimmt eine überparteiliche Sprecherrolle in Fragen der Engagementförderung. Eines der Themen, mit dem sich das BBE u. a. befasst, ist die Rolle und Zukunft des parlamentarischen Unterausschusses „Bürgerschaftliches Engagement". Eine gewichtige Forderung ist, dass der Unterausschuss zu einem ständigen Ausschuss des Bundestages wird. Als Begründung verweist Ansgar Klein auf die wachsende Bedeutung der Zivilgesellschaft und die entsprechenden Fragen zum Engagement, die sich aktuell auf Partizipation und Demokratie beziehen. Ein auf Bundesebene relevantes Instrument, um bürgerschaftliches Engagement zu thematisieren, ist der Unterausschuss „Bürgerschaftliches Engagement" des Deutschen Bundestages.

3.3.2 Unterausschuss „Bürgerschaftliches Engagement" des Deutschen Bundestages

Im Jahr 2003 wurde der erste Unterausschuss „Bürgerschaftliches Engagement" des Deutschen Bundestages eingesetzt. In den darauffolgenden Wahlperioden 2006, 2010 und 2014 wurde dieser jeweils neu konstituiert und nahm die Arbeit für die Dauer der jeweiligen Legislaturperiode auf. Ziele der Arbeit sind:

- weiter zur Umsetzung der Beschlüsse der Enquete-Kommission „Zukunft des Bürgerschaftlichen Engagements" aus dem Jahr 2002 beizutragen;
- im Dialog mit den zivilgesellschaftlichen Akteuren, z. B. den Trägern im gemeinnützigen Sektor, den Wohlfahrtsverbänden, den kommunalen Spitzenverbänden, den Dachverbänden der unterschiedlichen Bereiche (Kultur, Sport, Soziales, Gesundheit, Bildung, Katastrophen- und Bevölkerungsschutz u. a.), an der Fortentwicklung der Engagementpolitik des Bundes mitzuwirken;
- an der Entwicklung einer ressortübergreifenden, engagementpolitischen Strategie des Bundes mitzuwirken und hierbei die Belange der Integration sowie des demografischen Wandels besonders zu berücksichtigen;
- sich mit laufenden Gesetzesvorhaben und Initiativen, die bürgerschaftliches Engagement betreffen, zu befassen sowie
- die Entwicklung im Bereich bürgerschaftliches Engagement zu verfolgen, den Dialog mit der Bürgergesellschaft zu pflegen und, falls erforderlich, politische Initiativen vorzubereiten.

Obwohl bürgerschaftliches Engagement staatlicherseits weder erzwungen noch verordnet werden kann, benötigt es förderliche Rahmenbedingungen, damit es sich nachhaltig entwickeln und wirken kann. Dafür ist nicht nur, aber auch die staatliche Engagementpolitik zuständig. Diese Charakterisierung geht mit dem Beschluss einher, den Unterausschuss „Bürgerschaftliches Engagement" in der 18. Wahlperiode im Jahr 2014 erneut einzusetzen. (Deutscher Bundestag 2014).

3.3.3 Der Weg vom Bund in die Kommunen

Von der bundespolitischen Ebene wurde für die lokale Ebene der Engagementförderung u. a. das vom Bundesfamilienministerium geförderte Modellprogramm „Lokale Allianzen für Menschen mit Demenz" entwickelt. Es ist ein bundesweites Hilfenetzwerk, das weitestgehend auf ehrenamtlichen Strukturen aufgebaut ist und auf den Einsatz von Ehrenamtlichen zählt. Ebenfalls durch den

3.3 Bund und Bundesländer

Bund wurde 2016 das Patenschaftsprogramm „Menschen stärken Menschen" ausgerufen, um das freiwillige Engagement in der Flüchtlingsintegration zu fördern. Bisher konnten durch das Programm über 25.000 Patenschaften für geflüchtete Menschen gestiftet werden. Des Weiteren startete eine neue Variante des Bundesfreiwilligendienstes. Sie bietet Flüchtlingen die Möglichkeit, sich freiwillig zu engagieren. Zudem sieht das Bundesprogramm „Mehrgenerationenhaus" Angebote zur Aktivierung und Beteiligung von Menschen mit Migrations- und Fluchtgeschichte vor (BMFSJ 2017b). Der Stellenwert von Engagementpolitik und Engagementförderung, wie sie vom Bund hinsichtlich einer positiven Infrastruktur verfolgt wird, spiegelt sich auch auf der Ebene der Bundesländer wider, obwohl hier unterschiedliche Standards in der Engagementförderung vorherrschend sind. Die Unterschiedlichkeit in der Umsetzung von Engagementförderung in den Bundesländern zeigt sich auch im Länderbericht zum Deutschen Freiwilligensurvey (Simonson et al. 2017, S. 591) (Abb. 3.1).

Die Engagementquoten der Länder sind unterschiedlich hoch und weichen unterschiedlich stark vom Bundesdurchschnitt (43,6 %) ab. In Hessen (44,4 %) und in Mecklenburg-Vorpommern (42,8 %) liegen die Engagementquoten sehr nah am Bundesdurchschnitt, in Niedersachsen (46,2 %) und im Saarland (46,4 %) liegen sie etwas darüber. Baden-Württemberg (48,2 %) und Rheinland-Pfalz (48,3 %) haben die höchsten Engagementquoten der hier betrachteten Länder. Die Anteile in Bremen (42,3 %) sowie Nordrhein-Westfalen (41,0 %) liegen leicht unter der bundesdeutschen Quote. Deutlich unter dem Bundesdurchschnitt liegen Berlin (37,2 %), Brandenburg (38,7 %), Hamburg (36,0 %), Sachsen (38,3 %), Sachsen-Anhalt (37,1 %) und Thüringen (39,3 %) (Simonson et al. 2017, S. 591).

In den westdeutschen Flächenländern ist die Engagementquote höher als in den neuen Ländern oder den Stadtstaaten. Dabei zeigen sich nicht nur Ost-West-Differenzen, sondern auch ein Nord-Süd-Gefälle mit niedrigeren Quoten im Norden und höheren im Süden. Für Deutschland insgesamt beträgt der Anteil freiwillig Engagierter an der Wohnbevölkerung ab 14 Jahren 43,6 %. In Westdeutschland betrug die Engagementquote im Jahr 2014 insgesamt 44,8 %, in Ostdeutschland 38,5 %. Für diese Unterschiede gibt es verschiedene Erklärungsansätze, die situative, aber auch kulturelle Kriterien umfassen. So wäre z. B. die geringere Kirchen- und Religionsbindung in den östlichen Bundesländern zu nennen. Damit verbunden sind auch die teilweise schlechtere Infrastruktur dieser Einrichtungen und deren Nutzung als ausschlaggebende Faktoren für die Engagementquote (Braun und Klages 2001). Darüber hinaus sind wirtschaftliche Faktoren für das freiwillige Engagement bedeutsam. Auch 25 Jahre nach der Wiedervereinigung bestehen noch deutliche Unterschiede in der Wirtschaftskraft Ost- und Westdeutschlands. Dies hat ebenfalls Auswirkungen auf

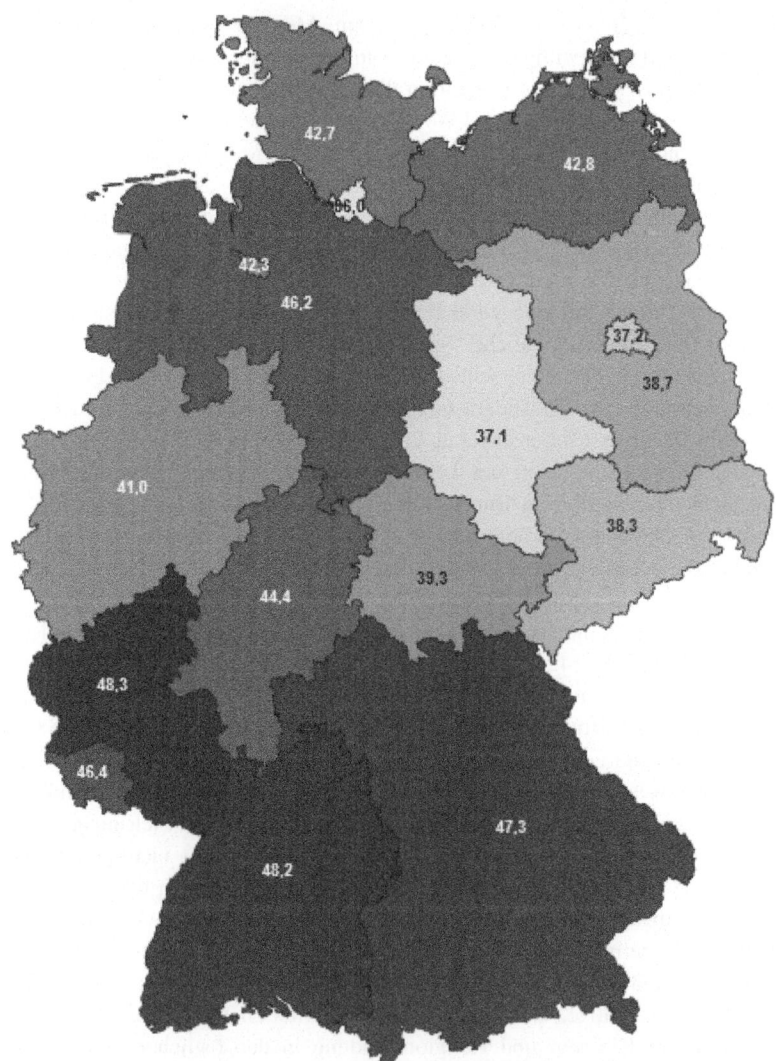

Quelle: FWS 2014, gewichtet, eigene Berechnungen (DZA). Basis: Alle Befragten (n = 28.689). Eigene Darstellung (DZA), Karte erstellt mit Easymap.

Abb. 3.1 Ländervergleich Zahlen bzw. Quoten (Simonson et al. 2017, S. 591)

Angebotsstrukturen für freiwilliges Engagement, z. B. in Bezug auf die Vereinsdichte oder die Förderung von Projekten mit freiwilligem Engagement. Darüber hinaus unterscheiden sich die vorhandenen finanziellen Mittel, die notwendig sind, ein umfassendes Netz an Anlaufstellen oder Informationsbörsen für Personen, die sich engagieren möchten, bereitzustellen. Schließlich bestehen Unterschiede in der sozioökonomischen Lage der Bevölkerung in Ost- und Westdeutschland, die sich auf die Engagementquoten auswirken können. So engagieren sich beispielsweise Arbeitslose deutlich seltener als Erwerbstätige. Im Zusammenhang mit den in Ostdeutschland deutlich höheren Arbeitslosenquoten kann dies zu insgesamt geringeren Anteilen freiwillig Engagierter in den neuen Ländern führen (Abb. 3.2).

In der Länderpolitik, die durch das deutsche Föderalsystem gekennzeichnet ist, zeigen sich deutliche Unterschiede hinsichtlich des bürgerschaftlichen Engagements (Schmid 2010, S. 373). Die Antworten auf die Frage nach den Ursachen für die Unterschiede sieht Schmid in einem Faktorenbündel. Zum einen liegt es u. a. daran, wie jeweils die Diskurse in Gesellschaft, Politik und Wissenschaft geführt werden, die das jeweilige, länderspezifische Programm prägen. Zum anderen spielen die Netzwerke aus Personen und Organisationen eine spezifische Rolle. Darüber hinaus ergeben sich Unterschiede durch die politisch-ideologischen Grundausrichtungen, genauso wie darüber, ob die Orientierung in der Förderung sich auf die etablierten Wohlfahrts- und Sportverbände ausrichtet oder ob Demokratisierung und Bürgernähe die leitenden Prinzipien bilden. Bedeutend ist auch, ob ein Bundesland stärker ländlich oder städtisch geprägt ist (Schmid 2010, S. 375–376).

3.3.4 Die Förderstruktur auf Landesebene am Beispiel von Baden-Württemberg

Exemplarisch wird für das Land Baden-Württemberg gezeigt, welchen Einfluss die Landesregierung bei der Förderung von bürgerschaftlichem Engagement nehmen und damit Rahmenbedingungen für das Engagement modellieren kann. Dem Bundesland im Südwesten der Republik wird mit seinen Förder- und Handlungsstrategien Vorbildcharakter bescheinigt, wenngleich andere Bundesländer im Ranking der Engagementquoten nachgezogen haben. Vom dortigen Ministerium für Soziales und Integration wurde seit den 1990er-Jahren eine innovative Struktur zur Implementierung und Pflege von bürgerschaftlichem Engagement aufgebaut.

3 Strategische Förderung von bürgerschaftlichem Engagement

Abbildung 22-1: Anteile freiwillig Engagierter vor und nach Prüfung im Zeitvergleich, a) in Ostdeutschland und b) in Westdeutschland

a) Ostdeutschland

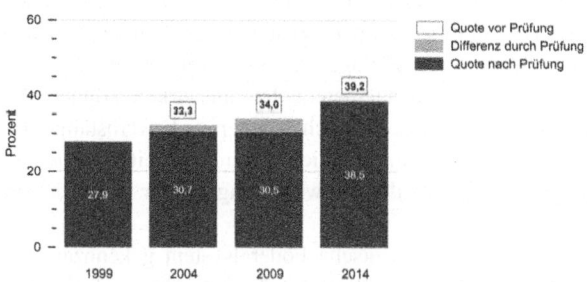

b) Westdeutschland

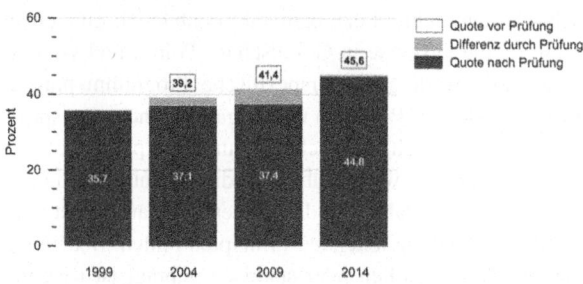

Quelle: FWS, gewichtet, eigene Berechnungen (DZA). Basis: Alle Befragten. FWS 1999 (n = 14.922), FWS 2004 (n = 15.000), FWS 2009 (n = 20.005) und FWS 2014 (n = 28.689). Für 1999 werden keine Quoten vor Prüfung berichtet, da die hierfür notwendigen Individualdaten vor Prüfung nicht vorliegen.

Abb. 3.2 Die Abbildung zeigt, dass in den berücksichtigten Bundesländern über alle Erhebungswellen hinweg die Fallzahlen ausgeweitet werden konnten (Simonson et al. 2017, S. 577)

Und das, obwohl es keine Pflichtaufgabe der Kommunen und Landkreise ist. Fachberatungen, die vom Ministerium finanziert werden, beraten auf Gemeinde-, Städte- und Landkreisebene zum bürgerschaftlichen Engagement. Die Beratung bezieht sich auf praktische Aspekte der Implementierung von bürgerschaftlichem Engagement, beinhaltet aber auch strategisch-theoretische Komponenten.

Durch dieses Vorgehen bleibt die Unabhängigkeit der kommunalen Spitzenverbände gewahrt, es können jedoch thematische Impulse in Bezug auf das bürgerschaftliche Engagement durch das Ministerium gesetzt und von interessierten Kommunen und Landkreisen abgerufen werden.

Die Förderung von bürgerschaftlichem Engagement gründet in Baden-Württemberg auf einer besonderen Netzwerkstruktur, die im Kern durch das Landkreisnetzwerk, das Städtenetzwerk und das Gemeindenetzwerk abgebildet wird. Neben diesen drei interkommunalen Netzwerken haben sich weitere themen- und zielgruppenspezifische Netzwerke etabliert. Dies ist zum einen die ARBES als landesweiter Zusammenschluss bürgerschaftlich engagierter Gruppen. Zum anderen ist es das Netzwerk der Fachkräfte im Landesnetzwerk BE (FaLBE). Dieses Netzwerk ist ein Zusammenschluss von Personen, die beruflich im Bereich der Engagementförderung tätig sind. Inzwischen hat sich dieser Verbund aufgelöst. Die Fachkräfte im Land organisieren sich jetzt in einer Vereinsstruktur. Die Gründungsversammlung des Vereins mit dem Namen Landesarbeitsgemeinschaft für Engagement und Beteiligung (LagEB e. V.) fand am 28. Mai 2020 mit 27 Gründungsmitgliedern statt, in der die Satzung und erste Schritte beschlossen wurden. Diese fünf Netzwerke organisieren sich wiederum im Landesnetzwerk Bürgerschaftliches Engagement, in einem „Netz von Netzwerken". Strategischer Ausgangspunkt ist die Übereinkunft der kommunalen Spitzenverbände mit dem Ministerium, die Förderung des bürgerschaftlichen Engagements im Land gemeinsam auf den unterschiedlichen politischen Ebenen voranzubringen. Die Konstruktion der Netzwerke ermöglicht nicht nur eine horizontale Vernetzung zwischen Städten, Gemeinden und Landkreisen, sondern auch eine vertikale Vernetzung in Abstimmung von Aktivitäten der Engagementförderung in Kommunen und Landkreisen mit der Landespolitik (Hoch et al. 2010, S. 182) (Abb. 3.3).

Die Grundlage der Vernetzung ist die mittlerweile 6. Kooperationsvereinbarung vom Juni 2020 zum Ausbau des Landesnetzwerkes „Bürgerschaftliches Engagement". Der Vertrag wird zwischen dem Sozialministerium und den kommunalen Spitzenverbänden getroffen und hat eine Laufzeit bis 2025 (Sozialministerium Baden Württemberg 2020). Seit dem Jahr 2009 gehören auch die Wohlfahrtsverbände als Mitglieder zum Landesnetzwerk, ebenso die Vertretungen der Selbsthilfeorganisationen, die Vertretungen der Migrantenselbstorganisationen, die Vertretungen der Mehrgenerationenhäuser, der Bürgerbüros, der Mütterzentren und Familientreffs sowie die landesweite Vertreterin der Bürgermentorinnen (Helmer-Denzel und Weber 2016).

Landesnetzwerk BE in Baden-Württemberg: Ein „Netz von Netzwerken"

Abb. 3.3 Gremien des Landesnetzwerks Baden-Württemberg. (Eigene Darstellung)

3.4 Die Wohlfahrtsverbände in der Tradition von Ehrenamt und Bürgerengagement

Die Praxis des ehrenamtlichen Engagements ist bei den Wohlfahrtsverbänden traditionell eingeübt und variantenreich vorhanden. Die Wohlfahrtsverbände sind, wie Franz Hamburger es ausdrückt, als spezifischer organisatorischer Verwirklichungsraum des Ehrenamts zu betrachten (2011, S. 17). Diese Feststellung ist einerseits die zentrale Ausgangsbasis für die folgende Ausarbeitung und andererseits wird angesichts der aktuellen Diskussionen um die Aufgaben und das Selbstverständnis der Wohlfahrtsverbände diese Selbstverständlichkeit hinterfragt.

Bereits durch die Entstehungsgeschichte, in der sich die verbandliche Wohlfahrtspflege auf das Engste mit dem ehrenamtlichen Engagement verbunden zeigt (Grunwald und Steinbacher 2008, S. 275–276), ist dieses Verhältnis angelegt. Ehrenamt und freiwilliges Engagement „bilden traditionell die Basis

3.4 Die Wohlfahrtsverbände in der Tradition von Ehrenamt ...

und den Ursprung des Handelns gemeinnütziger Organisationen und Verbände" (Dahme und Wohlfahrt 2011, S. 115). Ebenfalls und aktuell verweist auf diese enge Beziehung die Bundesarbeitsgemeinschaft der Freien Wohlfahrtspflege (BAGFW):

„Die Spitzenverbände der Freien Wohlfahrtspflege bieten Menschen, die sich gesellschaftlich engagieren wollen, entsprechend ihren zeitlichen Möglichkeiten und persönlichen Fähigkeiten Betätigungs- und Beteiligungsmöglichkeiten und gestalten damit auch Lernfelder für gesellschaftliche Verantwortung und Solidarität. Sie bieten die Voraussetzungen für diese Lernfelder und motivieren bzw. aktivieren Menschen zum Einsatz für das Gemeinwohl." (Meyer o. J.)

Doch was sind nun eigentlich Verbände bzw. Wohlfahrtsverbände, die als ein charakteristisches Merkmal der bundesdeutschen Sozialpolitik gelten. Im Kontext der Sozialen Arbeit gibt es konkret sechs Spitzenverbände, die den Freien Wohlfahrtsverbänden oder anders formuliert der Freien Wohlfahrtspflege angehören:

- Deutscher Caritasverband,
- Diakonie Deutschland, Evangelisches Werk für Diakonie und Entwicklung e. V.,
- Zentralwohlfahrtsstelle der Juden Deutschland,
- Arbeiterwohlfahrt,
- Deutsches Rotes Kreuz und
- Deutscher Paritätischer Wohlfahrtsverband.

Grundlegend sind Verbände in modernen Gesellschaften ein Ordnungsprinzip, das neben den drei zentralen Modellen sozialer Ordnung (Gemeinschaft, Markt und Staat) von Bedeutung ist. Verbände vertreten die Interessen ihrer Mitglieder und können Schwächen von Gemeinschaft, Markt und Staat ausgleichen (Streeck und Schmitter 1996, S. 124 ff.). Spezifiziert man Verbände und schaut im Besonderen auf die Wohlfahrtsverbände, dann zeigt sich, dass sie eine besondere Organisationsstruktur haben, die sich von anderen Verbänden unterscheidet. Einerseits haben sie, wie alle anderen Verbände auch, einen Interessensvertretungsanspruch. Zugleich zeichnet die Wohlfahrtsverbände aus, dass sie Vollzugsinstanzen von öffentlichen Aufgaben sind. In der Folge leitet sich hieraus ab, dass sie die Interessen ihrer Klientel nicht unmittelbar vertreten, sondern sie thematisieren als Stellvertreter ihrer Klientel die Interessen und Bedürfnisse unterprivilegierter Gruppen. Somit sind sie in Stellvertreterfunktion aktiv. Das heißt, dass nicht die Betroffenen selbst ihren Interessenverband auswählen, im

Gegenteil: die etablierten Wohlfahrtsverbände wählen ihr Klientel mittels Aufgabenspezialisierung selbst aus.

Ein weiteres Charakteristikum für die Wohlfahrtsverbände ist das korporatistische Verflechtungssystem von Wohlfahrtsverbänden und Staat (Olk 2011, S. 417). Es geht dabei um die Mitwirkung von Verbänden an der staatlichen Politik. Dieser Sachverhalt kann in der Hinsicht zugespitzt werden, dass damit eine Instrumentalisierung der Verbände für staatliche Regulierungsaufgaben einhergehen kann. Die Teilhabe der Verbände im politischen System erstreckt sich auf die Mitwirkung an der Politikformulierung und zugleich haben sie Spielräume bei der eigenständigen Regulierung von Arbeits- und Problemszenarien. In dieser Konstellation sind.

„führende Vertreter der Fachverwaltung und Politik einerseits sowie die Spitzenvertreter der verbandlichen Wohlfahrtspflege andererseits beteiligt [...]. In diesen Beziehungsnetzen wurden (und werden) politische Vorhaben und Programme im Bereich der Sozialen Arbeit vordiskutiert, Konflikte intern geschlichtet sowie politische Tauschgeschäfte vereinbart." (Olk 2011, S. 417)

Das heißt, es gibt gegenseitige Effekte, weil die Wohlfahrtsverbände auf die Verwaltung und Politik einwirken können und andererseits diese Seite das Fachwissen der Wohlfahrtsverbände braucht. Der Nutzen der Verbände in dieser Konstellation liegt in der Mitwirkung und in der politischen Einflussnahme. Sie schaffen sich die Möglichkeiten, „die politischen Rahmenbedingungen und deren ressourcenbezogene Auswirkungen, unter denen sie agieren, sowohl innerhalb von formellen Gremien als auch informell geprägten Interaktionen beeinflussen und mitprägen [zu können]" (Merchel 2013, S. 366).

Diese Bedeutung der Wohlfahrtsverbände im politischen Raum wird durch eine soziale und gesellschaftliche Bedeutung begleitet. Sie schlägt sich im sozialrechtlich verankerten Subsidiaritätsprinzip nieder. Der Begriff Subsidiarität beschreibt im Bereich der Sozialen Arbeit das Verhältnis von Staat und Gesellschaft. Er bezieht sich auf die „Nachrangigkeit" der öffentlichen Träger, denn diese übernehmen soziale Aufgaben erst dann, wenn der Bedarf nicht durch Freie Träger (die Mitglieder in einem Wohlfahrtsverband sein können, aber nicht zwangsläufig sein müssen) gedeckt werden kann. Das heißt für die Träger der Wohlfahrtsverbände, dass sie das Recht haben, Aufgaben zu übernehmen und im gesellschaftlichen Raum zu wirken, „verbunden mit der Anforderung an den Staat, diese Tätigkeit und die damit einhergehende Trägerpluralität zu fördern" (Merchel 2013, S. 366).

3.4 Die Wohlfahrtsverbände in der Tradition von Ehrenamt ...

Die enge Verknüpfung der Wohlfahrtsverbände mit der Sozialen Arbeit schlägt sich im sozialrechtlichen Dreieck nieder. Mit ihm wird das Verhältnis von Hilfeberechtigten, den zuständigen öffentlichen Leistungs- und Kostenträgern und der Leistungserbringer geregelt. Es ist die Grundlage für das Zusammenwirken aller Akteure. In diesem Verbund können die Wohlfahrtsverbände durch ihre Mitglieder in der Rolle als Leistungserbringer eine relevante Größe sein. Einschränkend muss jedoch ergänzt werden, dass die Leistungserbringer häufig als Organisationen Mitglied in einem Wohlfahrtsverband sind, jedoch müssen sie nicht zwangsläufig einem Wohlfahrtsverband angehören. Das heißt, um Leistungserbringer zu sein, ist eine Mitgliedschaft nicht zwangsweise erforderlich.

Zur Rolle als Leistungserbringer paart sich die verbandsimmanente Rolle der politischen Interessenvertretung. Im Bereich der Sozialen Arbeit üben die Wohlfahrtsverbände diese sozialpolitisch wichtige Rolle aus, indem sie Einfluss auf politische Entscheidungen nehmen. Beide Aufgaben – die als Leistungserbringer und die als Interessenvertretung – gehören zum Wesen eines Verbandes, wie die Definition von Rolf G. Heinze verdeutlicht:

> „[...] Verbände [sind] multifunktionale Organisationen [...], die neben der Interessenvertretung (viele nennen es Lobbying) auch weitere Funktionen abdecken (etwa die Bereitstellung von Dienstleistungen oder die Mobilisierung und Organisierung von Interessen). Gerade die letztgenannte Funktion weist sowohl auf den sozialintegrativen Aspekt als auch auf die Bedeutung bürgerschaftlichen Engagements in den Verbänden hin, denn ohne diese freiwilligen und zumeist unentgeltlichen Leistungen könnte kein Verband bestehen." (Heinze 2011, S. 465)

Das ist ein zentraler Aspekt, denn er verknüpft das Thema der Wohlfahrtsverbände mit dem Thema des Ehrenamts bzw. des bürgerschaftlichen Engagements. In der Konsequenz heißt das, dass das Ehrenamt bzw. das Bürgerengagement, das in den Verbänden erbracht wird, zu den herausragenden Merkmalen zählt.

Entsprechend vielfältig ist die Praxis der ehrenamtlichen und freiwilligen Tätigkeiten bei den Wohlfahrtsverbänden. Engagierte werden z. B. in Einrichtungen der Jugendhilfe, in Kindergärten, Pflege- und Altenheimen, Behinderteneinrichtungen, Krankenhäusern, der Familien- und Gesundheitshilfe sowie den Migrationsdiensten eingesetzt (BAGFW 2014). Zur Größenordnung des Engagements in den Spitzenverbänden der Freien Wohlfahrt gibt es keine abschließenden Zahlen. Die BAGFW veröffentlichte 2014, dass sich rund 2,5 Mio. Menschen freiwillig innerhalb der Freien Wohlfahrtspflege engagierten (2014, S. 25).

3.4.1 Exkurs in die Geschichte der Wohlfahrtsverbände

Die Rolle der Wohlfahrtsverbände hat in Deutschland eine lange, bedeutende Tradition. Ab Mitte des 19. Jahrhunderts erfolgte die Gründung der Verbände, die auch heute noch die Strukturen der Freien Wohlfahrtspflege bestimmen. Von 1848 bis 1925 entstanden

- der Central-Ausschuss für die Innere Mission der Deutschen Evangelischen Kirche (1848) als Vorläufer des Diakonischen Werks der EKD (1957, heute die Diakonie Deutschland,
- der Deutsche Caritasverband (1897),
- die Zentralwohlfahrtsstelle der deutschen Juden (1917),
- die Arbeiterwohlfahrt (1919),
- die „Vaterländischen Frauenvereine vom Roten Kreuz" (1866) als Vorläufer des Deutschen Roten Kreuzes (1921) und
- der Deutsche Paritätischer Wohlfahrtsverband (1924).

Diese organisatorische Zusammenfassung von privaten Einzelhilfen vollzog sich in einer Zeit, die durch Massennotstände und Kriege geprägt war, vor allem aber durch die negativen sozialen Folgen der ersten Industrialisierungsphase. In der Folge entwickelte sich die staatliche Armenpflege, die noch ohne Rechtsanspruch blieb, hin zur gesetzlich geregelten Fürsorge. Die Freie Wohlfahrtspflege erhielt darüber hinaus Impulse aus den zeitgenössischen sozialen Reformbewegungen, der Arbeiterbewegung, der Frauenbewegung, der Jugendbewegung, der Reformpädagogik und der Erneuerungsbewegungen in den Kirchen (BAGFW o. J.a). Beeinträchtigt und beeinflusst war die Arbeit der Verbände in der Zeit der beiden Weltkriege. Nach dem Ende des Zweiten Weltkriegs führten die Verbände der Freien Wohlfahrtspflege ihre Arbeit fort bzw. gründeten sich neu. Dabei waren die drängenden Probleme der Flüchtlinge, der Vertriebenen, der Heimkehrer und der Obdachlosen die bestimmenden Themen der wohlfahrtsverbandlichen Arbeit. Ein wichtiger Meilenstein für die Träger der Wohlfahrt war im Jahr 1961 die Verabschiedung des Bundessozialhilfegesetzes (BSGH) und des Jugendwohlfahrtgesetzes (JWG) im Bundestag. Damit wurde die Vorrangstellung der verbandlichen Wohlfahrtspflege gestärkt. Das heißt, es gab für die öffentlichen Träger weiterhin das Credo zur Zusammenarbeit mit den Wohlfahrtsverbänden, die mit der Aussage hinterlegt wurde, „dass die Träger darauf hinwirken sollen, geeignete Einrichtungen zur Verfügung zu stellen oder andernfalls neue zu schaffen" (Olk 2011, S. 416–417).

3.4.2 Akzentverschiebungen

Seit Anfang der 1990erJahre zeichnet sich in der Sozialpolitik eine Akzentverschiebung ab, was das Verhältnis zwischen öffentlichen und freien Trägern tangiert. Den Ausschlag gaben die veränderten ökonomischen, sozialen und politischen Rahmenbedingungen. Auf staatlicher Seite wurde darauf mit Reformen reagiert, die sich im sogenannten Neuen Steuerungsmodell (NSM) bündelten (Grohs und Bogumil 2011, S. 302). Wesentliche Leitlinien sind Effizienz, Effektivität und die sogenannte Kundenorientierung, die in den öffentlichen Verwaltungen für teilautonome Verwaltungseinheiten mit dezentraler Fach- und Ressourcenverantwortung, für eigene Budgets, für Controlling und Berichtswesen nach sich zog. Nach außen, etwa zu den freien Trägern und anderen Leistungserbringern, gab es dadurch ebenfalls zahlreiche Veränderungen, die durch das NSM und dem Motto „Sparen und Gestalten" ausgelöst wurden. Die Schnittstellen zwischen freien und öffentlichen Trägern bilden das sogenannte Kontraktmanagement. Diese Rollentrennung zwischen beiden Akteuren führte in der Folge von Rechenschaftspflicht und Leistungskontrolle zu Veränderungen. Es wurde nunmehr ein leistungsbezogenes Auftraggeber- und Auftragnehmerverhältnis (Grohs und Bogumil 2011, S. 305) geschaffen. Dabei geht es sowohl darum, durch die Begrenzung öffentlicher Aufgaben, Kosten zu reduzieren als auch zu rationalisieren – insbesondere im System der sozialen Dienste (Olk 2011, S. 418), also im Geschäftsmodell der Träger der Wohlfahrt.

Diese Träger der Wohlfahrt haben zunächst ungeachtet dieser Einspar- und Veränderungsbewegungen weiterhin die Aufgabe, als Lobby für ihre Klientenschaft und ihre Mitglieder zu agieren, sich als Träger bestimmter Wertesysteme zu präsentieren und bestimmte Dienstleistungen in intermediärer Funktion (Steinbacher 2004, S. 14) zu produzieren. Das bedeutet, dass sie weder dem freien Markt noch dem Staat noch informellen Gemeinschaften, wie z. B. Familien, zuzuordnen sind (Lochner 2008, S. 25). In der hieraus begründeten Handlungslogik haben Wohlfahrtsverbände eine Stellung zwischen diesen drei Instanzen und handeln in diesem Zwischenbereich. Hier müssen sie wettbewerbsfähig sein, ihrem Anspruch und ihrer Aufgabe nachkommen und zugleich handlungsfähig bleiben (Lochner 2008, S. 25). Um diesen Zuschnitt auszufüllen, muss der Verband betriebswirtschaftlich effizient, sozial gerecht sowie an den Bedürfnissen der Adressatinnen und Adressaten orientiert fachlich fundiert handeln (Steinbacher 2000, S. 101, 2004a, S. 18).

Es ist eine veränderte Konstellation von Rahmenbedingungen (Rosenkranz und Weber 2012, S. 12). Die Wohlfahrtspflege als institutionalisiertes Hilfesystem hat sich die Aufgabe gestellt, den Stellenwert ihrer Tätigkeiten herauszuarbeiten, um sich als professioneller Träger sozialer Dienstleistungen zu profilieren und am Markt zu positionieren (Beyer 2012, S. 27). Dies geschieht vor dem Hintergrund, dass die sozialen Wohlfahrtseinrichtungen als Wirtschaftsunternehmen und als Wirtschaftsfaktor mit relevanten Auswirkungen auf den Arbeitsmarkt wahrgenommen werden wollen. Die Zahlen exemplarisch aus dem Bundesland Bayern sind hierfür überzeugend. Mit rund 300.000 Beschäftigen sind die Wohlfahrtsverbände die größten Anbieter der Sozialwirtschaft (Beyer 2012, S. 27) in diesem Bundesland. Nach den Zahlen, wie sie die BAGFW vorgelegt hat, bieten bundesweit die sechs Spitzenverbände in 105.295 Einrichtungen und Diensten rund 1.673.861 hauptamtlichen Mitarbeitenden in der Freien Wohlfahrtspflege einen Arbeitsplatz (BAGFW 2014, S. 7).

3.4.3 Das Dilemma der Wohlfahrtsverbände

Die Wohlfahrtsverbände haben das Dilemma, einerseits am Markt durch Professionalisierungsprozesse und zunehmende Ökonomisierung (Droß 2013, S. 15) als Dienstleistungsunternehmen zu bestehen und andererseits ein traditioneller Ort der sozialen Dienstleitung zu bleiben, der attraktiv für das ehrenamtliche Engagement (Beyer 2012, S. 28) ist. Dies ist zum einen deshalb zu problematisieren, weil es in der verbandlichen Arbeit um „eine nicht erwerbswirtschaftliche, auf Gewinnzielung ausgerichtete sachzielbezogene Tätigkeit im Sektor der sozialen Dienstleistungen (Nonprofit-Organisation) [geht]. Das Sachziel, nicht ein formales Gewinnstreben steht im Vordergrund" (BAGFW o. J.b). Dieser Sachverhalt kann zugespitzt zur Frage führen, „inwieweit sich die Wohlfahrtspflege noch als traditionsreicher Ort vielgestaltigen sozialen ehrenamtlichen Engagements verstehen will" (Beyer 2012, S. 28)? Zum anderen wird damit eine zentrale Problematik angeschnitten, die diskursiv verhandelt wird (Beyer 2012; Dahme und Wohlfahrt 2004; Heinze 2011, S. 468; Lochner 2008, S. 28; Olk 2011; Steinbacher 2004). Auf den Punkt gebracht geht es für die Wohlfahrtsverbände darum, sich nicht allein nach der Logik des Marktes auszurichten, sondern den politischen Einfluss und vor allem das identifikatorische Potenzial zu bewahren. Es geht darum, das Anliegen der Sozialanwaltschaft als elementaren Teil ihres Selbstverständnisses fortzuführen (Merchel 2013, S. 367) (Abb. 3.4).

Fokussiert man nun im Folgenden wieder den Aspekt des Ehrenamts, dann lässt sich die Spannung herausstellen, die es zwischen dem Betriebscharakter (Merchel 2013, S. 367) und der Funktion der Aktivierung bürgerschaftlichen Engagements gibt. Das ist bemerkenswert und bedenklich zugleich, weil die Wohlfahrtsver-

3.4 Die Wohlfahrtsverbände in der Tradition von Ehrenamt ...

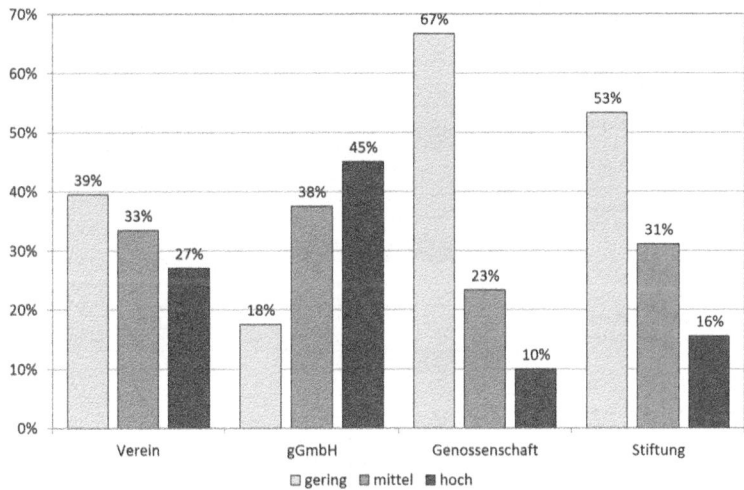

Datenbasis: Organisationen heute 2011/2012; gewichtet; n = 2.286.

Abb. 3.4 Ökonomisierungsdruck – Rechtsform nach Ökonomisierungsdruck: Von einem hohen Ökonomisierungsdruck ist demnach bei 45 % der gGmbHs und bei 27 % der Vereine auszugehen, wesentlich seltener sind Stiftungen (16 %) und Genossenschaften (10 %) betroffen (Droß 2013, S. 34)

bände vom traditionellen Ehrenamt geprägt sind (Steinbacher & Otto 2000, S. 9). Das Ehrenamt gilt als zentrales Element, das in einer wertegemeinschaftlichen Grundlage verwoben ist (Sachße 2011, S. 24), aber es zieht sich aufgrund der Strukturveränderungen (Ökonomisierung, Wettbewerb, Professionalisierung, Modernisierung) in den Verbänden zurück und verliert den Stellenwert, den es über Jahrzehnte hatte. So haben „die Organisationen Probleme, Engagierte zu finden, und sehen sich vor allem mit Schwierigkeiten bei der Besetzung ehrenamtlicher Leitungs- und Aufsichtsgremien konfrontiert" (Priller et al. 2013, S. 23) (Abb. 3.5).

Jedoch sind insbesondere viele Vereine, aber auch Stiftungen und Genossenschaften, aufgrund ihrer Organisationsstruktur auf ehrenamtliches Engagement angewiesen, sofern sie nicht die Aufgaben an Hauptamtliche übertragen haben. Das zeigt sich darin, dass Engagierte für 89 % der Vereine, für 84 % der Genossenschaften und für 75 % der Stiftungen die Existenz der Organisation sichern (Priller et al. 2013, S. 23).

Gleichzeitig sind es gerade diese Rechtsformen, denen es schwerfällt, Personen zu finden, die sich ehrenamtlich engagieren. Von Problemen bei der

Einschätzungen der befragten Organisationen zum Engagement nach Rechtsform (in %)

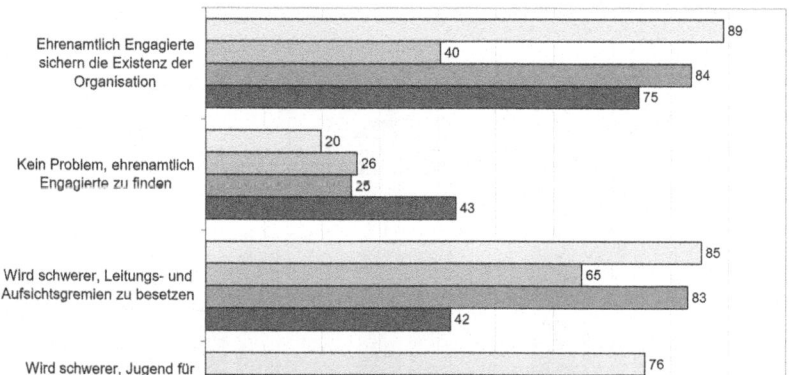

Datenbasis: Organisationen heute 2011/2012; n = 1.852/135.

Abb. 3.5 Einschätzung von Organisationen zum Engagement – gegliedert nach Rechtsform (in Prozent) (Priller et al. 2013, S. 23)

Suche nach Engagierten berichten 80 % der Vereine, 75 % der Genossenschaften und 57 % der Stiftungen. In eine ähnliche Richtung gehen die Einschätzungen in Bezug auf die Erreichbarkeit von Personen, die ehrenamtliche Leitungs- und Aufsichtsfunktionen übernehmen. Vor allem Vereine (85 %) und Genossenschaften (83 %) vermerken, dass es schwerer wird, diese Positionen zu besetzen. Bei den gGmbHs sind es immerhin 65 % (Priller et al. 2013, S. 23).

3.4.4 Neue Herausforderungen in der Besetzung von ehrenamtlichen Positionen

Probleme gibt es insbesondere bei der Besetzung von ehrenamtlichen Leitungspositionen. Die Modernisierung der Binnenstruktur der Wohlfahrtsverbände hat zu einer Entkoppelung vom verbandlichen Sektor und den Sozialunternehmen

3.4 Die Wohlfahrtsverbände in der Tradition von Ehrenamt ...

geführt (Beyer 2012, S. 30). Mit dieser Entwicklung verändert sich auch die Position des Ehrenamtes. War diese Rolle in den Leitungsfunktionen lange unangefochten, so ist die Trennung von Unternehmensführung und ehrenamtlicher Vorstandsverantwortung üblich geworden (Grunwald und Steinbacher 2008, S. 275). Die Folge ist, dass nicht nur die Zahl der Engagierten zurückgeht, sondern damit auch der Einfluss der Engagierten auf die sozialpolitische Orientierung des Sozialunternehmens.

Inzwischen wird jedoch betont, dass die sozialpolitische Anwaltschaft sowie das ehrenamtliche Engagement in den Verbänden zu deren gewachsenem Profil gehören. Denn wird es in den Verbänden „ausgetrocknet", dann verlieren sie mehr als nur freiwillige (kostengünstige) Mitarbeiter, vielmehr steht ihr charakteristisches Merkmal auf dem Spiel. Erst mit dem ehrenamtlichen Engagement von Bürgerinnen und Bürgern verbindet sich eine Legitimationswirkung für die Existenz von Wohlfahrtsverbänden (Grunwald und Steinbacher 2008, S. 276).

Damit wird deutlich, dass das Ehrenamt und Bürgerengagement zum Selbstverständnis der Wohlfahrtspflege gehört. Das heißt, die Verbände müssen sich für die aktuelle Situation des Engagements interessieren und es fördern, weil ansonsten ein wichtiger Teil ihres Profils fehlen würde. Mit ihrer Geschichte haben sie dafür gute Voraussetzungen. Sie verfügen über eine wertgebundene Orientierung, über stabile (Vereins-)Strukturen, über Kontinuität und Verbindlichkeit sowie über eine Vielzahl von Betätigungsfeldern.

Allerdings spüren auch die Verbände, dass es im Feld des Ehrenamts und Bürgerengagements einen Strukturwandel gegeben hat. Aus dem Dauerengagement in den Wohlfahrtsverbänden wurde zunehmend ein zeitlich befristetes, flexibel angelegtes und selbstbestimmtes freiwilliges Engagement. Das wird außerdem nicht mehr zwingend in den Einrichtungen der Sozialwirtschaft geleistet, sondern ist stärker sowohl dezentralisiert als auch individualisiert angelegt und hat die Lokalgemeinschaft als Basis (Sachße 2011, S. 24). Diese Veränderungen im Engagement, die sich auch jenseits der Verbände zeigt, stellen das Ehrenamt in der Wohlfahrtspflege vor ähnliche Herausforderungen wie die außerverbandliche Förderung von freiwilligem Engagement. Es geht um die Gewinnung, Qualifizierung und dauerhafte Bindung der Engagierten an die Einrichtung. Eine weitere Herausforderung ist, dass sich die Verbände teilweise schwer tun, das alte und das neue Ehrenamt miteinander zu vereinbaren. Gleichwohl braucht es für beide Formen Rahmenbedingungen. Das Thema der strategischen Planung für das Management von Freiwilligen ist hier ein Lösungsansatz und wird in Abschn. 4.2 weiter bearbeitet.

Literaturempfehlungen

Überblick über die Ausdifferenzierung von Einrichtungen zur Engagementförderung

Jakob, G. (2010). Infrastrukturen und Anlaufstellen zur Engagementförderung in den Kommunen. In Th. Olk, A. Klein & B. Hartnuß (Hrsg.), *Engagementpolitik. Die Entwicklung der Zivilgesellschaft als politische Aufgabe* (S. 233–259). Wiesbaden: VS Verlag.

Verschafft einen Einblick über kommunalpolitische Prozesse

Bogumil, J., & Holtkamp, L. (2006). *Kommunalpolitik und Kommunalverwaltung. Eine policyorientierte Einführung.* Wiesbaden: VS Verlag.

Die folgende Literatur bietet für die Auseinandersetzung zum Thema Wohlfahrtsverbände und Bürgerengagement eine gute Fundierung

Olk, Th. (2011). Freie Träger in der Sozialen Arbeit. In H.-U. Otto & H. Thiersch (Hrsg.) unter Mitarbeit von K. Grunwald, K. Böllert, G. Flösser und C. Füssenhäuser, *Handbuch Soziale Arbeit. Grundlagen der Sozialarbeit und Sozialpädagogik* (4., erw. Aufl., S. 415–428). München, Basel: Reinhardt.
Steinbacher, E. (2004). *Bürgerschaftliches Engagement in Wohlfahrtsverbänden. Professionelle und organisationale Herausforderungen in der Sozialen Arbeit.* Wiesbaden: Deutscher Universitäts-Verlag.
Droß, P. J. (2013). Ökonomisierungstrends im Dritter Sektor. Discussion Paper SP V 2013-301. *Wissenschaftszentrum Berlin für Sozialforschung.* https://bibliothek.wzb.eu/pdf/2013/v13-301.pdf. Zugegriffen: 5. Juli 2019.

Literatur

Backhaus-Maul, H. (2011). Zivilgesellschaft. In Deutscher Verein für öffentliche und private Fürsorge (Hrsg.), *Fachlexikon der sozialen Arbeit* (S. 998–999). Baden-Baden: Nomos.
Beyer, T. (2012). Identität statt Ressource. Das Ehrenamt und die Freie Wohlfahrtspflege. In D. Rosenkranz & A. Weber (Hrsg.), *Freiwilligenarbeit. Einführung in das*

Management von Ehrenamtlichen in der Sozialen Arbeit (2 akt, S. 27–34). Weinheim: Beltz Juventa.
Bogumil, J., & Holtkamp, L. (2006). *Kommunalpolitik und Kommunalverwaltung. Eine policyorientierte Einführung*. Wiesbaden: VS Verlag.
Bogumil, J., & Holtkamp, L. (2010). Die kommunale Ebene. In T. Olk, A. Klein, & B. Hartnuß (Hrsg.), *Engagementpolitik. Die Entwicklung der Zivilgesellschaft als politische Aufgabe* (S. 382–403). Wiesbaden: VS Verlag.
Braun, J., & Klages, H. (Hrsg.). (2001). *Freiwilliges Engagement in Deutschland. Freiwilligensurvey 1999. Ergebnisse der Repräsentativerhebung zu Ehrenamt, Freiwilligenarbeit und bürgerschaftlichem Engagement. Band 2: Zugangswege zum freiwilligen Engagement und Engagementpotential in den neuen und alten Bundesländern*. Stuttgart: Kohlhammer.
Bundesarbeitsgemeinschaft der Freien Wohlfahrtspflege e. V. [BAGFW]. (Hrsg.). (2014). *Die Freie Wohlfahrtspflege – Vom Menschen für Menschen*. https://www.bagfw.de/fileadmin/user_upload/Veroeffentlichungen/Publikationen/BAGFW_Imagbrosch_Webversion.pdf. Zugegriffen: 2. Juli 2019.
Bundesarbeitsgemeinschaft der Freien Wohlfahrtspflege e. V. [BAGFW]. (o. J.a). *Geschichte der Freien Wohlfahrtspflege in Deutschland*. https://www.bagfw.de/ueber-uns/freie-wohlfahrtspflege-deutschland/geschichte. Zugegriffen: 14. Mai 2020.
Bundesarbeitsgemeinschaft der Freien Wohlfahrtspflege e. V. [BAGFW] (o. J.b). *Selbstverständnis*. https://www.bagfw.de/ueber-uns/freie-wohlfahrtspflege-deutschland/selbstverstaendnis. Zugegriffen: 14. Mai 2020.
Bundesministerium für Familie, Senioren, Frauen und Jugend [BMFSJ] (2012). (Hrsg.). *Erster Engagementbericht 2012. Für eine Kultur der Mitverantwortung*. Berlin.
Bundesministerium für Familie, Senioren, Frauen und Jugend [BMFSJ].(2017a). (Hrsg.). *Zweiter Engagementbericht über die Entwicklung des bürgerschaftlichen Engagements in der Bundesrepublik Deutschland. Schwerpunktthema: „Demografischer Wandel und bürgerschaftliches Engagement: Der Beitrag des Engagements zur lokalen Entwicklung"*. Berlin.
Bundesministerium für Familien, Senioren, Frauen und Jugend [BMFSJ]. (2017b). *Engagement ist unverzichtbar für gesellschaftlichen Zusammenhalt*. 29. März 2017. https://www.bmfsfj.de/bmfsfj/aktuelles/alle-meldungen/engagement-ist-unverzichtbar-fuer-gesellschaftlichen-zusammenhalt/115540. Zugegriffen: 4. Juli 2017.
Dahme, H.-J., & Wohlfahrt, N. (2011). Freie Wohlfahrtspflege und Bürgerschaftliches Engagement – eine Zwischenbilanz. *Theorie und Praxis in der sozialen Arbeit, 2*(2011), 115–124.
Deutscher Bundestag. (2002). *Bericht der Enquete-Kommission „Zukunft des Bürgerschaftlichen Engagements". Bürgerschaftliches Engagement: auf dem Weg in eine zukunftsfähige Bürgergesellschaft*. Drucksache 14/8900. https://dipbt.bundestag.de/doc/btd/14/089/1408900.pdf. Zugegriffen: 7. Dez. 2015.
Deutscher Bundestag. (2014). *Bericht über die Arbeit des Unterausschusses „Bürgerschaftliches Engagement" in der 18. Wahlperiode*. 21. Juni 2017. https://www.bundestag.de/blob/513862/7c9ffc16f16788205c1842567f62c6e7/bericht-18--wp-data.pdf. Zugegriffen: 2. Juli 2017.
Droß, P. J. (2013). Ökonomisierungstrends im Dritter Sektor. Discussion Paper SP V 2013-301. *Wissenschaftszentrum Berlin für Sozialforschung*. https://bibliothek.wzb.eu/pdf/2013/v13-301.pdf. Zugegriffen: 5. Juli 2019.

Embacher, S. (2011). „Ein inneres Geländer": kommunale Leitbilder für die Förderung bürgerschaftlichen Engagements. In A. Klein, P. Fuchs, & A. Flohé (Hrsg.), *Handbuch Kommunale Engagementförderung im sozialen Bereich* (S. 247–257). Berlin: Eigenverlag des Deutschen Vereins für öffentliche und private Fürsorge e. V.

Embacher, S., & Lang, S. (2008). *Bürgergesellschaft. Lern- und Arbeitsbuch Bürgergesellschaft*. Bonn: J. H. W. Dietz.

Grohs, S., & Bogumil, J. (2011). Management sozialer Dienste. In A. Evers, R. G. Heinze, & T. Olk (Hrsg.), *Handbuch Soziale Dienste* (S. 299–314). Wiesbaden: VS Verlag.

Grunwald, K., & Steinbacher, E. (2008). Ehrenamt. In B. Maelicke (Hrsg.), *Lexikon der Sozialwirtschaft* (1. Aufl., S. 275–279). Baden-Baden: Nomos.

Hamburger, F. (2011). Soziale Arbeit. In Th. Olk & B. Hartnuß (Hrsg.), *Handbuch Bürgerschaftliches Engagement* (S. 317–328). Weinheim, Basel: Beltz Juventa.

Hartnuß, B., Olk, T., & Klein, A. (2011). Engagementpolitik. In T. Olk & B. Hartnuß (Hrsg.), *Handbuch Bürgerschaftliches Engagement* (S. 761–776). Weinheim, Basel: Beltz Juventa.

Hartwig, J., & Kroneberg, D. W. (Hrsg.). (2015). *Praxis Bürgerkommune. Bürgerbeteiligung. Bürgernähe. Bürgerengagement*. Berlin: Lit.Heinze, R., Olk, T (1981): Die Wohlfahrtsverbände im System sozialer Dienstleistungsproduktion. *Kölner Zeitschrift für Soziologie und Sozialpsychologie, 33*, 94–114.

Heinze, R. G. (2011). Verbände. In T. Olk & B. Hartnuß (Hrsg.), *Handbuch Bürgerschaftliches Engagement* (S. 465–473). Weinheim, Basel: Beltz Juventa.

Helmer-Denzel, A., & Weber, U. (2016). *Rahmenbedingungen für die Qualifizierung von bürgerschaftlich Engagierten und Fachkräften des bürgerschaftlichen Engagements in Baden-Württemberg*. Stuttgart: Studie im Auftrag des Ministeriums für Soziales und Integration Baden-Württemberg.

Hoch, H., Klie, Th., & Wegner, M. (Hrsg.). (2010). *Zweiter wissenschaftlicher Landesbericht zu bürgerschaftlichem Engagement und Ehrenamt in Baden-Württemberg in den Jahren 2004/2005/2006*. Zentrum für zivilgesellschaftliche Entwicklung an der Evangelischen Fachhochschule: Freiburg.

Hummel, K. (2011). Kommune. In T. Olk & B. Hartnuß (Hrsg.), *Handbuch Bürgerschaftliches Engagement* (S. 777–796). Weinheim, Basel: Beltz Juventa.

Jakob, G. (2010). Infrastrukturen und Anlaufstellen zur Engagementförderung in den Kommunen. In T. Olk, A. Klein & B. Hartnuß (Hrsg.), *Engagementpolitik. Die Entwicklung der Zivilgesellschaft als politische Aufgabe* (S. 233–259). Wiesbaden: VS Verlag.

Jakob, G., & Röbke, T. (2011). Engagementfördernde Infrastrukturen im kommunalen Wohlfahrtsmix. In A. Klein, P. Fuchs, & A. Flohé (Hrsg.), *Handbuch Kommunale Engagementförderung im sozialen Bereich* (S. 290–303). Berlin: Eigenverlag des Deutschen Vereins für öffentliche und private Fürsorge e. V.

Klein, A., Fuchs, P., Schaaf-Derichs, C., & Neuling, J. (2014). Infrastruktureinrichtungen der Engagementförderung im kommunalen Raum. Nachhaltigkeit als zentrale Herausforderung der Engagementpolitik. In A. Klein, R. Sprengel & J. Neuling (Hrsg.), *Jahrbuch Engagementpolitik 2014. Engagement- und Demokratiepolitik* (S. 106–113). Schwalbach/Ts.: Wochenschau Verlag.

Lochner, B. (2008). *Ehrenamtliches Engagement in Wohlfahrtsverbänden. Die Notwendigkeit Ehrenamtliches Engagement in Wohlfahrtsverbänden neu zu bewerten und neu zu gestalten*. Saarbrücken: VDM Verlag Dr. Müller.

Merchel, J. (2013). Freie Wohlfahrtspflege. In K. Grunwald, G. Horcher & B. Maelicke (Hrsg.), *Lexikon der Sozialwirtschaft* (2. Aufl., S. 364–368). Baden-Baden: Nomos.

Meyer, D. (o. J). Freie Wohlfahrtspflege. *Konrad-Adenauer-Stiftung*. https://www.kas.de/web/soziale-marktwirtschaft/freie-wohlfahrtspflege. Zugegriffen: 2. Juli 2019.

Neumann, D. (2016). *Das Ehrenamt nutzen. Zur Entstehung einer staatlichen Engagementpolitik in Deutschland*. Bielefeld: Transcript.

Olk, T. (2011). Freie Träger in der Sozialen Arbeit. In H.-U. Otto & H. Thiersch (Hrsg.) unter Mitarbeit von K. Grunwald, K. Böllert, G. Flösser & C. Füssenhäuser, *Handbuch Soziale Arbeit. Grundlagen der Sozialarbeit und Sozialpädagogik* (4., erw. Aufl., S. 415–428). München: Reinhardt.

Olk, T., & Hartnuß, B. (2011). Bürgerschaftliches Engagement. In T. Olk & B. Hartnuß (Hrsg.), *Handbuch Bürgerschaftliches Engagement* (S. 145–162). Weinheim: Beltz Juventa.

Priller, E., Alscher, M., Droß, P. J., Paul, F., Poldrack, C. J., Schmeißer, C., & Waitkus, N. (2013). *Dritte-Sektor-Organisationen heute: Eigene Ansprüche und ökonomische Herausforderungen Ergebnisse einer Organisationsbefragung*. Discussion Paper SP IV 2012–402. Berlin: Wissenschaftszentrum für Sozialforschung. https://bibliothek.wzb.eu/pdf/2012/iv12-402r2.pdf. Zugegriffen: 5. Juli 2019.

Rosenkranz, D., & Weber, A. (2012). Freiwilligenarbeit in der Sozialen Arbeit zwischen Tradition, ‚Homöopathie' und Zukunftsaufgabe. In D. Rosenkranz & A. Weber (Hrsg.), *Freiwilligenarbeit. Einführung in das Management von Ehrenamtlichen in der Sozialen Arbeit* (2. akt. Aufl., S. 11–14). Weinheim: Beltz Juventa.

Roth, R. (2011). Das Politikfeld kommunale Engagementförderung – eine Bilanz. In A. Klein, P. Fuchs, & A. Flohé (Hrsg.), *Handbuch Kommunale Engagementförderung im sozialen Bereich* (S. 27–35). Berlin: Eigenverlag des Deutschen Vereins für öffentliche und private Fürsorge e. V.

Sachße, C. (2011). Traditionslinien bürgerschaftlichen Engagements in Deutschland. In T. Olk & B. Hartnuß (Hrsg.), *Handbuch Bürgerschaftliches Engagement* (S. 17–28). Weinheim: Beltz Juventa.

Schmid, J. (2010). Engagementpolitik auf Landesebene – Genese und Strukturierungen eines Politikfeldes. In T. Olk, A. Klein & B. Hartnuß (Hrsg.), *Engagementpolitik. Die Entwicklung der Zivilgesellschaft als politische Aufgabe* (S. 352–381). Wiesbaden: VS Verlag.

Steinbacher, E. (2000). Wohlfahrtsverbände und bürgerschaftliches Engagement – eine Allianz für die Gesellschaft? Wohlfahrtsverbändeforschung und ihr Blick auf freiwilliges und bürgerschaftliches Engagement. In U. Otto, S. Müller & C. Besenfelder (Hrsg.), *Bürgerschaftliches Engagement. Herausforderungen für Fachkräfte und Verbände* (S. 93–117). Opladen: Leske und Budrich.

Steinbacher, E. & Otto, U. (2000): Bürgerschaftliches Engagement als Herausforderung für Wohlfahrtsverbände. Das Beispiel eines Seniorenbüros im Deutschen Roten Kreuz (DRK). In. In U. Otto, S. Müller & C. Besenfelder (Hrsg.), *Bürgerschaftliches Engagement. Herausforderungen für Fachkräfte und Verbände* (S. 1–19). Opladen: Leske und Budrich.

Steinbacher, E. (2004). *Bürgerschaftliches Engagement in Wohlfahrtsverbänden. Professionelle und organisationale Herausforderungen in der Sozialen Arbeit*. Wiesbaden: Deutscher Universitäts-Verlag.

Streeck, W.,Schmitter, P.C. (1996). Gemeinschaft, Markt, Staat – und Verbände? In Kenis, P., Schneider, V. (Hrsg.), Organisation und Netzwerk. Institutionelle Steuerung in Wirtschaft und Politik (S. 123–164). Frankfurt a. M.: Campus Verlag.

Simonson, J., Vogel, C., & Tesch-Römer, C. (Hrsg.). (2017). *Freiwilliges Engagement in Deutschland. Der Deutsche Freiwilligensurvey 2014*. Wiesbaden: Springer VS.

Sozialministerium Baden-Württember (2020). 6. Kooperationsvereinbarung. https://sozialministerium.baden-wuerttemberg.de/fileadmin/redaktion/m-sm/intern/downloads/Downloads_B%C3%BCrgerengagement/Kooperationsvereinbarung-LBE_6_2020.pdf. Zugegriffen: 27.09.2020.

Srikiow, L. (2013). Die Mitmachgesellschaft. Bürgerengagement – Freiwillige sind eine wichtige Stütze – brauchen aber auch selbst Unterstützung. *Das Parlament, 63*, 34–36.

Vandamme, R. (2011). Bürgerorientierung in der Kommunalverwaltung: Ansätze und Perspektiven. In A. Klein, P. Fuchs, & A. Flohé (Hrsg.), *Handbuch Kommunale Engagementförderung im sozialen Bereich* (S. 258–269). Berlin: Eigenverlag des Deutschen Vereins für öffentliche und private Fürsorge e. V.

Operative Förderung von bürgerschaftlichem Engagement

4

Zusammenfassung

Zunächst wird dargelegt, warum die operative Förderung von Bürgerengagement eine Rolle spielt, vor allem für die kommunale Ebene, wo Voraussetzungen und Instrumente dargelegt werden, wie in Kommunen bürgerschaftliches Engagement gefördert werden kann. Im Anschluss daran wird geklärt, dass geeignete und fördernde Rahmenbedingungen in der Freien Wohlfahrtspflege ebenfalls eine bedeutende Voraussetzung für den Einsatz von Engagierten sind. Infolge des gesellschaftspolitischen Wandels ist die traditionelle Bindung der Engagierten an die gemeinnützigen Organisationen keine Selbstverständlichkeit mehr. Wie dem begegnet werden kann, zeigt das Freiwilligenmanagement. Es ist ein Instrument, um Engagierte in den Dienstleistungsbetrieb einzubinden, obwohl das in keiner Organisation mehr ohne partizipative Elemente gelingt. Im letzten Kapitel wird Partizipation als Struktur- und Handlungsprinzip einer demokratischen Gesellschaft betrachtet und auf den Zusammenhang zum bürgerschaftlichen Engagement fokussiert.

Schlüsselwörter

Freiwilligenmanagement · Kommunale Anlaufstellen für Bürgerengagement · Freiwilligenagenturen · Seniorenbüros · Mehrgenerationenhäuser · Fachkräfte für Bürgerengagement · Brückenbauer · Engagement als Alleinstellungsmerkmal in Wohlfahrtsverbänden · Partizipation · Selbstwirksamkeit · Mitbestimmung · Formelle und informelle Verfahren der Beteiligung · Macht · Stufen der Partizipation

© Springer Fachmedien Wiesbaden GmbH, ein Teil von Springer Nature 2020
U. Weber, *Bürgerschaftliches Engagement und Ehrenamt in der Sozialwirtschaft,* Basiswissen Sozialwirtschaft und Sozialmanagement, https://doi.org/10.1007/978-3-658-28185-4_4

Lernziele

Sie lernen, warum eine größere Verantwortungsübernahme der Bürger*innenbei der Erfüllung gesellschaftlicher Aufgaben voraussetzt, dass eine fördernde Infrastruktur in den Kommunen und in den sozialen Einrichtungen der Wohlfahrtspflege zentral ist. Es gibt ein breites Aufgabenspektrum, das geeignete Instrumente erforderlich macht, um erfolgreich zu sein. Das Management von Freiwilligen spielt dabei eine zentrale Rolle. Im Zusammenspiel von Hauptamtlichen und Ehrenamtlichen werden außerdem zunehmend neue Arrangements der Mitsprache und Beteiligung selbstverständlich bzw. eingefordert und gehören ins Portfolio von kommunalen und verbandlichen Infrastruktureinrichtungen zur Förderung von Bürgerengagement.

Die Förderung von bürgerschaftlichem Engagement und Ehrenamt spielt eine wichtige Rolle. Konkret heißt das, Freiwillige müssen gefunden werden, Angebote für Engagementprojekte müssen entwickelt oder gebündelt werden, Beratung und Begleitung müssen angeboten werden, Fortbildungen und Anerkennungsformen müssen gestaltet werden, Informationen müssen zur Verfügung stehen, Netzwerke und Kontakte müssen aufgebaut bzw. gepflegt werden und es muss Öffentlichkeits- und Lobbyarbeit für Bürgerengagement gemacht werden. Für diese operativen Aufgaben zur Unterstützung von bürgerschaftlichem Engagement und Ehrenamt bilden zivilgesellschaftliche Organisationen einen wichtigen Rahmen. Sie sind Knotenpunkte des Angebots und in der Engagementförderung und vielerorts kommunal etabliert – jedoch nicht immer in kommunaler Hand. Die freien Träger der Wohlfahrt, Vereine oder Kirchengemeinden können hier ebenfalls aktiv sein. Das selbstorganisierte Engagement aus der Bürgerschaft ist trotz dieser strukturellen Förderung nicht ausgeschlossen. Im Gegenteil, die hier Aktiven können häufig auf die Unterstützung von Fachkräften für Bürgerengagement und durch die kommunale, verbandliche oder kirchliche Verwaltung zählen.

Im Mittelpunkt des bürgerschaftlichen Engagements steht das Handeln der Bürger*innen, die sich für Menschen in ihrer Umgebung, für soziale Themen sowie Themen der Natur und Kultur einsetzen. Das gelingt leichter, wenn Unterstützung in Form von Ressourcen, Personal, Strukturen, Strategien und Mitwirkungsmöglichkeiten angeboten werden oder abgerufen werden können. Neben der strukturellen und operativen Unterstützung braucht es Beteiligungsverfahren und Partizipationsmöglichkeiten. Menschen, die sich bürgerschaftlich engagieren, wollen mitbestimmen, unter welchen Bedingungen sie sich engagieren und unter welchen gesellschaftlichen Rahmenbedingungen ihr bürgerschaftliches Engagement wirkt. Weder politische Entscheidungen können über die Köpfe der Bürger*innenhinweg getroffen werden, ebenso wenig wie in Einrichtungen oder in Projekten über die Köpfe der Engagierten hinweg bestimmt werden kann, wie und wo sie aktiv werden sollen. Ein Mehr an Partizipation heißt jedoch nicht zugleich ein Zuwachs an bürgerschaftlich Engagierten. Es besteht ein komplexer Zusammenhang zwischen bürgerschaftlichem Engagement und Partizipation, was auf der Ebene der operativen Förderung eine wichtige Rolle spielt. Mit dem infrastrukturellen Rahmen wird zugleich der Anspruch nach einem selbstorganisierten, demokratischen Gemeinwesen verbunden. Das führt zu einer Rückkoppelung. Die Ehrenamtlichen und Engagierten sind nicht nur aktiv im Sinne des Mitmachens für eine Sache, sondern wollen beteiligt sein und mitbestimmen. Dies wird in Abschnitt. 4.3 vertieft.

4.1 Förderung von Bürgerengagement in der Kommune

Auf kommunaler Ebene – als der „Keimzelle und dem Kern einer vitalen Bürgergesellschaft" (Lübking 2011, S. 11) – sind infolge von Strukturwandel und ausgeübter Förderpolitik in den letzten Jahren kommunale Koordinierungsstellen für Bürgerengagement, Freiwilligenagenturen, Seniorenbüros, Selbsthilfeeinrichtungen, um nur die wichtigsten zu nennen, entstanden. Dabei müssen sich diese Angebote nicht immer in kommunaler Trägerschaft befinden, teilweise sind sie in wohlfahrtsverbandlicher Verantwortung oder aus der Bürgerschaft heraus initiiert worden. Anlass und Ziel für diese Einrichtungen ist die Förderung von bürgerschaftlichem Engagement – eine Aufgabe, für die es innerhalb der Verwaltung sowie in den Einrichtungen keine Verpflichtung und keine flächendeckenden einheitlichen Standards gibt. Der Grad sowie die Art und Weise der Ausgestaltung ist von Kommune zu Kommune unterschiedlich und jede muss ihren eigenen Weg finden. Allerdings gilt über diese Tatsache hinaus die Feststellung, wie sie bereits im Bericht der Enquete-Kommission getroffen wurde: „Infrastruktureinrichtungen sind das Herzstück einer modernen Engagementpolitik" (Deutscher Bundestag 2002, S. 108). Es sind Einrichtungen zur Realisierung des strategischen Ziels der Engagementförderung und zugleich Orte, die Rahmenbedingungen anbieten, um bürgerschaftliches Potenzial mithilfe von Fachkräften zu entwickeln, zu begleiten, zu aktivieren, anzuerkennen und strategisch vorzugehen.

Dazu bedarf es fördernder Rahmenbedingungen. Die Bürger*innenmüssen auch tatsächlich in die Lage versetzt werden, aktiv zu werden und Verantwortung zu übernehmen. Dabei kommt dem strukturellen Aspekt auf kommunaler Ebene eine besondere Bedeutung zu, weil hier „Ermöglichung" manifestiert werden kann. Sie drückt sich über die kommunale Infrastruktur zur Förderung von Bürgerengagement aus. Das bestätigen mittlerweile unterschiedliche Untersuchen (Lübking 2011; Vandamme 2011; Bubolz-Lutz und Mörchen 2013; Hartnuß 2018), welche der kommunalen Engagementförderung einen großen Stellenwert zuweisen. Dafür tragen eine Reihe von Faktoren und Maßnahmen zum Erfolg der lokalen Förderung bei. Dazu zählen Stabs- oder Koordinierungsstellen für Bürgerengagement, die in der Verwaltungshierarchie möglichst hoch angesicdelt und nachhaltig etabliert sind. Es zählt das Wissen dazu, dass Bürgerengagement eine starke politische Unterstützung von Seiten der Kommunalpolitik braucht. Ebenso förderlich ist, wenn Engagementförderung ein Anliegen der Oberbürgermeister*in ist und das Augenmerk diesem Thema gilt: Bürgerengagement als Chefsache. In diesen Kontext zählt auch, dass der Entschluss, Bürgerengagement zu fördern, mit einer grundsätzlichen Offenheit der Verwaltung gegenüber dem Thema geprägt sein sollte, sozusagen die Kommunalverwaltung als Ermöglichungsverwaltung.

Seit den 1990er-Jahren kam es in den kommunalen Verwaltungen zu einem Steuerungswechsel. Weg vom vorherrschenden Bürokratiemodel mit seiner starken Binnenorientierung und fehlenden Effizienz hin zur outputorientierten Kommunalverwaltung. Betriebswirtschaftliche Instrumente und ein managementorientiertes Steuerungsverständnis sollten die Finanzknappheit der Kommunen, deren Effizienz- und Legitimitätslücken schließen helfen. Die Wirtschaftlichkeit und die Bürgerorientierung der Verwaltung rückten mit dem sogenannten neuen Steuerungsmodell (NSM) in den Vordergrund. Es stellt ein neues Verwaltungsmodell dar. Leitsätze des Konzeptes sind die „Neubestimmung öffentlicher Aufgaben" in Richtung Beschränkung des Staates auf seine Kernaufgaben sowie Effizienzsteigerung. Dabei handelt es sich um Überlegungen zum sogenannten Gewährleistungsstaat, der die Erfüllung öffentlicher Aufgaben sicherstellt, ohne in jedem Einzelfall auch die Verantwortung für die konkrete Durchführung dieser Aufgaben zu übernehmen. Wird jedoch die Aufgabe übernommen, soll sie administrativ-organisatorisch so effizient wie möglich erbracht werden (Oschmiansky 2010).

Gut zehn Jahre nach seiner Einführung wurde das NSM evaluiert mit der Gesamtbilanz, dass der umfassende Paradigmenwechsel in der Kommunalverwaltung ausgeblieben ist (Tabatt-Hirschfeld 2018, S. 15–16). Jedoch hat diese Verwaltungsreform eine Weiterentwicklung hin zu mehr Bürgerorientierung ausgelöst. Es geht inzwischen verstärkt um die Koproduktion zwischen kommunalen Verwaltungen, Bürger*innen und der Wirtschaft. Das Ziel dieser Kooperation ist der stärkere soziale Zusammenhalt, die Aufrechterhaltung und Verbesserung sozialer Dienstleistungen sowie die Entlastung kommunaler Haushalte. Das

Selbstverständnis und die Rolle der Bürger*innen der Kommune hat sich gewandelt. Ihr Wissen, ihre Ideen und ihre Bereitschaft aktiv zu werden, ist für die Politik und Verwaltungen vor Ort ein unschätzbarer Wert. Daraus erwächst die Aufgabe, dieses Potenzial für die Weiterentwicklung zu nutzen (Lübking 2011, S. 17).

Die kommunalen Anlaufstellen für das Bürgerengagement bieten dafür gute Voraussetzungen, zumal sie in aller Regel direkt in der Verwaltung angesiedelt sind. Das erleichtert die Planung und Durchführung von Projekten, insbesondere dann, wenn mehrere Zuständigkeiten in der Verwaltung tangiert sind und über Ämter, Fachbereiche oder Zuständigkeitsgrenzen hinweg operiert werden muss. Als verwaltungsinterne Fachkraft für Bürgerengagement können diese Wege zum Teil umstandsloser gegangen werden, als es externen Kräften möglich ist. Das gilt insbesondere dann, wenn die Förderung von Bürgerengagement als eine Querschnittsaufgabe innerhalb der kommunalen Verwaltung gesehen wird. Das Gleiche gilt jedoch in nicht minderem Ausmaß für die Zusammenarbeit z. B. mit örtlichen Freiwilligenagenturen, Seniorenbüros oder Mehrgenerationenhäusern (die weiter unten ausführlicher beschrieben werden), Müttterzentren, Selbsthilfekontaktstellen oder Beratungsstellen der Wohlfahrtsverbände, der Vereine oder Bürgerstiftungen vor Ort.

4.1.1 Investitionen in Personal und Einrichtungen

Damit aber eine kommunale Koordinierungsstelle ihre Arbeit aufnehmen kann, setzt es die Investition in diese Einrichtung und in Personal voraus. Vor allem braucht es die Erkenntnis (oder Erwartung) dass sie einen Nutzen für alle hat: für die Engagierten, für das Gemeinwohl, für die Kommunen und die Freien Träger (2011, S. 313). Den Fachkräften des Bürgerengagements, die dafür einen Arbeitsauftrag haben, kommt deshalb in den gegenwärtig aktuellen bürgerorientierten Kommunen eine anspruchsvolle und intermediäre Rolle zu. Sie begleiten die Engagierten als Akteure in der Koproduktion zwischen kommunaler Verwaltung, Bürgerschaft und Wirtschaft, insbesondere hinsichtlich der Ziele: stärkerer sozialer Zusammenhalt bei gleichzeitiger Aufrechterhaltung und Verbesserung sozialer Dienstleistung, der Entlastung kommunaler Haushalte sowie der Stärkung der lokalen Demokratie.

Umgesetzt wird die Aufgabe in der kommunalen Anlaufstelle an der Schnittstelle von Verwaltung, Politik und Bürgerschaft. Die Fachkräfte bewältigen in aller Regel ein umfassendes und anspruchsvolles Aufgabenspektrum. Konkret heißt das, sie

- gewinnen neue Engagierte,
- entwickeln Projekte,
- bündeln die Aktivitäten von Engagierten,
- bauen Kooperationen mit und für Freiwillige auf,
- organisieren die Qualifizierung für Engagierte,
- kümmern sich um deren Anerkennung und Wertschätzung,
- begleiten oder moderieren teilweise die Beteiligungsprozesse und
- vermitteln Themen und Anliegen in die Verwaltung oder in die kommunale Politik hinein.

Abstrakter formuliert definiert sich die Aufgabe

- durch ihr Ziel, über ein umfassendes Leistungsspektrum das bürgerschaftliche Engagement
- in allen Bevölkerungsgruppen (unabhängig von Alter und sozialer Herkunft)
- durch bereichsübergreifende Engagementförderung,
- durch trägerneutrales Arbeiten,
- durch eine vermittelnde Rolle im Dreieck von Kommune, Bürgerschaft und Wirtschaft zu fördern (Vandamme 2013, S. 117).

Fachkräfte im Bürgerengagement haben eine Rolle als Brückenbauer oder als Katalysatoren, die durch die Arbeit vor Ort Vereine, öffentliche Institutionen und örtlich ansässige Unternehmen zu innovativen Projektkooperationen führen können. Sie agieren als Netzwerkmanager*innen oder Koordinator*innen (Krell 2012, S. 79; Vandamme 2013).

Eine partnerschaftliche und moderierende Verwaltung ist auf dem Weg zu den Zielen hilfreich. Sie unterstützt sowohl Anlauf- und Koordinierungsstellen für bürgerschaftliches Engagement als auch das selbstbestimmte Engagement der Bürger*innenoder darüber hinaus das ehrenamtliche Engagement in Vereinen vor Ort. Dazu zählt ebenfalls der rechtliche Aspekt, der in Form von haftungs- und versicherungsrechtlicher Absicherung bei der Aufnahme eines Engagements geregelt werden muss (Lübking 2011, S. 17).

Der Weg, bürgerschaftliches Engagement zu entfalten, ist in der Praxis nicht immer optimal ermöglicht. Es gibt zahlreiche Hindernisse, die hier angerissen werden sollen:

- *Ein enges finanzielles Korsett:* Die Finanzkrise der Kommunen engt den finanziellen Unterstützungsspielraum von Gemeinden ein, um die Freiwilligenaufgabe Bürgerengagement mit entsprechenden Mitteln auszustatten.

- *Angst vor Mitspracheansprüchen:* Bürgerengagement als Profilierungsfeld und als Unterstützung für das eigene Handeln zu sehen, fällt vielen kommunalen Kräften und Politiker*innenn schwer. Sie sind eher in Sorge, dass bei kommunalen Entscheidungsprozessen mehr Zeit und Geld investiert werden muss, weil die Bürger*innen „mitmischen".
- *Demografie reduziert Engagement:* Durch die demografische Entwicklung, insbesondere in strukturschwachen ländlichen Regionen, kann das Engagement zurückgehen, vor allem dann, wenn die Aktiven den Eindruck haben, dass sie mit ihrem Engagement zum Lückenbüßer für den Abbau von sozialen Diensten werden, oder dass es durch sie zu Einsparungen kommt.
- *Konkurrenzverhältnisse:* Bürgerschaftliches Engagement sieht sich in der Konkurrenz mit gering bezahlten Tätigkeiten (Lübking 2011, S. 18–20).

In einem engen Zusammenspiel von Verwaltung, Politik sowie den Bürger*innen agieren die lokalen Koordinierungsstellen für Bürgerengagement. Sie sind über ihre Förder- und Vermittlungstätigkeit hinaus kreative Entwickler für das Engagement in der Kommune. Häufig arbeiten sie dabei mit Einrichtungen wie den Freiwilligenagenturen, Seniorenbüros und Mehrgenerationenhäusern zusammen, die ihrerseits ebenfalls bürgerschaftliches Engagement vorantreiben, sich allerdings in ihren avisierten Adressaten oder Inhalten unterscheiden, jedoch lokale Einrichtungen zur Förderung von Bürgerengagement sind.

4.1.2 Freiwilligenagenturen

Seit den 1980er-Jahren sind Freiwilligenagenturen aktiv. In den 1990er-Jahren setzte dann ein Gründungsboom ein und mittlerweile werden bundesweit rund 400 Einrichtungen gezählt. Sie fungieren als Mittler an der Schnittstelle zwischen interessierten Bürger*innen, gemeinnützigen Organisationen, Politik, Verwaltungen und Unternehmen. Sie haben die Aufgabe, ehrenamtliches Engagement lokal zu fördern. Sie sind in aller Regel Agenturen, die Freiwillige informieren, beraten und in ein Engagement oder Ehrenamt vermitteln. Dafür sammeln sie auch Angebote für freiwillige Tätigkeiten, die sie bei Trägern, Projekten, Vereinen oder anderen Initiatoren akquirieren. Häufig sind Freiwilligenagenturen auch als Projektagenturen aktiv, das heißt, sie entwickeln Maßnahmen oder Projekte, bei denen sie Bedarf für Unterstützung sehen und suchen dann dafür engagierte Menschen (Ebert und Speck 2011, S. 553 ff.; Krell 2012, S. 82 ff.; Glaser 2012, S. 191–192). Sie kümmern sich um finanzielle Förderung teilweise für ihre eigenen existenzsichernden Belange oder für die

Projekte, die sie initiieren, um das Engagement in Dorf, im Stadtteil, in der Einrichtung oder überörtlich durchführen zu können. Werden die Freiwilligenagenturen nicht von der Kommune selbst betrieben, beruht das Verhältnis im günstigen Fall auf einem „Austauschverhältnis" und nicht in der Konkurrenz. Es basiert entweder auf einer vertraglichen Basis der Kooperation oder auf einer Aufgabenübertragung, wenn die Freiwilligenagentur z. B. einen „Freiwilligentag" für die Kommune organisiert oder Fortbildungsangebote gestaltet. Es kann aber auch sein, dass die kommunale oder verwaltungsinterne Koordinierungsstelle und die Freiwilligenagentur sich die Aufgabe der Engagementförderung teilen oder vernetzt zusammenarbeiten.

4.1.3 Seniorenbüros

Seit Mitte der 1990er-Jahre werden Seniorenbüros eingerichtet, zunächst initiiert durch ein Modellprojekt des Bundes mit dem Ziel, die Aktivität und Förderung des Engagements von Älteren anzuregen. Es ging nicht vorrangig darum, Versorgungseinrichtungen im Bereich der Altenhilfe zu schaffen, sondern die Möglichkeit der Selbstorganisation und zur gesellschaftlichen Teilhabe zu eröffnen. Auch hier gilt, wie bei den kommunalen Anlaufstellen oder Freiwilligenagenturen, dass es um die organisierte strategische Unterstützung von freiwilligem Engagement geht, die in Infrastrukturmaßnahmen strukturell angelegt ist.

Sie haben die Zielsetzung, Menschen in der nachberuflichen Lebensphase anzusprechen und hier als Informations-, Beratungs- und Vermittlungsstelle für bürgerschaftliches Engagement zu dienen. Sie greifen einerseits den Strukturwandel des Alters auf und verbreiten ein neues Bild des Älterwerdens, das auf die Potenziale und Ressourcen der älteren Menschen setzt. Mit den Schwerpunkten der Aktivierung und Selbstorganisation agieren die Seniorenbüros an der Schnittstelle zwischen moderner Seniorenarbeit und neuen Formen der Engagementförderung. Bundesweit sind rund 260 Seniorenbüros aktiv (Hinn 2011, S. 541–542).

4.1.4 Mehrgenerationenhäuser

Mehrgenerationenhäuser versuchen, die Generationenbezüge, die bisher vor allem im privat-familiären Bereich verortet waren, im öffentlichen Raum zu gestalten. Initiiert wurden sie ebenfalls durch den Bund, jedoch setzt deren gesellschaftspolitischer Ansatz außerhalb der Familien im lokalen Raum an. Dabei geht es darum, ein Solidarnetz zwischen den Generationen herzustellen. Zugleich kann es als „soziales Labor" gesehen werden, das die vielfältigen Beziehungen zwischen Haupt- und Ehrenamt, Dienstleistern und Nutzern von Dienstleistungen, Professionellen und Laien, Erwerbstätigen und Nichterwerbstätigen, sozial Benachteiligten sowie gut positionierten Menschen in vielerlei Hinsicht neu mischt und weiterentwickelt. Der offene Treff mit einem niedrigschwelligen Zugang ist dafür die zentrale Anlaufstelle. Hier soll Begegnung und Austausch stattfinden, aber auch die Möglichkeit geboten werden, dass Menschen sich engagieren können oder Hilfe erhalten, um ein Engagement zu finden. Den Mehrgenerationenhäusern geht es in diesem Kontext u. a. darum, ergänzend zu den vorhandenen Infrastruktureinrichtungen Lücken im Angebotsbereich zu erkennen und zu beheben (2011, S. 567 ff.).

Der Handlungsbedarf, der in den Kommunen bezüglich der Förderung und Koordinierung von Engagement nötig ist, bildet sich auch in den Sozialverbänden mit ihrer langen Tradition der ehrenamtlichen Hilfe ab. Häufig stellen sie sich ebenfalls diesem Förderprinzip und richten interne Koordinierungsstellen zur Förderung des verbandseigenen Engagements ein oder sie sind als Initiator oder Kooperationspartner an sogenannten Freiwilligenagenturen beteiligt.

4.2 Freiwilligenmanagement in Organisationen der Wohlfahrt und der Sozialen Arbeit

Die empirische Engagementforschung zeigt zwei gegensätzlich wirkende Phänomene: Einerseits sind Engagement und die Bereitschaft dazu konstant hoch, anderseits fehlen in den Organisationen der Sozialwirtschaft die Freiwilligen, insbesondere für langfristige- und für Leitungsfunktionen (Priller 2016, S. 161). Das Ehrenamt ist insbesondere im sozialen Bereich im Umbruch, worauf soziale Dienste und Einrichtungen reagieren müssen. Dabei geht es nicht mehr allein darum, Ehrenamtliche zu rekrutieren, sondern das Instrument des Freiwilligenmanagements muss in den Vordergrund rücken (Rosenkranz und Weber 2012, S. 13), um die Zusammenarbeit mit Ehrenamtlichen in der Praxis der Sozialarbeit dauerhaft und erfolgreich zu machen. Wohlfahrtsverbände, Vereine und Kirchengemeinden sind wichtige Ankerpunkt für das bürgerschaftliche Engagement im sozialen Bereich und in der Sozialwirtschaft. Allerdings ist infolge des Wandels der gesellschaftlichen, politischen und vor allem der ökonomischen Rahmenbedingungen die traditionelle Bindung von Engagierten an die gemeinnützigen Organisationen keine Selbstverständlichkeit mehr (Zimmer und Rauschenbach 2011, S. 12).

Dieser Befund ist tatsächlich problematisch, denn das freiwillige Engagement ist in den Wohlfahrtsverbänden für deren Identität, Reputation und Innovationsfähigkeit eine unverzichtbare Ressource (Merchel 2013, S. 368; Biedermann 2012, S. 57). Das bestätigen zusätzlich die Befunde aus der Studie zum Engagement in der Freien Wohlfahrtspflege, die von Backhaus-Maul et al. 2015 vorgelegt wurde. Engagement gilt als wichtige Legitimations- und Ressourcengrundlage und wird wieder verstärkt als Alleinstellungsmerkmal der Freien Wohlfahrtspflege im staatlich geförderten Sozialmarkt hervorgehoben sowie als Begründung für deren förderpolitische Privilegierung ins Feld gerückt (S. 14).

4.2.1 Professionelle Strategien

Das sind überzeugende fachliche Ausgangspunkte für die Ausgestaltung von Rahmenbedingungen bei den sozialwirtschaftlichen Trägern. Sie entwickeln dafür verstärkt professionelle Strategien, wie sie freiwilliges Engagement systematisch in ihre Dienstleistungserbringung einbinden können (Roß 2013, S. 182). In der Konsequenz bedeutet es die Entwicklung eines professionellen Freiwilligenmanagements. Darunter ist die Planung, Organisation, Koordination sowie Aus- und Bewertung von freiwilligem Engagement bzw. von Freiwilligenarbeit in einer Organisation zu verstehen (Kegel 2017, S. 64).

Mit den Methoden des Freiwilligenmanagements setzen sich vor allem die Arbeitsfelder der Sozialpädagogik und der Sozialen Arbeit auseinander (Röbke 2012, S. 15), was jedoch nicht immer freiwillig geschieht. Der Druck, unter dem der Sozialstaat steht, wird vom Kostenträger an die Leistungserbringer durchgereicht. Dementsprechend werden Arbeitsabläufe auf den Prüfstand gestellt, was dazu führen kann, dass durch die ‚Verdienstleistung' der Anteil der hauptamtlich-professionellen Sozialen Arbeit ausgebaut wird, aber im Gegenzug das bürgerschaftliche Engagement an den Rand gedrängt oder zurückgefahren wird. Oder es geschieht das Gegenteil: Es wird nach mehr freiwillig Engagierten gerufen, weil das professionelle Hilfesystem ohne sie an seine finanziellen und personellen Grenzen stößt.

In der Verantwortung von Leitungs- und Führungskräften liegt es in dieser Situation, die notwendigen Strukturen und Rahmenbedingungen für die Einbindung von Engagierten zu entwickeln und in der Organisation zu verankern, sodass nicht dem Zufall überlassen bleibt, ob und wie mit Engagierten zusammengearbeitet wird. In diesem Zusammenhang stellen sich eine Reihe von

Fragen: Welche Rahmenbedingungen benötigen Freiwillige in Organisationen? Wie lassen sich die Anforderungen der Organisation und der hauptamtlichen Kräfte mit den Erwartungen von Freiwilligen zusammenbringen? Welche Aufgaben hat das Freiwilligenmanagement (Biedermann 2012, S. 57; Kegel 2017, S. 71)? Das Management von Freiwilligen umfasst eine Reihe von Aufgaben und Herausforderungen. Werden diese bearbeitet und gelöst, dann ergeben sich daraus die erforderlichen Rahmenbedingungen für den Einsatz oder Ausbau von bürgerschaftlichem Engagement.

4.2.2 Aufgabenbereiche

Die Aufgabenbereiche lassen sich folgendermaßen darstellen:

- Bedarfe einschätzen und planen;
- Aufgabenprofile für Freiwillige zu entwickeln (Wo werden sie eingesetzt, in welchem Umfang, wie ist die Dauer, welche Fähigkeiten sind gefragt oder welche Projekte würden Engagierte in besonderem Maße ansprechen, was brauchen Engagierte von Seiten der Organisation?);
- Anwerbung und Gewinnung (Informationen zur Verfügung stellen, Werbung und Öffentlichkeitsarbeit machen, Adressaten und Zielgruppen fokussieren, Beratungs- und Entscheidungsgespräche planen);
- Zusammenarbeit von Freiwilligen und Hauptamtlichen (Konkurrenzängste und wechselseitige Geringschätzung von ehrenamtlichen und hauptamtlichen Mitarbeitern beachten, Transparenz herstellen, Kommunikation und Kooperation gestalten, fehlende Anerkennung, Verantwortungsbereiche und Entscheidungskompetenzen definieren);
- Begleitung und Qualifizierung (fachliche Unterstützung sowie geeignete Fort- und Weiterbildung für die Engagierten anbieten, fördern);
- Anerkennung und Wertschätzung (unterschiedliche Formen für unterschiedliche Erwartungen entwickeln, Vertrauen entwickeln, Respekt und Mitgestaltungsmöglichkeiten zulassen und ermöglichen, Öffentlichkeitsarbeit machen);
- Evaluation (funktionierende Zusammenarbeit und Qualität sichern sowie dazu beitragen, dass Rahmenbedingungen und Strukturen, Arbeitsteilung, Arbeitsroutinen und Abläufe für Freiwillige überprüft und weiterentwickelt werden) (Biedermann 2012, S. 66).

4.2.3 Der Engagementzyklus

Um diesen Aufgaben gerecht zu werden und sie zu bewältigen, kann der „Engagementzyklus", wie ihn Carola Reifenhäuser (Reifenhäuser et al. 2017, S. 84 ff.) ausgearbeitet hat, eingesetzt werden. Er bietet Orientierung für ein systematisches Vorgehen und hilft mit praktischen Tipps im Detail weiter. Den Ausgangspunkt stellt der Bedarf nach Engagement in der Organisation dar. Für welche Aufgaben werden Engagierte gebraucht? Daraus erwächst die Aufgabe, gezielt qualifizierte und motivierte Menschen für die Freiwilligenarbeit zu gewinnen, ihnen Angebote zu machen, ihre Vorstellungen und Motive herauszufinden, Vereinbarungen zu treffen, sie einzuarbeiten und zu befähigen, sie zu fördern und zu qualifizieren, Wertschätzung und Anerkennung entwickeln und vermitteln sowie schließlich Verabschiedungen gestalten zu können (Reifenhäuser et al. 2017, S. 84 ff.) (Abb. 4.1).

Neben dieser praxisbezogenen Anleitung enthält das Freiwilligenmanagement einen zweiten bedeutenden Strang: das Strategische Freiwilligenmanagement. Das bedeutet, „die Ausrichtung der Organisation an übergeordneten, oberen Zielen und Zielvoraussetzungen zu orientieren" (Reifenhäuser et al. 2017, S. 65). Das Ziel ist – wie beim operativen Engagementzyklus – die Förderung des Engagements in und durch die Organisation. Allerdings verlangt die strategische Orientierung eine Organisationsentwicklung. Das bringt mit sich:

- eine Entscheidung des Vorstands und der Geschäftsleitung, die sich für ein aktives Freiwilligenmanagement ausspricht;
- die gesamte Führungsebene trägt diese Entscheidung;
- die Entwicklung eines Leitbilds mit Aussagen zur Freiwilligenarbeit;
- Leitlinien, die Vorgaben zu Umsetzung von Engagement in der Organisation;
- die Entwicklung von nachhaltig förderlichen Rahmenbedingungen für das freiwillige Engagement;
- Qualitätskriterien für die Freiwilligenarbeit und die Einbeziehung der Engagierten in ein System des Qualitätsmanagements;
- ein Budget für das freiwillige Engagement in der Einrichtung (Kegel 2017, S. 66).

Bei den strategischen Entwicklungsaufgaben innerhalb einer Organisation geht es nicht um ein partielles Herumlaborieren mit Problemen zum ehrenamtlichen Engagement, sondern um ein problembezogenes Agieren mit Zielsetzung und Aufgabenstellungen. Im Gegensatz zur hauptamtlichen Arbeit fehlt dieses strategische Handeln in Bezug auf die Engagierten (Kegel 2017, S. 62) (Abb. 4.2).

Abb. 19: Der Engagement-Zyklus von Ehrenamtlichen

Abb. 4.1 Der Engagementzyklus zum Ehrenamt (Reifenhäuser et al. 2017, S. 84)

Wo über neue eine Aufgaben- und Verantwortungsaufteilung nachgedacht und entschieden wird, spielen die Aspekte „Ressourcen" und „Konkurrenz" häufig eine Rolle. Für Erstere gilt die Faustregel, dass freiwilliges Engagement weder umsonst noch kostenlos ist. Das heißt, dass für den Einsatz von Engagierten adäquate Rahmenbedingungen bereitgestellt werden müssen wie etwa hauptamtliches Personal, das diesen Einsatz plant, begleitet und organisiert. In der Konsequenz hat die hauptamtliche Kraft einen größeren zeitlichen Aufwand für die Anleitung, Einarbeitung und Begleitung von Freiwilligen. So muss möglicherweise die Finanzierung einer Stelle für die Freiwilligenkoordination gesichert werden und es müssen Kosten für Auslagen, Fahrtgeld, Versicherungsschutz, Aus- und Fortbildung sowie die Anerkennung von Freiwilligen eingeplant werden (Kegel 2017, S. 73; Rosenkranz und Görtler 2012; Biedermann 2012).

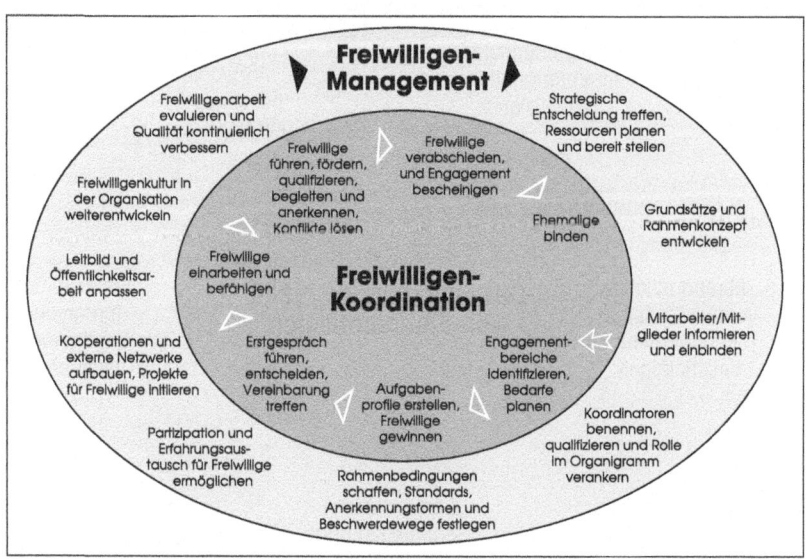

Abb. 15: *Einführung von Freiwilligenmanagement – Freiwilligenkoordination (Reifenhäuser, O. und Kegel, Th., Beratergruppe ehrenamt, Berlin 2011*

Abb. 4.2 Schaubild zum Freiwilligenmanagement (Reifenhäuser et al. 2017, S. 65)

Dem Aspekt der sogenannten Konkurrenz kommt ebenfalls eine Bedeutung zu und wird in Abschn. 5.1 aufgearbeitet.

Dieser strukturierte Umgang mit Engagierten und ihrem Einsatz in unterschiedlichen Aufgabenfeldern ist keineswegs selbstverständlich, stattdessen herrscht oftmals das Motto: ‚Ehrenamtliche hatten wir doch immer schon und die haben bei uns einfach mitgemacht und wir haben Probleme nach Bedarf geregelt.' Dagegen richtet sich das Freiwilligenmanagement. Es greift organisatorische und strukturelle Anforderungen auf und setzt sie in förderliche Rahmenbedingungen um – etwa durch die Abgrenzung der Freiwilligenarbeit von der Arbeit angestellter Mitarbeiterinnen und Mitarbeiter hinsichtlich der Aufgabenbereiche, Verantwortungsbereiche, Rechte und Pflichten. Oder dadurch, dass Unterstützungssysteme und -angebote für die Freiwilligen eingerichtet werden, dass es eine Anerkennungskultur gibt sowie Qualifizierungen ermöglicht werden und die Kooperation zwischen Haupt- und ehrenamtlichen Engagierten nicht dem Zufall überlassen bleibt. In der Praxis geht es darum, in Organisationen dem Thema seinen Platz zu geben (Kegel 2017, S. 65).

4.3 Im Zeichen der Zeit: Partizipation und Freiwilligenmanagement

Der Strukturwandel im bürgerschaftlichen Engagement, der wegführt von den Pflichtmotiven – wie sie im Ehrenamt vorherrschten – und hinführt zur Motivation, den „sozialen Kitt" in der Gesellschaft zu stärken und sich in eigene Angelegenheiten z. B. durch Initiativen oder Projektmitarbeit einzumischen, spielt in der Debatte um Bürgerengagement und in der Verbindung zum Thema der Partizipation eine ausschlaggebende Rolle. Die Enquete-Kommission 2002 zur „Zukunft des bürgerschaftlichen Engagements" hat diesen konstituierenden Zusammenhang bereits betont. Sie hebt hervor, dass es beim bürgerschaftlichen Engagement zwar um das praktische Machen geht, dem aber eine Einstellung zugrunde liegt, die sich an der Arena des öffentlichen Raumes orientiert (Deutscher Bundestag 2002). Engagement zeichnet sich durch seinen Bezug zur Zivil- bzw. Bürgergesellschaft aus. Dabei wird Gemeinwohlorientierung mit Teilhabe- und Mitbestimmungsmöglichkeiten verbunden (Klein, 2011, S. 36) und bildet den Ausgangspunkt der weiteren Überlegungen.

Zunächst ist Partizipation ein zentrales Struktur- und Handlungsprinzip demokratischer Gesellschaften. Diese Gesellschaften sind aktive Gesellschaften, weil ein wachsender Teil der Bevölkerung selbstbewusst und gezielt verändernd in das gesellschaftliche Geschehen eingreift (Roth 2011, S. 77). Das drückt sich im bürgerschaftlichen Engagement als Element einer funktionierenden Gemeinschaft aus. Einerseits ist es das freiwillige Aktivwerden, andererseits wird damit ein erweiterter demokratischer Gestaltungsanspruch signalisiert (Roth 2011, S. 78). Das *Jahrbuch der Engagementpolitik* aus dem Jahr 2016 macht den Themenverbund Bürgerschaftliches Engagement und Partizipation diskursiv zu seinem Schwerpunktthema und nimmt das Verhältnis von bürgerschaftlichem Engagement und Partizipation unter die Lupe. Aus Untersuchungen ist bekannt, dass fast alle ehrenamtlich Engagierten mit ihrem Engagement die Gesellschaft im Kleinen verändern und insbesondere durch ihr Engagement Selbstwirksamkeit erfahren wollen. Insofern ist von einer grundlegenden Partizipationslogik des Engagements die Rede und es muss konstatiert werden, dass Partizipation ohne Engagement sich auf einen bloßen Entscheidungsakt reduzieren würde. Aber

Meinungs- und Willensbildung wie auch die Umsetzung von Entscheidungen sind eng an das Engagement gebunden (Klein et al. 2016, S. 7).

An den unterschiedlichen Infrastruktureinrichtungen z. B. kommunalen oder wohlfahrtsverbandlichen Anlaufstellen für Bürgerengagement (wie in den beiden vorherigen Kapiteln ausgeführt) realisiert sich dieses vielgestaltige Engagement. Sie zeigen zugleich auf, dass die Schnittflächen von freiwilligem Engagement und politischer Mitsprache deutlich größer geworden sind (Roth 2016, S. 118). Sie stehen im Austausch mit der Politik, sie sind durch Entscheidungen der Kommunalpolitik initiiert, finanziert und mit Ressourcen (Personal und Räume) ausgestattet. Oder ihre Existenz wurde über bürgerschaftliche Initiativen eingefordert und im Anschluss über kommunalpolitische Entscheidungen verstetigt. Unabhängig von der Entstehungsgeschichte geht es darum, etwas zu bewirken und Gesellschaft mitzugestalten. Diese Selbstwirksamkeitserfahrungen sind zum demokratischen Leitmotiv der Engagierten geworden, denn Mitmachen und Geselligkeit reicht vielen Engagierten als Motiv nicht mehr aus. Vielmehr geht es den Aktiven darum, die Gestaltung des Gemeinwesens voranzubringen und darum, „ein Gegengewicht zur Definitionsmacht von staatlichen Akteuren und Bürokratien sowie professionellen und privatwirtschaftlichen Leistungserbringern [zu] setzen" (Roth 2016, S. 119).

In ihrem Handeln wollen die Engagierten, Freiwilligen oder Ehrenamtlichen auf Augenhöhe behandelt werden. Sie möchten über Zeit und Inhalte ihres Engagements selbst bestimmen, das heißt, sie wollen Einfluss nehmen können. Die Schnittstelle vom Engagement zur Beteiligung ist dabei fluide, denn wo genau liegt schließlich die Grenze vom Mitwirken im vordefinierten Rahmen zur Mitgestaltung und Veränderung (Erler 2013, S. 46)?

Schaut man per Definition auf den Begriff Partizipation, dann bedeutet er, „[…] an Entscheidungen mitzuwirken und damit Einfluss auf das Ergebnis nehmen zu können.[Partizipation] basiert auf klaren Vereinbarungen, die regeln, wie eine Entscheidung gefällt wird und wie weit das Recht auf Mitbestimmung reicht" (Straßburger und Rieger 2014, S. 230). In dieser Definition schwingt eine Abgrenzung zu Formen der Beteiligung mit, bei denen die Meinung der Mitwirkenden keine Auswirkung auf das Ergebnis einer Entscheidung hat oder bei denen nicht sicher ist, dass ihre Meinung in den Entscheidungsprozess einfließt (Straßburger und Rieger 2014, S. 230). Verfahren der Partizipation sind also an Voraussetzungen gebunden. Das gilt für Verfahren der Beteiligung generell, aber auch im fokussierten Kontext der Sozialen Arbeit bzw. in der Sozialwirtschaft. Um sie erfolgreich gestalten zu können, gibt es Kriterien und Vorbedingungen, denen Beachtung geschenkt werden muss. Alle Beteiligungsverfahren gehören nach drei Fragen bzw. Kriterien geordnet/geprüft:

4.3 Im Zeichen der Zeit: Partizipation und Freiwilligenmanagement

- Einschluss (Wer oder was wird in die Beteiligung einbezogen?),
- Abschluss (Welche Regeln sollen gelten, um im Rahmen der Beteiligung zu einem Ergebnis zu kommen?),
- Anschluss (Wie kann man sicherstellen, dass die Ergebnisse des Verfahrens konstruktiv und zielführend in den – politischen – Entscheidungsprozess überführt werden?) (Benighaus et al. 2016, S. 70)

Es gibt eine Debatte darüber, ob es in der Bandbreite des Engagements, das sich zwischen den Polen des sozialen und politischen Engagements entfaltet, um die Einflussnahme der Bürger*innendreht, oder ob Bürgerengagement als freiwilliges Engagement vor allem als Voraussetzung für politische Partizipation betrachtet wird (bzw. umgekehrt). Also ob der Bereich des freiwilligen Engagements ein Rekrutierungsreservoir für Formen der politischen Mitwirkung ist (Behringer 2016, S. 103). Jan van Deth plädiert für ein Ergänzungsverhältnis von sozialer und politischer Partizipation (zit. nach Behringer 2016, S. 103). Kritisch bleibt dennoch die Frage, ob trotz der Verschränkung von Bürgerengagement und Partizipation die Verbindung tatsächlich bereits schon Realität oder ob es vielmehr noch eine Suche nach funktionierenden Verbindungen ist (Evers 2016, S. 110; Roth 2011, 2016, S. 120).

4.3.1 Verfahren der Beteiligung

Leuchtet man den Zusammenhang von Bürgerengagement und Partizipation vor einem demokratiepolitischen Hintergrund aus, dann gibt es eine Aufteilung in zwei Stränge zur Beteiligung. Als erstes rücken die formellen rechtlich verankerten direktdemokratischen Verfahren ins Blickfeld. Dazu gehören in Deutschland auf der Ebene der Bundesländer Verfahren des Volksbegehrens und des Volksentscheids. Auf der kommunalen Ebene heißen sie Bürgerbegehren und Bürgerentscheid. Hier können Bürger*innen direkt über politische Fragen in ihrer Gemeinde entscheiden, wenn sie genügend Unterschriften für ein Bürgerbegehren sammeln und einen Bürgerentscheid in ihrer Gemeinde herbeiführen (Initiative Allianz für Beteiligung 2016, S. 6).

Die informellen und zugleich dialogorientierten Verfahren, die es im Unterschied zu den formellen Verfahren ebenfalls gibt, gehören in die Dimension der deliberativen Demokratie. Sie beschreibt eine auf den Austausch von Argumenten angelegte Form der Entscheidungsfindung unter Gleichberechtigten. Das bessere Argument und nicht die Mehrheitsabstimmung soll die Entscheidungen prägen und so zu besseren Entschlüssen führen, weil im Idealfall alle Argumente gegeneinander abgewogen werden und eine Einigung auf die ‚beste' Lösung möglich ist (Benighaus et al. 2016, S. 66–67). Das Konzept der deliberativen Demokratie basiert u. a. auf der Diskurstheorie des Sozialphilosophen Jürgen Habermas (1981) und seiner *Theorie des kommunikativen Handelns*". Die Beratungen auf dem Weg zur Entscheidungsfindung sollen geprägt sein durch Austausch von Argumenten, Inklusion und Öffentlichkeit. Die (politische) Mitwirkung soll im Unterschied zur repräsentativen Demokratie partizipatorisch erfolgen. Das heißt, jeder, der ein Argument hervorbringen möchte, soll einbezogen sein. Beispiele dafür sind Runde Tische, Bürgerforen, Planungszellen. Sie lassen einen hierarchiefreien Dialog aller Beteiligten zu.

In diesem Rahmen stehen folgerichtig die informellen Verfahren der Bürgerbeteiligung bzw. Partizipation. Dafür gibt es eine Bandbreite von Gestaltungsmöglichkeiten, um den Dialog mit den Betroffenen bzw. Bürger*innen sowie deren Mitwirkung anzuregen und zu organisieren. Diese Verfahren sind zwar nicht gesetzlich vorgeschrieben und geregelt, haben aber durchaus je nach Verfahren einen „formalen", das heißt strukturierten Ablauf (Beninghaus et al. 2016, S. 47). Beispiele für solche Verfahren sind Bürgerkomitee, Gruppendelphi, Runde Tische, Expertentische, Fokusgruppen, Open Spaces, World Cafés, Zukunftswerkstätten, Online-Werkstätten (Beninghaus et al. 2016, S. 54).

Diese Beispiele der Beteiligung, wie sie in der repräsentativen Demokratie auf Bundes-, Landes- und kommunaler Ebene möglich sind, haben unterschiedliche Grade der Einbindung von Bürger*innen in Planungs-, Gestaltungs- und Entscheidungsprozesse. Um die Tragweite einschätzen zu können und um die graduellen Unterschiede einordnen zu können, hilft das Modell der Partizipationspyramide. Auf Grundlage dieses Modells sind sieben Beteiligungsstufen zu unterscheiden. Auf der ersten Stufe geht es um Informationen über anstehende Entscheidungen, auf der zweiten Stufe können Menschen ihre Meinung zur Thematik äußern und auf der dritten Stufe werden sie zu einer Stellungnahme aufgefordert. Doch auf keiner dieser Stufen haben die Gefragten die Gewähr, dass ihre Meinung oder die erarbeiteten Ergebnisse in Beteiligungsverfahren eine Auswirkung auf die Entscheidung haben. Es sind quasi Vorstufen der Partizipation. Die Beteiligung im engeren Sinne beginnt auf Stufe vier. Hier treffen Fachkräfte die Entscheidung nicht allein, sondern beziehen die Bürger*innen ein, um gemeinsam mit ihnen zu entscheiden. Auf der fünften Stufe werden Bereiche festgelegt, über die die Beteiligten entscheiden können. Auf Stufe sechs können zentrale Entscheidungen durch die Bürgerschaft bzw. durch die Engagierten in Einrichtungen eigenständig getroffen werden und werden dabei von Fachkräften unterstützt und begleitet. Auf Stufe sieben findet

4.3 Im Zeichen der Zeit: Partizipation und Freiwilligenmanagement

Partizipation als zivilgesellschaftliche Eigenaktivität statt und liegt allein in bürgerschaftlicher Verantwortung (Straßburger und Rieger 2014, S. 230–231). Zurückzuführen ist die Stufenleiter der Beteiligung auf Sherry Arnstein, die 1969 die Beteiligung in den Stufen „Citizen Power und Alibi-Politik" beschrieben hat (Straßburger und Rieger 2014, S. 55). Die Herausforderung liegt u. a. darin, welche Stufe unter welchen Rahmenbedingungen praktikabel ist und am besten passt. Und ob und in welchem Umfang die beteiligten Fachkräfte, die Verwaltung und die gewählten Politiker*innen bereit sind, ihre Macht zu teilen. Solange nicht sicher ist, dass die Meinung der Beteiligten auch tatsächlich in den Entscheidungsprozess einfließt, besteht die Gefahr einer Scheinpartizipation. Diese Formen der dialogischen Beteiligungsverfahren, die von der Bevölkerung nach einer Studie der Bertelsmann Stiftung (2014) in hohem Maße gewünscht wird, treten neben die etablierten Verfahrens- und Handlungsformen der repräsentativen Demokratie und neben den Gemeinde- oder Stadtrat mit seinen Ausschüssen, die Bürgermeister*in sowie die Verwaltungen. Im besten Fall erwächst daraus ein Konsens zwischen Repräsentanten (die gewählten Politiker*innen) der vorherrschenden repräsentativen Demokratie und den von ihnen Repräsentierten, also den Bürger*innen darüber, dass dialogische Beteiligungsformen „eine kluge, eine praktikable und mit den gegenwärtigen Anforderungen vereinbare Form der Repräsentanz der politischen Gesellschaft als Ganzes darstellen" (Lietzmann 2016, S. 43).

Das gilt im politischen Raum ebenso wie im sozialen Raum. Fokussiert man das Konzept der Partizipation im Kontext der Sozialen Arbeit bzw. der Sozialwirtschaft, dann gilt es, den zentralen Auftrag sozialer Berufe, das Empowerment, mit der Beteiligung zu verknüpfen. Straßburger und Rieger haben diese Perspektive von Beteiligung und Sozialer Arbeit fundiert gefasst:

> „Sie treten dafür ein, dass jeder Mensch am gesellschaftlichen Leben teilhaben und sich mit seiner individuellen Art in soziale und politische Prozesse einbringen kann, die ihn selbst und sein Umfeld betreffen.[…] Daher ist eine entscheidende Aufgabe sozialer Berufe, Menschen zu befähigen, aktiv an sozialen, gesellschaftlichen und politischen Prozessen teilzunehmen." (Straßburger und Rieger 2014, S. 231)

Das Leitbild der partizipatorischen Demokratietheorien ist es, alle gesellschaftlichen Prozesse und Institutionen mit demokratischer Kommunikation zu durchdringen. Das ist möglich, weil Demokratie als „Gesellschaftsform" betrachtet und nicht nur als Staatsform gesehen wird. Sie ist das bestimmende Element unseres gesellschaftlichen Zusammenlebens. Das heißt, je umfassender Bürger*innen auf allen Ebenen in Steuerungsprozesse eingebunden sind, desto legitimer erscheint das politische System (Wurtzbacher 2014, S. 101). Dabei bezieht sich die aktive Teilhabe nicht ausschließlich auf politische Themen, sondern auf alle gesellschaftlichen Bereiche. Etwa auf den Arbeitsplatz, auf den sozialen Dienstleitungssektor in Wohlfahrtsverbänden, auf das System der medizinischen Versorgung. In allen Bereichen können sich Bürger*innen einbringen, mitmischen und mitgestalten. Es ist die Ausgangsbasis für das Verständnis, dass ein politisches System dann gut ist, wenn möglichst viele Bürger*innen an Entscheidungsprozessen teilhaben.

4.3.2 Partizipation und Soziale Arbeit

Bezieht man Partizipation wieder enger auf die Arbeitsfelder der Sozialen Arbeit, wo Fachkräfte der Sozialen Arbeit mit Engagierten in Beteiligungsformen zusammenwirken, dann lassen sich exemplarisch Kinder- und Jugendparlamente, Jugendverbandsarbeit und die Arbeit mit Senioren- und Behindertenbeiräten benennen. In Handlungsfeldern mit Kindern und Jugendlichen haben die Mitarbeiterinnen und Mitarbeiter der Sozialen Arbeit einerseits fachliche Aufträge, andererseits haben sie es mit engagierten Kindern und Jugendlichen zu tun, die sich für Themen und Anliegen einsetzen, die sich einmischen, aktiv sind und dabei spezifische Interessenlagen sichtbar machen. Kinder und Jugendliche werden begleitet, um ihre Anliegen in der Gesellschaft mitzugestalten. Sie brauchen dabei jedoch die Unterstützung der Fachkräfte, weil sie unter Umständen noch nicht genügend Kompetenzen erlangt haben, um ohne Unterstützung kritische Punkte durchzusetzen.

Um Beteiligung zu ermöglichen, geht es auch in der Arbeit mit Behinderten- oder Seniorenbeiräten. Ein Ziel in diesem Kontext ist, die politische und gesellschaftliche Teilhabe für die Klienten mithilfe der Fachkräfte der Sozialen Arbeit zu verbessern (Zängl 2013, S. 874). Das ist die Sicht aus der Perspektive der Klient*innen.

Aus der Perspektive der Engagierten in den Handlungsfeldern der Sozialen Arbeit gilt das Postulat der Beteiligung ebenfalls. Hier ist es ein Instrument des Freiwilligenmanagements. Durch Partizipation, also Mitentscheidung, gelingt es, neue Engagierte anzusprechen, ihre Anliegen oder ihre Projektideen aufzugreifen, sie passgenau in Aufgabenbereiche einzubinden, sie in einem Engagement zu halten und Kontinuität zu schaffen, sie in Themen und Prozessen zu begleiten oder zu fördern. Es geht darum, Partizipation als Grundlage der Arbeit von Hauptamtlichen Fachkräften mit ehrenamtlichen Engagierten zu machen und zu realisieren, was die baden-württembergische Staatsrätin für Zivilgesellschaft und Bürgerbeteiligung, Gisela Erler, den „Sprung vom Helfen zum Mitentscheiden" (Erler 2013, S. 43) nennt.

Literaturempfehlungen

Überblick zum Thema der kommunalen Anlaufstellen und deren Aufgabe der Förderung von bürgerschaftlichem Engagement.

Glaser, U. (2012a). Engagementförderung und Freiwilligenmanagement im kommunalen Aufgabenfeld. In D. Rosenkranz & A. Weber (Hrsg.), *Freiwilligenarbeit. Einführung in das Management von Ehrenamtlichen in der Sozialen Arbeit* (2. Aufl., S. 191–213). Weinheim: Beltz Juventa.

Lübking, U. (2011a). Einführung: Die Notwendigkeit kommunaler Engagementförderung. In A. Klein, P. Fuchs, & A. Flohé (Hrsg.), *Handbuch Kommunale Engagementförderung im sozialen Bereich* (S. 11–26). Berlin: Eigenverlag des Deutschen Vereins für öffentliche und private Fürsorge e. V.

Zur Vertiefung ins Thema Freiwilligenmanagements

Priller, E. (2016a). Zivilgesellschaftliches Engagement. Eine Aufgabe für jede Nonprofit-Organisation und die Gesellschaft. In A. Zimmer & T. Hallmann (Hrsg.), *Nonprofit-Organisationen vor neuen Herausforderungen* (S. 161–173). Wiesbaden: Springer VS.

Reifenhäuser, C., Hoffmann, S. G., & Kegel, T. (2017a). *Freiwilligen-Management*. Regensburg: Walhalla.

Für Überblick und Einführung ins Themenfeld der Partizipation

Benighaus, Ch., Wachinger, G., & Renn, O. (Hrsg.). (2016). *Bürgerbeteiligung. Konzepte und Lösungswege für die Praxis*. Frankfurt am Main: Wolfgang Metzner.

Zur Auseinandersetzung von Bürgerengagement versus Bürgerbeteiligung

Erler, G. (2013a). Bürgerbeteiligung – der Sprung vom Helfen zum Mitentscheiden. In A. Klein, R. Sprengel, & J. Neuling (Hrsg.), *Jahrbuch Engagementpolitik 2013 Staat und Zivilgesellschaft* (S. 43–48). Schwalbach/Ts.: Wochenschau Verlag.

Straßburger, G., & Rieger, J. (2014). Partizipation kompakt – Komplexe Zusammenhänge auf den Punkt gebracht. In G. Straßburger & J. Rieger (Hrsg.), *Partizipation kompakt. Für Studium, Lehre und Praxis sozialer Berufe* (S. 230–239). Weinheim, Basel: Beltz Juventa.

Weitere Informationen

Anregungen zu Methoden der Bürgerbeteiligung und deren praxisnahe Umsetzung gibt das Heft mit dem Titel *(Neu)Land gestalten! Methoden und Praxisbeispiele für Bürgerbeteiligung in kleinen Städten und Gemeinden*, herausgegeben von der Allianz für Beteiligung 2016. Die Homepage der Allianz für Beteiligung ist ebenfalls eine gute Quelle zum Einstieg, zur Vertiefung und als Anknüpfungspunkt für eine Vernetzung: www.allianz-fuer-beteiligung.de.

Literatur

Backhaus-Maul, H., Speck, K., Hörnlein, M., & Krohn, M. (Hrsg.). (2015). *Engagement in der Wohlfahrtspflege. Empirische Befunde aus der Terra incognita eines Spitzenverbandes*. Wiesbaden: Springer VS.

Behringer, J. (2016). Sich in die eigenen Angelegenheiten einmischen. Das politische Potential freiwilligen Engagements. In A. Klein, R. Sprengel, & J. Neuling (Hrsg.), *Jahrbuch Engagementpolitik 2016. Engagement und Partizipation* (S. 99–109). Schwalbach/Ts.: Wochenschau Verlag.

Benighaus, Ch., Wachinger, G., & Renn, O. (Hrsg.). (2016). *Bürgerbeteiligung. Konzepte und Lösungswege für die Praxis*. Frankfurt a. M.: Wolfgang Metzner.

Stiftung, B. (2014). *Partizipation im Wandel – Unsere Demokratie zwischen Wählen, Mitmachen und Mitentscheiden*. Gütersloh: Bertelsmann Stiftung.

Biedermann, C. (2012). Freiwilligen-Management: Die Zusammenarbeit mit Freiwilligen organisieren. In D. Rosenkranz & A. Weber (Hrsg.), *Freiwilligenarbeit Einführung in das Management von Ehrenamtlichen in der Sozialen Arbeit* (2. akt., S. 57–66). Weinheim: Beltz Juventa.

Bubolz-Lutz, E., & Mörchen, A. (Hrsg.). (2013). *Zukunftsfaktor Bürgerengagement. Entwicklungswerkstatt für kommunale Engagementstrategien. Impulse – Konzepte – Ergebnisse*. Witten: FoGera. https://www.engagiert-in-nrw.de/sites/default/files/asset/document/zukunftsfaktor_be_publikation_web.pdf. Zugegriffen: 18. Mai 2020.

Deutscher Bundestag. (2002). *Bericht der Enquete-Kommission „Zukunft des Bürgerschaftlichen Engagements". Bürgerschaftliches Engagement: auf dem Weg in eine zukunftsfähige Bürgergesellschaft*. Drucksache 14/8900. https://dipbt.bundestag.de/doc/btd/14/089/1408900.pdf. Zugegriffen: 7. Dez. 2015.

Erler, G. (2013b). Bürgerbeteiligung – der Sprung vom Helfen zum Mitentscheiden. In A. Klein, R. Sprengel, & J. Neuling (Hrsg.), *Jahrbuch Engagementpolitik 2013. Staat und Zivilgesellschaft* (S. 43–48). Schwalbach/Ts.: Wochenschau Verlag.

Ebert, O., & Speck, K. (2011). Freiwilligenagenturen. In Th. Olk & B. Hartnuß (Hrsg.), *Handbuch Bürgerschaftliches Engagement* (S. 553–566). Weinheim: Beltz Juventa.

Evers, A. (2016). Freiwilliges Engagement und Partizipation. Auf der Suche nach Verbindungen. In A. Klein, R. Sprengel, & J. Neuling (Hrsg.), *Jahrbuch Engagementpolitik 2016. Engagement und Partizipation* (S. 110–117). Schwalbach/Ts.: Wochenschau Verlag.

Glaser, U. (2012b). Engagementförderung und Freiwilligenmanagement im kommunalen Aufgabenfeld. In D. Rosenkranz & A. Weber (Hrsg.), *Freiwilligenarbeit. Einführung in das Management von Ehrenamtlichen in der Sozialen Arbeit* (2. akt., S. 191–213). Weinheim: Beltz Juventa.

Gerzer-Sass, A. (2011). Mehrgenerationenhäuser. In T. Olk & B. Hartnuß (Hrsg.), *Handbuch Bürgerschaftliches Engagement* (S. 567–576). Weinheim: Beltz Juventa.

Habermas, J. (1981). *Theorie des kommunikativen Handelns* (Bd. 2). Frankfurt a. M.: Suhrkamp.

Hartnuß, B. (2018). *Bürgerschaftliches Engagement und Soziale Arbeit. Ein Studienbuch für die Praxis*. Bremen: Apollon University Press.

Hinn, G. (2011). Seniorenbüros. In Th. Olk & B. Hartnuß (Hrsg.), *Handbuch Bürgerschaftliches Engagement* (S. 541–552). Weinheim: Beltz Juventa.

Initiative Allianz für Beteiligung e.V. (Hrsg.) (2016). (Neu)Land gestalten! Methoden und Praxisbeispiele für Bürgerbeteiligung in kleinen Städten und Gemeinden.

Kegel, T. (2017). Sozialmanagement und Freiwilligen-Management – eine sinnvolle Ergänzung. In C. Reifenhäuser, S. G. Hoffmann, & T. Kegel (Hrsg.), *Freiwilligen-Management* (S. 53–82). Regensburg: Walhalla.

Klein, A. (2011). Der Begriff „Bürgerschaftliches Engagement". In A. Klein, P. Fuchs, & A. Flohé (Hrsg.), *Handbuch Kommunale Engagementförderung im sozialen Bereich* (S. 36–39). Berlin: Eigenverlag des Deutschen Vereins für öffentliche und private Fürsorge e. V.

Klein, A., Sprengel, R., & Neuling, J. (Hrsg.). (2016). *Jahrbuch Engagementpolitik 2016. Engagement und Partizipation*. Schwalbach/Ts.: Wochenschau Verlag.

Krell, W. (2012). Freiwilligen-Agenturen – Entwicklungsagenturen für bürgerschaftliches Engagement. In D. Rosenkranz & A. Weber (Hrsg.), *Freiwilligenarbeit. Einführung in das Management von Ehrenamtlichen in der Sozialen Arbeit* (2. akt., S. 78–89). Weinheim: Beltz Juventa.

Lietzmann, H. J. (2016). Die Demokratisierung der Repräsentation. Dialogische Politik als neue Form der repräsentativen Demokratie. In M. Glaab (Hrsg.), *Politik mit Bürgern – Politik von Bürgern. Praxis und Perspektiven einer neuen Beteiligungskultur* (S. 41–57). Wiesbaden: Springer.

Lübking, U. (2011b). Einführung: Die Notwendigkeit kommunaler Engagementförderung. In A. Klein, P. Fuchs, & A. Flohé (Hrsg.), *Handbuch Kommunale Engagementförderung im sozialen Bereich* (S. 11–26). Berlin: Eigenverlag des Deutschen Vereins für öffentliche und private Fürsorge e. V.

Merchel, J. (2013). Freie Wohlfahrtspflege. In K. Grunwald, G. Horcher, & B. Maelicke (Hrsg.), *Lexikon der Sozialwirtschaft* (2. Aufl., S. 364–368). Baden-Baden: Nomos.

Oschmiansky, F. (2010). *Neues Steuerungsmodell und Verwaltungsmodernisierung*. https://www.bpb.de/politik/innenpolitik/arbeitsmarktpolitik/55048/steuerung-modernisierung. Zugegriffen: 16. Aug. 2019.

Priller, E. (2016b). Zivilgesellschaftliches Engagement. Eine Aufgabe für jede Nonprofit-Organisation und die Gesellschaft. In A. Zimmer & T. Hallmann (Hrsg.), *Nonprofit-Organisationen vor neuen Herausforderungen* (S. 161–173). Wiesbaden: Springer VS.

Reifenhäuser, C., Hoffmann, S. G., & Kegel, T. (2017b). *Freiwilligen-Management*. Regensburg: Walhalla.

Röbke, T. (2012). Freiwilligenmanagement zwischen Engagementpolitik und Praxis vor Ort. In D. Rosenkranz & A. Weber (Hrsg.), *Freiwilligenarbeit. Einführung in das Management von Ehrenamtlichen in der Sozialen Arbeit* (2. akt., S. 15–27). Weinheim: Beltz Juventa.

Rosenkranz, D., & Weber, A. (2012). Freiwilligenarbeit in der Sozialen Arbeit zwischen Tradition, ‚Homöopathie' und Zukunftsaufgabe. In D. Rosenkranz & A. Weber (Hrsg.), *Freiwilligenarbeit. Einführung in das Management von Ehrenamtlichen in der Sozialen Arbeit* (2. akt., S. 11–14). Weinheim: Beltz Juventa.

Rosenkranz, D., & Görtler, E. (2012). Woher kommen künftig die Freiwilligen? Die Notwendigkeit einer gezielten Engagementplanung in der Wohlfahrtspflege. In D. Rosenkranz & A. Weber (Hrsg.), *Freiwilligenarbeit. Einführung in das Management von Ehrenamtlichen in der Sozialen Arbeit* (2. akt., S. 46–56). Weinheim: Beltz Juventa.

Roß, P.-S. (2013). Bürgerschaftliches Engagement. In K. Grunwald, G. Horcher, & B. Maelicke (Hrsg.), *Lexikon der Sozialwirtschaft* (2. akt., S. 179–184). Baden-Baden: Nomos.

Roth, R. (2011). Partizipation. In Th. Olk & B. Hartnuß (Hrsg.), *Handbuch Bürgerschaftliches Engagement* (S. 77–88). Weinheim: Beltz Juventa.

Roth, R. (2016). Entpolitisiertes bürgerschaftliches Engagement? Thesen zum Auseinanderdriften von freiwilligem Engagement und politischer Beteiligung. In A. Klein, R. Sprengel, & J. Neuling (Hrsg.), *Jahrbuch Engagementpolitik 2016. Engagement und Partizipation* (S. 118–130). Schwalbach/Ts.: Wochenschau Verlag.

Schaaf-Derichs, C. (2011). Qualifizierung für hauptamtliche und freiwillige Akteure im bürgerschaftlichen Engagement. In A. Klein, P. Fuchs, & A. Flohé (Hrsg.), *Handbuch Kommunale Engagementförderung im sozialen Bereich* (S. 312–323). Berlin: Eigenverlag des Deutschen Vereins für öffentliche und private Fürsorge e. V.

Straßburger, G., & Rieger, J. (2014). Partizipation kompakt – Komplexe Zusammenhänge auf den Punkt gebracht. In G. Straßburger & J. Rieger (Hrsg.), *Partizipation kompakt. Für Studium, Lehre und Praxis sozialer Berufe* (S. 230–239). Weinheim: Beltz Juventa.

Tabatt-Hischfeldt, A. (2018). *Öffentliche Steuerung und Gestaltung der kommunalen Sozialverwaltung im Wandel. Eine Einführung*. Wiesbaden: Springer.

Vandamme, R. (2011). Bürgerorientierung in der Kommunalverwaltung: Ansätze und Perspektiven. In A. Klein, P. Fuchs, & A. Flohé (Hrsg.), *Handbuch Kommunale Engagementförderung im sozialen Bereich* (S. 258–269). Berlin: Eigenverlag des Deutschen Vereins für öffentliche und private Fürsorge e. V.

Vandamme, R. (2013). Anstelle eines Abschiedsbriefes: Beobachtungen zur Zukunft der Kommunalen Anlaufstellen für Bürgerschaftliches Engagement. In Städtetag Baden-Württemberg (Hrsg.), *Kommunale Anlaufstellen für Bürgerschaftliches Engagement. Fakten. Instrumente. Innenansichten* (S. 116–125). Stuttgart. https://www.staedtetag-bw.de/media/custom/2295_76_1.PDF?1369827710. Zugegriffen: 13. Mai 2020.

Ebert, O., & Speck, K. (2011). Freiwilligenagenturen. In Th. Olk & B. Hartnuß (Hrsg.), *Handbuch Bürgerschaftliches Engagement* (S. 553–566). Weinheim: Beltz Juventa.

Evers, A. (2016). Freiwilliges Engagement und Partizipation. Auf der Suche nach Verbindungen. In A. Klein, R. Sprengel, & J. Neuling (Hrsg.), *Jahrbuch Engagementpolitik 2016. Engagement und Partizipation* (S. 110–117). Schwalbach/Ts.: Wochenschau Verlag.

Glaser, U. (2012b). Engagementförderung und Freiwilligenmanagement im kommunalen Aufgabenfeld. In D. Rosenkranz & A. Weber (Hrsg.), *Freiwilligenarbeit. Einführung in das Management von Ehrenamtlichen in der Sozialen Arbeit* (2. akt., S. 191–213). Weinheim: Beltz Juventa.

Gerzer-Sass, A. (2011). Mehrgenerationenhäuser. In T. Olk & B. Hartnuß (Hrsg.), *Handbuch Bürgerschaftliches Engagement* (S. 567–576). Weinheim: Beltz Juventa.

Habermas, J. (1981). *Theorie des kommunikativen Handelns* (Bd. 2). Frankfurt a. M.: Suhrkamp.

Hartnuß, B. (2018). *Bürgerschaftliches Engagement und Soziale Arbeit. Ein Studienbuch für die Praxis*. Bremen: Apollon University Press.

Hinn, G. (2011). Seniorenbüros. In Th. Olk & B. Hartnuß (Hrsg.), *Handbuch Bürgerschaftliches Engagement* (S. 541–552). Weinheim: Beltz Juventa.

Initiative Allianz für Beteiligung e.V. (Hrsg.) (2016). (Neu)Land gestalten! Methoden und Praxisbeispiele für Bürgerbeteiligung in kleinen Städten und Gemeinden.

Kegel, T. (2017). Sozialmanagement und Freiwilligen-Management – eine sinnvolle Ergänzung. In C. Reifenhäuser, S. G. Hoffmann, & T. Kegel (Hrsg.), *Freiwilligen-Management* (S. 53–82). Regensburg: Walhalla.

Klein, A. (2011). Der Begriff „Bürgerschaftliches Engagement". In A. Klein, P. Fuchs, & A. Flohé (Hrsg.), *Handbuch Kommunale Engagementförderung im sozialen Bereich* (S. 36–39). Berlin: Eigenverlag des Deutschen Vereins für öffentliche und private Fürsorge e. V.

Klein, A., Sprengel, R., & Neuling, J. (Hrsg.). (2016). *Jahrbuch Engagementpolitik 2016. Engagement und Partizipation*. Schwalbach/Ts.: Wochenschau Verlag.

Krell, W. (2012). Freiwilligen-Agenturen – Entwicklungsagenturen für bürgerschaftliches Engagement. In D. Rosenkranz & A. Weber (Hrsg.), *Freiwilligenarbeit. Einführung in das Management von Ehrenamtlichen in der Sozialen Arbeit* (2. akt., S. 78–89). Weinheim: Beltz Juventa.

Lietzmann, H. J. (2016). Die Demokratisierung der Repräsentation. Dialogische Politik als neue Form der repräsentativen Demokratie. In M. Glaab (Hrsg.), *Politik mit Bürgern – Politik von Bürgern. Praxis und Perspektiven einer neuen Beteiligungskultur* (S. 41–57). Wiesbaden: Springer.

Lübking, U. (2011b). Einführung: Die Notwendigkeit kommunaler Engagementförderung. In A. Klein, P. Fuchs, & A. Flohé (Hrsg.), *Handbuch Kommunale Engagementförderung im sozialen Bereich* (S. 11–26). Berlin: Eigenverlag des Deutschen Vereins für öffentliche und private Fürsorge e. V.

Merchel, J. (2013). Freie Wohlfahrtspflege. In K. Grunwald, G. Horcher, & B. Maelicke (Hrsg.), *Lexikon der Sozialwirtschaft* (2. Aufl., S. 364–368). Baden-Baden: Nomos.

Oschmiansky, F. (2010). *Neues Steuerungsmodell und Verwaltungsmodernisierung*. https://www.bpb.de/politik/innenpolitik/arbeitsmarktpolitik/55048/steuerung-modernisierung. Zugegriffen: 16. Aug. 2019.

Priller, E. (2016b). Zivilgesellschaftliches Engagement. Eine Aufgabe für jede Nonprofit-Organisation und die Gesellschaft. In A. Zimmer & T. Hallmann (Hrsg.), *Nonprofit-Organisationen vor neuen Herausforderungen* (S. 161–173). Wiesbaden: Springer VS.

Reifenhäuser, C., Hoffmann, S. G., & Kegel, T. (2017b). *Freiwilligen-Management*. Regensburg: Walhalla.

Röbke, T. (2012). Freiwilligenmanagement zwischen Engagementpolitik und Praxis vor Ort. In D. Rosenkranz & A. Weber (Hrsg.), *Freiwilligenarbeit. Einführung in das Management von Ehrenamtlichen in der Sozialen Arbeit* (2. akt., S. 15–27). Weinheim: Beltz Juventa.

Rosenkranz, D., & Weber, A. (2012). Freiwilligenarbeit in der Sozialen Arbeit zwischen Tradition, ‚Homöopathie' und Zukunftsaufgabe. In D. Rosenkranz & A. Weber (Hrsg.), *Freiwilligenarbeit. Einführung in das Management von Ehrenamtlichen in der Sozialen Arbeit* (2. akt., S. 11–14). Weinheim: Beltz Juventa.

Rosenkranz, D., & Görtler, E. (2012). Woher kommen künftig die Freiwilligen? Die Notwendigkeit einer gezielten Engagementplanung in der Wohlfahrtspflege. In D. Rosenkranz & A. Weber (Hrsg.), *Freiwilligenarbeit. Einführung in das Management von Ehrenamtlichen in der Sozialen Arbeit* (2. akt., S. 46–56). Weinheim: Beltz Juventa.

Roß, P.-S. (2013). Bürgerschaftliches Engagement. In K. Grunwald, G. Horcher, & B. Maelicke (Hrsg.), *Lexikon der Sozialwirtschaft* (2. akt., S. 179–184). Baden-Baden: Nomos.

Roth, R. (2011). Partizipation. In Th. Olk & B. Hartnuß (Hrsg.), *Handbuch Bürgerschaftliches Engagement* (S. 77–88). Weinheim: Beltz Juventa.

Roth, R. (2016). Entpolitisiertes bürgerschaftliches Engagement? Thesen zum Auseinanderdriften von freiwilligem Engagement und politischer Beteiligung. In A. Klein, R. Sprengel, & J. Neuling (Hrsg.), *Jahrbuch Engagementpolitik 2016. Engagement und Partizipation* (S. 118–130). Schwalbach/Ts.: Wochenschau Verlag.

Schaaf-Derichs, C. (2011). Qualifizierung für hauptamtliche und freiwillige Akteure im bürgerschaftlichen Engagement. In A. Klein, P. Fuchs, & A. Flohé (Hrsg.), *Handbuch Kommunale Engagementförderung im sozialen Bereich* (S. 312–323). Berlin: Eigenverlag des Deutschen Vereins für öffentliche und private Fürsorge e. V.

Straßburger, G., & Rieger, J. (2014). Partizipation kompakt – Komplexe Zusammenhänge auf den Punkt gebracht. In G. Straßburger & J. Rieger (Hrsg.), *Partizipation kompakt. Für Studium, Lehre und Praxis sozialer Berufe* (S. 230–239). Weinheim: Beltz Juventa.

Tabatt-Hischfeldt, A. (2018). *Öffentliche Steuerung und Gestaltung der kommunalen Sozialverwaltung im Wandel. Eine Einführung*. Wiesbaden: Springer.

Vandamme, R. (2011). Bürgerorientierung in der Kommunalverwaltung: Ansätze und Perspektiven. In A. Klein, P. Fuchs, & A. Flohé (Hrsg.), *Handbuch Kommunale Engagementförderung im sozialen Bereich* (S. 258–269). Berlin: Eigenverlag des Deutschen Vereins für öffentliche und private Fürsorge e. V.

Vandamme, R. (2013). Anstelle eines Abschiedsbriefes: Beobachtungen zur Zukunft der Kommunalen Anlaufstellen für Bürgerschaftliches Engagement. In Städtetag Baden-Württemberg (Hrsg.), *Kommunale Anlaufstellen für Bürgerschaftliches Engagement. Fakten. Instrumente. Innenansichten* (S. 116–125). Stuttgart. https://www.staedtetag-bw.de/media/custom/2295_76_1.PDF?1369827710. Zugegriffen: 13. Mai 2020.

Wurtzbacher, J. (2014). Politische Grundlagen von Partizipation: Leitbild und Beteiligungsformen. In G. Straßburger & J. Rieger (Hrsg.), *Partizipation kompakt. Für Studium, Lehre und Praxis sozialer Berufe* (S. 99–107). Weinheim: Beltz Juventa.

Zängl, P. (2013). Seniorenpolitik. In K. Grunwald, G. Horcher, & B. Maelicke (Hrsg.), *Lexikon der Sozialwirtschaft* (2. Aufl., S. 874–875). Baden-Baden: Nomos.

Zimmer, A., & Rauschenbach, Th. (2011). Bürgerschaftliches Engagement unter Druck? Eine Einleitung. In Th. Rauschenbach & A. Zimmer (Hrsg.), *Bürgerschaftliches Engagement unter Druck? Analysen und Befunde aus den Bereichen Soziales, Kultur und Sport* (S. 11–28). Opladen: Barbara Budrich.

Bedeutung und Wert von bürgerschaftlichem Engagement

5

Zusammenfassung

Im Folgenden sollen die Bedeutung und der Wert von bürgerschaftlichem Engagement betrachtet werden. Weitere Themen ordnen sich in dieses Kapitel ein und verschaffen einen thematischen und fachlichen Überblick. Es geht um die Qualifizierung von Engagierten, um die Monetarisierung und die dazugehörige Diskussion sowie um das freiwillige Engagement von Unternehmen. Lange Zeit wurde das Engagement von Zuwanderern nicht beachtet. Zwischenzeitlich, auch unter Berücksichtigung der Flüchtlingszuwanderung, ist es bemerkenswert präsent. In diese Reihe der Themenaspekte zum Engagement gehört auch die Überlegung, wo Engagement sich verortet. Es ist eine Auseinandersetzung im Zusammenspiel von Heimat und bürgerschaftlichem Engagement, denn Engagement findet lokal und dort statt, wo eine Person Verantwortung für sich und andere übernimmt.

Schlüsselwörter

Nutzenaspekte von bürgerschaftlichem Engagement · Konkurrenzverhältnis · Qualifizierung · Anerkennung · Monetarisierung · Bezahltes Ehrenamt und Engagement · Corporate Social Responsibility · Corporate Citizenship · Zuwanderung · Migrantenselbstorganisationen · Globalisierung · Heimat

Lernziele

Bürgerengagement ist eine wertvolle Ressource einerseits aus und anderseits für die Gesellschaft. Um den Aspekt von Wert und Bedeutung von Engagement geht es in diesem Kapitel. Er zeigt sich in ganz unterschiedlichen Feldern. In Unternehmen unter dem Stichwort von Corporate Social Responsibility, beim Thema der Bezahlung unter dem Stichwort Monetarisierung, beim Engagement von Zuwanderern oder in der Förderung von Engagement durch Qualifizierung und Anerkennung. Zudem wird bürgerschaftliches Engagement im Spannungsfeld von Globalisierung und lokalem Raum betrachtet, wo es im ambivalenten Begriff der Heimat seine Verankerung hat.

Die Überlegung, warum freiwilliges Engagement für die Gesellschaft, für Einrichtungen und für (Wohlfahrts-)Verbände unverzichtbar, sinnvoll und systematisch zu fördern ist, basiert auf folgenden Faktoren:

- Es stiftet Sinn für den einzelnen Freiwilligen und die Freiwilligen können in vielerlei Hinsicht Nutzen aus ihrem Engagement ziehen, wie etwa neue Kontakte knüpfen, Sinnerfahrung sowie Erweiterung der Kompetenzen und des Wissens.
- Es schafft soziales Kapital, denn Menschen, die sich engagieren, knüpfen selbst vielfältige Kontakte und initiieren Kontakte zwischen anderen Menschen. Solche vertrauensvollen Beziehungen stellen ein „Kapital" dar, von dem nicht nur der Einzelne profitiert, sondern die Gesellschaft insgesamt. Sie sind ein Mittel gegen Vereinsamung.
- Es führt zu einer höheren Qualität für die Adressaten des Engagements.
- Es hält die Demokratie lebendig. Eine Kommune, die Möglichkeiten schafft, dass sich die Bürger*innen aktiv einbringen und beteiligen können, ermöglicht Identifizierung und bietet ein Mittel gegen Politik- und Demokratieverdrossenheit (Roß 2014, S. 429–430).

Daraus bildet sich der Mehrwert, der durch die Engagierten hergestellt wird. Er kann auch als monetäre Größenordnung verdeutlicht werden. Anlässlich einer Diskussion im Deutschen Bundestag im März 2007 wurde dazu folgende Rechnung aufgemacht: Ehrenamtliche leisten durchschnittlich zwei Arbeitsstunden pro Woche. Dies sind bei 23 Mio. Engagierten rund 46 Mio. Arbeitsstunden pro Woche (Klein et al. 2010, S. 45). Der *Engagement-Atlas 2009*, eine Studie der Prognos AG, rechnet den wirtschaftlichen Wert bürgerschaftlichen Engagements aus und veröffentlicht die Zahl von ca. 4,6 Mrd. Stunden pro Jahr im Wert von rund 35 Mrd. Euro (Klein et al. 2010, S. 45). Im *Zweiten Engagementbericht* (2017) wird das Engagement zwar in erster Linie als gesellschaftliche Bindungskraft betrachtet, jedoch wird diesem Aktivposten ebenfalls eine volkswirtschaftlich nennenswerte Bedeutung zugeschrieben. 3,3 Mrd. Stunden verwenden Ehrenamtliche im Jahr 2012 jährlich auf ihr Engagement, was etwa fünf Prozent aller in Deutschland geleisteten Arbeitsstunden entspricht (BMFSJ 2017, S. 165). Bei der Frage nach den Ursachen für die Zunahme des Engagements sind eine Reihe von sozialen Entwicklungen ausschlaggebend:

- das Wachstum jener Gruppen, deren Mitglieder sich häufiger engagieren als andere (Gebildete, Berufstätige und rüstige Ruheständlerinnen und Ruheständler),
- die öffentliche Thematisierung des Engagements und die Ansprache jüngerer Menschen,
- die Zunahme von niedrigschwelligen Angeboten durch die Träger,
- die Bemühungen um Gleichstellung der Geschlechter, was den Frauen die Präsenz im öffentlichen Raum erleichtert,
- die Flexibilisierung der Arbeitszeiten und Arbeitsverhältnisse, die berufliche Hindernisse für ein Engagement verringert,
- der Wandel von Familien und Netzwerken (mehr Mobilität), der zum Teil zu einer Verlagerung von Unterstützungsleistungen aus den Familien in den Bereich des Engagements führt (BMFSJ 2017, S. 174).

Um diese Effekte erzielen zu können, müssen jedoch bestimmte Voraussetzungen geschaffen werden. Für eine soziale Einrichtung, will sie einen Nutzen erzielen, bedeutet die Einbeziehung von freiwillig Engagierten, dass die Freiwilligenarbeit systematisch und professionell geplant und organisiert wird sowie in eine strategische Engagementplanung (wie vertieft in Abschn. 4.2 dargelegt) eingeht (Rosenkranz und Görtler 2012, S. 46).

Werden die freiwillig Engagierten in die Dienstleistungserbringung der sozialen Einrichtung einbezogen (bestehend aus einem Mix von professioneller Tätigkeit und freiwilligem Engagement), dann bedeutet dies für die Klient*innen einen Mehrwert an Lebensqualität und gesellschaftlicher Teilhabe – was sich auch als qualitativer Mehrwert beschreiben lässt. Eine Reihe von generellen Nutzenaspekten lassen sich für die Organisationen und Klient*innen aufführen (Tab. 5.1).

Bei der Beschreibung der Engagementlandschaft aus der Perspektive des Nutzens muss der Eigensinn und die Freiheit des Engagements sowie das Potenzial zur politischen Einmischung herausgehoben werden, welches jenseits des sozialen Nutens hinsichtlich von Helfen und Pflegen liegt.

Tab. 5.1 Nutzenaspekte für Organisationen und Klienten. (Roß 2014, S. 436–437; eigene Darstellung)

Nutzenaspekte für die Organisation	Nutzenaspekte für die Adressaten und Klient*innen
Qualität der Dienstleistungen der Einrichtung wird durch Freiwillige verbessert	Mehr Angebote, breiteres Spektrum als ohne Engagierte
Angebotsvielfalt wird erweitert	Begegnungen von Mensch zu Mensch, eine Ergänzung zu den professionellen Beziehungen
Stärkere Verankerung im lokalen Sozialraum, ausgeprägtere Alltagseinbindung	Brücken in den lokalen Sozialraum, Kontakte in den Stadtteil, Gemeinde, Vereine, Betriebe und dadurch mehr Chance auf Teilhabe
Werbung für die Einrichtung, Imagepflege, mehr Akzeptanz durch die Engagierten	Politische und gesellschaftliche Lobbyarbeit durch die Engagierten für die Adressaten und für die Einrichtung aufgrund ihrer Autonomie und Unabhängigkeit
Engagierte bringen neue Ideen ein und sichern dadurch die Qualität	
Höhere Belegzahl bzw. Nachfrage, weil Freiwillige positives Image transportieren	
Unterstützung durch Fundraising-Aktivitäten oder Sponsoren, die von Freiwilligen erschlossen werden	

Die Botschaft der Enquete-Kommission ist damit weiterhin aktuell: das Engagement hat immer eine demokratische Dimension und kann nicht auf das individuelle Spenden von Zeit und Geld reduziert werden. Auf der Ebene der Individuen zeigt sich dies in Form von Verantwortungsübernahme, von Mit-Machen, Mit-Entscheiden und dem Einbringen von Zeit. Auf organisationaler Ebene zeigt sich dies durch Kooperationen und Partnerschaften, durch den systematischen Einbezug zivilgesellschaftlicher Handlungslogiken in die Leitbilder sowie der Öffnung von Organisationsstrukturen und Handlungsabläufen für zivilgesellschaftliche Beiträge (Klein et al. 2010, S. 26).

Bürgerschaftliches Engagement ist in all seinen Formen immer mit einem Anspruch verbunden, in (Entscheidungs-)Prozesse einbezogen zu sein. Das prägt den Eigensinn dieser freiwilligen Tätigkeit (Hollstein 2015, S. 30). Im Gegenzug erfordert das in den sozialen Organisationen und in den Kommunen Offenheit,

Ermöglichungsstrukturen und Bereitschaft, damit sowohl die Ressourcen als auch der Mehrwert durch das bürgerschaftliche Engagement zur Geltung kommen können.

5.1 Zwischen Konkurrenz und Mehrwert

Der Aspekt der Konkurrenz zwischen Hauptamtlichen und Engagierten ist teilweise in den Organisationen des Dritten Sektors durch die Angst und Sorge der hauptamtlichen Mitarbeiter um den Arbeitsplatz begründet. Es geht um die Frage, ob sie durch die Freiwilligen ersetzt werden. Der Druck, Kosten einzusparen, macht diese Sorge nicht unbegründet, auch wenn in aller Regel das Gegenteil betont wird. Aber freiwilliges Engagement ist nicht kostenlos und es benötigt – ganz im Gegenteil – hauptamtliches Personal und Infrastruktur, um gut zu funktionieren.

Dieses Spannungsfeld zwischen der Profession der Sozialen Arbeit und dem professionellen Handeln im Verhältnis zum Handeln des freiwillig Engagierten hat Gewicht, denn es geht hierbei um die Frage der beruflichen Identität der Sozialarbeiter*in in Abgrenzung zum Handeln der Engagierten (Steinbacher 2004, S. 119). Das ist in der historischen Perspektive begründet, die von der Entwicklung einer zunehmenden Professionalisierung geprägt und durch das Ringen um ein professionelles Selbstverständnis der Sozialen Arbeit charakterisiert ist, weg vom Ehrenamt hin zur Profession. Die fortschreitende Professionalisierung in der Sozialen Arbeit wird im Wohlfahrtsstaat am Ausbau der Zahl der Experten für Soziales gemessen. Dem läuft der gesellschaftspolitische Entwicklungsprozess zuwider, der die bürgerschaftlich Engagierten als Qualitätsmerkmal für die Zivilgesellschaft, für die Organisationen und für das soziale Zusammenleben herausstellt. Beide Aspekte tragen zur Erklärung der Vorbehalte der professionellen Kräfte in der Sozialen Arbeit gegenüber den freiwillig Engagierten bei.

Betrachtet man dieses Spannungsfeld der Konkurrenz vor dem Hintergrund des Paradigmenwechsels der Sozialen Arbeit (Röbke 2012, S. 20), werden allerdings Aspekte sichtbar, die diesen Befürchtungen zuwiderlaufen. Das liegt daran, dass sich die Methoden und Fragestellungen der Sozialen Arbeit verändert haben und in der Folge auch das Gefälle zwischen Adressaten und Erbringern von Hilfeleistungen. Heute wird eine Leistung im Zusammenspiel von Klient*innen und professionellem Hilfesystem erbracht. Mit den neueren Ansätzen der Inklusion spielt das soziale Umfeld bei der Hilfeerbringung eine wichtige Rolle ebenso wie sozialen Netze, die durch das bürgerschaftliche Engagement verstärkt werden. Das bürgerschaftliche Engagement bekommt eine tragende Rolle zugewiesen. Ressourcen aus dem bürgerschaftlichen Engagement werden in die Hilfeplanung (Wendt 2010, zit. in Röbke 2012, S. 20) einbezogen. Es entsteht ein Wohlfahrtsmix (Evers und Olk 1996, S. 10; Röbke 2012, S. 20) und die Verankerung im lokalen Sozialraum.

Jenseits dieser koproduktiv angelegten Zusammenarbeit bleiben Vorbehalte gegenüber den Freiwilligen, was Elke Steinbacher (2004) mit ihrer Untersuchung deutlich beschreibt. Sie führt die Abbau-, Privatisierungs- und Deregulierungsstrategien wohlfahrtsstaatlicher Leistungen an, in deren Folge die hauptamtlichen Fachkräfte reduziert werden. Zugleich verweist Steinbacher auf die politisch gewollte Förderung des bürgerschaftlichen Engagements, was die Befürchtungen der Fachkräfte in der Sozialen Arbeit eher verstärkt statt sie auszuräumen.

5.1.1 Konstruktive Rahmenbedingungen schaffen

Hilfreich und keineswegs ausgeräumt in dieser spannungsreichen Konstellation ist die Tatsache, dass Fachkräfte wie Engagierte bei ihrer Arbeit unterschiedliche Rahmungen haben, und dass es daraus folgende Unterschiede zwischen beruflichem und freiwilligem Handeln gibt. Engagement funktioniert nach anderen Grundsätzen, als sie in der hauptamtlichen Arbeit üblich sind. Es gibt keine Fünf-Tage-Woche, keine Präsenzpflicht und keine hierarchische Delegation, keine tariflich geregelte Bezahlung. Bemerken freiwillig Engagierte, dass sie als „Mittel" zur Kosteneinsparung genutzt werden und somit zugleich wichtige Prinzipien des ehrenamtlichen und bürgerschaftlichen Engagements verletzt werden, wird diese Nutzbarmachung nicht lange Bestand haben. Engagierte haben hier in aller Regel ein feines Gespür und große Reaktionsfreiheiten. Freiwilliges Engagement ist zudem nicht kostenlos, auch wenn es zunächst keinen Lohn im eigentlichen Sinne für diese freiwillige Tätigkeit gibt. Allerdings ist eine entsprechende Infrastruktur und die Berücksichtigung eines Managements des freiwilligen Engagements (siehe dazu auch Abschn. 4.2), wie Carola Reifenhäuser dezidiert herausgearbeitet hat, für eine erfolgreiche Zusammenarbeit mit Freiwilligen nötig (Reifenhäuser et al. 2017, S. 51). Im *Zweiten Engementbericht* über die Entwicklung des bürgerschaftlichen Engagements in der Bundesrepublik Deutschland vom Frühjahr 2017 wird in diesem Zusammenhang betont: Die Daseinsvorsorge liegt primär bei den Kommunen und die Bundesregierung unterstreicht, dass bürgerschaftliches Engagement die Aufgaben der staatlichen Daseinsvorsorge nicht ersetzen soll oder darf (BMFSJ 2017, S. 27).

In diesem Geflecht von operativer Ebene und der Bedeutung eines strategischen Freiwilligenmanagements, in dem Fragen der Organisationskultur und des Werteverständnisses thematisiert werden und mit den Methoden der Sozialen Arbeit verknüpft sind, sollte es nicht mehr um Befürchtungen gehen, ob die Freiwilligen den Hauptamtlichen die Arbeit streitig machen, sondern vielmehr darum, wie die Spannungen und Vorbehalte aus nicht offen gelegten oder falschen Erwartungen entstehen. Außerdem sind die Spannungen häufig von strukturellen und organisationalen Rahmenbedingungen hervorgerufen, und nicht darin begründet, das Freiwillige und Professionelle nicht unter geeigneten Bedingungen konstruktiv zusammenarbeiten können.

5.2 Wissen schafft Zukunft – Qualifizierung und Anerkennung

Das Engagement der Bürger*innen verändert sich im Zeitverlauf. Es wird individualistischer, pragmatischer und entspricht der These vom gesellschaftlichen Individualisierungsprozess (Beck 2015). Das bedeutet u. a., dass der moderne Engagierte nach dem persönlichen Sinn und Nutzen seines Einsatzes fragt. Er handelt seltener aus einer selbstverständlichen, gelebten Haltung und Gewohnheit heraus – und im Rückgriff auf das vorherige Kapitel überwiegend auch nicht aus monetären Anreizen. Dafür gibt es ein wachsendes Interesse an kurzfristigem, projektorientiertem Engagement und es wird deutlich der Anspruch nach individueller Weiterbildung formuliert.

Qualifizierungsangebote gelten daher als wesentliche Rahmenbedingung und zugleich ist sie für Engagierte eine wichtige Form der Anerkennung. In Anlehnung an die Qualifizierungsdefinition der ersten Enquete-Kommission wird unter Weiterbildung im Kontext des bürgerschaftlichen Engagements Folgendes verstanden:

> „Qualifizierung [meint] sowohl Maßnahmen der Einführung, Einarbeitung, Beratung und Begleitung von Freiwilligen als auch konkrete inhaltliche Angebote der Fort- und Weiterbildung. Andererseits richtet sich Qualifizierung auch an die Organisationen sowie die in ihnen tätigen hauptamtlichen Mitarbeiterinnen und Mitarbeiter." (Deutscher Bundestag 2002, S. 132)

Entsprechend empfiehlt die Kommission den Ausbau von Angeboten und Maßnahmen zur Qualifizierung. Mittlerweile gibt es zahlreiche Möglichkeiten und die Empfehlung ist großflächig umgesetzt. In diesem Kontext sollen ganz knapp die Freiwilligendienste (FSJ) angerissen werden. Sie sind wichtige Möglichkeiten, um bürgerschaftliches Engagement einzuüben und stellen sich gewissermaßen als Bildungsorte dar. Zugleich bieten sie vielfältige Möglichkeiten für die Teilnehmerinnen und Teilnehmer der Fortbildungen. Folgt man den Ergebnissen des Freiwilligensurveys, so zeigt sich bei den Motiven für ein Engagement, dass der Wunsch „Qualifikation erwerben" ein wichtiger Faktor für ein Engagement ausmacht, den 51,5 % der Befragten benennen. Dieser Wunsch nach Qualifikation steht neben den Motiven „Spaß haben", „mit anderen Menschen zusammenkommen" oder die Gesellschaft mitzugestalten und „mit anderen Generationen zusammenkommen" an herausragender Stelle (Helmer-Denzel und Weber 2016, S. 50).

Im Kontext von Weiterbildung und bürgerschaftlichem Engagement wurden im Bericht der Enquete-Kommission 2002 (Deutscher Bundestag 2002) unterschiedliche Diskurse benannt. Es geht zum einen um die Qualifizierung durch die Tätigkeit. Hierunter wird Qualifizierung verstanden, die keine formalen Rahmenbedingungen in der Form von organisierter Weiterbildung benötigt. In diesem Kontext ist Qualifikation nicht als organisierte Fort- bzw. Weiterbildung gemeint, sondern ist vielmehr eine Auswirkung von bürgerschaftlichem Engagement. „Durch das Tätig-sein in verschiedenen Feldern werden – ‚learning by doing' – (Schlüssel-)Qualifikationen wie soziale und kommunikative Kompetenzen, Teamarbeit etc. und konkretes fachliches Wissen und spezifische Fähigkeiten erworben" (Deutscher Bundestag 2002, S. 133). Die Möglichkeit, neue Themenfelder durch informelles Lernen zu nutzen, kann beispielsweise dann eingesetzt werden, wenn Unternehmen ihre Mitarbeiterinnen und Mitarbeiter als „Volunteers" (dieser Aspekt wurde bereits in Abschn. 2.5 vertieft bearbeitet) in verschiedene Tätigkeitsfelder des bürgerschaftlichen Engagements entsenden, um die Personen, bezogen auf andere Lebenswelten, zu schulen. Diese Art des informellen Lernens als Effekt des bürgerschaftlichen Engagements kann sich beispielsweise als beiläufiges interkulturelles Training für Zuwanderinnen und Zuwanderer ausbilden, die bürgerschaftlich engagiert sind, oder für das Erlernen von Schlüsselkompetenzen durch das Engagement in Jugend- und Freiwilligendiensten. In Bezug auf das informelle Lernen im Feld des bürgerschaftlichen Engagements zeigt sich (Brödel 2006), dass über die Hälfte der bürgerschaftlich Engagierten angeben, durch die Ausübung eines Ehrenamtes oder durch Freiwilligenarbeit informell Lernerfahrungen gewonnen zu haben.

Ein weiterer Diskurs erfasst das bürgerschaftliche Engagement als Bildungsfaktor:

5.2 Wissen schafft Zukunft – Qualifizierung und Anerkennung

„Bürgerschaftliches Engagement und zivilgesellschaftliche Kompetenzen werden in zunehmendem Maße in ihrer Bedeutung als Sozialisations- und Bildungsfaktoren erkannt. Qualifizierung ermöglicht dabei die Aneignung neuen Wissens, die Auseinandersetzung mit fremden Lebenswelten, die Erweiterung der eigenen Perspektiven und leitet Reflexionsprozesse über die eigenen Engagementerfahrungen ein." (Deutscher Bundestag 2002, S. 133)

Hier handelt es sich z. B. um organisierte Weiterbildungen für bürgerschaftlich Engagierte. Diese Weiterbildungen beinhalten inhaltliche Fachschulungen für Ehrenamtliche, aber auch Weiterbildungen, die begleitend zum Engagement, z. B. in Form von Coaching oder Supervision, erfolgen. In diesem Diskurs werden auch Weiterbildungen erfasst, die als Voraussetzung für ein bürgerschaftliches Engagement gelten (z. B. im Hospiz oder in der organisierten Familienhilfe). Die Diskussion in Bezug auf Weiterbildung wirft auch die Frage auf, ob Qualifizierungsmöglichkeiten ein Anreiz für den Einstieg in ein bürgerschaftliches Engagement sein können (Deutscher Bundestag 2002, S. 133). Außerdem wird die Dimension in den Blick genommen, dass Weiterbildung auch als Teil der Anerkennungskultur betrachtet werden kann:

„Qualifizierung ist eine wichtige Form der Anerkennung und Aufwertung bürgerschaftlichen Engagements, die direkt an das Bedürfnis nach Selbstentfaltung, Persönlichkeitsentwicklung und Mitgestaltung im Engagement anknüpft. Qualifizierung bietet die Möglichkeit, die Interessenlagen der Engagierten stärker in den Mittelpunkt der Anerkennung bürgerschaftlichen Engagements zu rücken, und ist insofern eine Chance, auf den Strukturwandel des Ehrenamts in angemessener Weise zu reagieren […]." (Deutscher Bundestag 2002, S. 134)

5.2.1 Weiterbildung in Baden-Württemberg

In einer aktuellen Studie in Baden-Württemberg zu den Rahmenbedingungen für die Qualifizierung von Engagierten und Fachkräften des bürgerschaftlichen Engagements, initiiert durch das Ministerium für Soziales und Integration Baden-Württemberg, zeigt sich, dass die inhaltliche Weiterbildung für bürgerschaftlich Engagierte nicht nur auf den formal vermittelten Lernstoff bezogen werden kann. Stattdessen ist die Weiterbildung eng mit dem Element der Anerkennung und Wertschätzung des Engagements verknüpft (Helmer-Denzel und Weber 2016).

Neben der großen Bedeutung der Weiterbildung, die von den Fachkräften für Bürgerengagement für sich selbst übergreifend über alle Einrichtungen formuliert wird, werden – unabhängig vom Arbeitsfeld – wiederkehrend Weiterbildungsthemen eingefordert. Darunter finden sich spezifische Weiterbildungswünsche, wie etwa die Rolle von Engagement in der Zivilgesellschaft, die politische Verankerung des Themas Bürgerengagement und Informationen zur Thematik der Freiwilligkeitsleistung in der Funktion als „Lückenbüßer". Weitere Themenfelder für die Weiterbildung sind das Freiwilligenmanagement (Planung und Organisation der Freiwilligenarbeit) sowie Werkzeug- und Methodenkenntnisse, wie z. B. Instrumente der Presse- und Öffentlichkeitsarbeit, Moderationsmethoden oder das Gestalten von Gremienarbeit.

Die lokale Weiterbildung der Engagierten wird von den Fachkräften für Bürgerengagement in den Koordinierungsstellen – abhängig von den Aktivitäten und der Haltung der Fachkraft – organisiert und der Stellenwert der Weiterbildung auch als Anerkennungsinstrument hoch eingeschätzt. Zugleich formulieren die Fachkräfte für Bürgerengagement, die in Koordinierungsstellen arbeiten, Anforderungen für ihre eigene Weiterbildung, aber auch für die Weiterbildung von Verwaltungsfachkräften in den jeweiligen Gemeinden und Kommunen.

5.3 Monetarisierung im Bürgerengagement

Dem Credo des Engagements „für mich – für uns – für andere" liegt eine Reihe von Motiven zugrunde. Engagement erfolgt nicht selbstlos oder nur für andere, sondern es kann auch um die Befriedigung persönlicher Bedürfnisse gehen. Die ganz unterschiedlichen Motive, die Menschen zu einem Engagement bewegen (Redmann 2015, S. 47) treten häufig überlappend auf – im Einzelnen sind das:

- Anerkennung,
- persönliche Beziehungen,
- soziale Gerechtigkeit,
- sich kümmern,
- Ansehen,
- Einflussnahme,
- Wissenserweiterung und
- Wettkampf (Simonson et al. 2009, S. 12–13).

Im *Freiwilligensurvey 2009* wurden drei Gruppen von Engagierten nach ihren Motiven gelistet. Die Interessenorientierten mit 37 %, die Geselligkeitsorientierten mit 27 % und die Gemeinwohlorientierten mit 36 %. Im Gegensatz zum *Freiwilligensurvey* von 2009 sank die Quote der Geselligkeitsorientierung und es stieg die Quote an der Gemeinwohlorientierung. Klar zum Ausdruck kommen in der jüngsten Umfrage der Faktor „Spaß haben" (94 %) und das Motiv, die Gesellschaft mitzugestalten (81 %).

Bürgerschaftliches Engagement erfolgt somit in erster Linie aus einer geldunabhängigen Motivation heraus und wird im Verständnis unentgeltlicher Tätigkeit erbracht. Auch wenn derzeit in der Breite nicht von bezahlter ehrenamtlicher Tätigkeit gesprochen werden kann, ist das Thema aktuell und Formen der Monetarisierung gewinnen an Bedeutung (BMFSJ 2017, S. 262).

Im „StädteNetzWerk" Baden-Württemberg sind diese Fragen grundlegend diskutiert worden. Mehr als 40 kommunale Anlaufstellen für Engagementförderung haben im Herbst 2007 gemeinsam mit Vertreterinnen und Vertretern des Caritas-Verbandes der Diözese Rottenburg Orientierungshinweise erarbeitet. Hier sind zunächst drei Formen der Monetarisierung, also die Zunahme von Geldströmen im Engagement, zu unterscheiden:

- Auslagenersatz/Kostenerstattung,
- pauschale Aufwandsentschädigung und
- Stundenlöhne.

Bürgerschaftliches Engagement ist ein demokratisches Grundrecht und Lernfeld. Es ist grundsätzlich verschieden von Erwerbsarbeit und grundsätzlich unbezahlt. Im Grundsatz soll gelten: Alle sollen sich bürgerschaftliches Engagement leisten können. Konkret bedeutet das, dass Auslagen und Aufwendungen nicht aus eigener Tasche bezahlt werden müssen, um so etwa Menschen mit geringerem Einkommen nicht von einem Engagement abzuhalten. Vor diesem Hintergrund ist eine Auslagen- oder Kostenerstattung vollkommen unproblematisch bzw. erwünscht. Eine Entschädigung als pauschale Aufwandsentschädigung kann dagegen problematisch sein und muss in jedem Fall in Einklang mit der Übungsleiterpauschale stehen. Aktuell beträgt die Höhe der steuerfreien Pauschale 2.400 € im Jahr. Stundenlöhne hingegen sind als Einkommen zu behandeln.

In diesem Kontext gibt es eine Tendenz, diese Geldströme sprachlich zu verharmlosen, z. B. durch Begriffe wie „bezahltes Ehrenamt" usw. Vor dieser Bagatellisierung warnt Ralf Vandamme im bbe-Newsletter (2007) und wirft die Frage auf, wem damit geholfen sei, wenn ein notwendiger Gelderwerb mit „Engagement" verschleiert würde. Die kommunalen Anlaufstellen für bürgerschaftliches Engagement aus dem StädteNetzWerk in Baden-Württemberg haben sich deshalb auf folgende Orientierungshinweise geeinigt:

- Es ist ein ethisches Gebot, Notlagen zu benennen und dagegen vorzugehen.
- Freiwilligkeit und Selbstbestimmung sind das Königsrecht des bürgerschaftlichen Engagements. Monetarisierung bringt Anreiz und Anerkennung, aber auch Einschränkung der Selbstbestimmung. Wer bezahlt, bestellt. Und entlässt.
- Die Vermittlung in Arbeitsverhältnisse erfordert spezifische Kompetenzen, die nicht im Kernbereich der kommunalen Anlaufstellen für Bürgerengagement liegen.
- Wo Geld fließt, müssen Gerechtigkeitsfragen beantwortet werden. Vergleichbare Zahlungen setzen eine Vergleichbarkeit der erbrachten Leistungen voraus. Geldflüsse erfordern deshalb Transparenz und Begründung.
- Dort, wo Geld als Anreiz und Anerkennung eingesetzt wird, gerät die (kommunale) Anerkennungskultur in die Zange zwischen bezahltem und unbezahltem Engagement.

Herausforderungen im Zuge der Monetarisierung für das strategische Freiwilligenmanagement beim Einsatz von bürgerschaftlichem Engagement oder ehrenamtlicher Tätigkeit problematisiert auch Thomas Röbke, der das Landesnetzwerk Bayern vertritt (2012, S. 25). Seine Fragen eröffnen den Problemhorizont: Wo geht das Engagement in den Minijob über? Wo wird die Aufwandsentschädigung zum Mindestlohnersatz? Werden keine klaren und transparenten Grenzen geschaffen, dann vermischen sich diese unterschiedlichen Tätigkeitsformen, was zu Verunsicherung, Neid sowie Missgunst führt und Probleme bei Trägern, Einrichtungen sowie nicht zuletzt bei den Engagierten schafft. In aller Regel herrscht Einigkeit darüber, dass bürgerschaftliches Engagement nur begrenzt dafür geeignet ist, mit den erbrachten Aktivitäten und Leistungen Einnahmen zu generieren. Andererseits wird jedoch auch eine Debatte darüber geführt, dass im Zuge der Krise des Wohlfahrtsstaats die Wohlfahrtsträger durch den Einsatz von Engagierten ihre Dienstleistungen konkurrenzfähiger machen können.

In der Auseinandersetzung mit der Monetarisierung gibt es allerdings auch Befürworter von Geldzahlungen. Sie argumentieren, dass Geld eine gesellschaftlich akzeptierte Form der Anerkennung sei. Sie verweisen außerdem auf seine hohe Bedeutung, um z. B. individuelle Not aufseiten der Engagierten zu lindern, sowie auf die emanzipierende Wirkung, wenn durch erwerbsähnliche Beschäftigungen der Zugang zum ersten Arbeitsmarkt erleichtert werden kann.

5.3 Monetarisierung im Bürgerengagement

Außerdem sind zahlreiche Leistungen, insbesondere im Sport, bereits jetzt nur gegen entsprechende Entgelte in Form der Übungsleiterpauschale zu erhalten. In jüngster Zeit spielt das Thema verstärkt durch das Pflegestärkungsgesetz III und die damit verknüpfte Unterstützungsangebote-Verordnung (UstA-VO) eine Rolle. Die Gesetzeslage intensiviert den Einsatz von Engagierten, die einen monetären Gegenwert für ihren Einsatz erwarten können (vertieft in Abschn. 2.4 ausgeführt). Die Kritik an der Bezahlung richtet sich vor allem darauf, dass Geld den Charakter des Engagements verändert bzw. seine Identität infrage stellen kann. In der Praxis entstehen Gerechtigkeitslücken, wenn die gleiche Tätigkeit in einer Einrichtung bezahlt, aber in einer anderen unbezahlt ausgeübt wird. Aufgrund von Gewöhnungseffekten sind einmal eingeführte Bezahlungen nur schwer wieder rückgängig zu machen. Entgelt gefährdet Freiwilligkeit, gerade wenn es für den Lebensunterhalt der Engagierten wichtig ist. Neue Abhängigkeiten können entstehen, ohne tariflichen Schutz und Mitbestimmungsrechte. Niedrige Bezahlung schreibt niedrige professionelle Standards fest und bewirkt so eine fachliche Entprofessionalisierung. Gesellschaftlich betrachtet geht mit der Ökonomisierung des Sozialen und der Ausweitung der marktwirtschaftlichen Logik Solidarität als Orientierung und Vorbild verloren.

Der Diskurs um die Monetarisierung wird auch im aktuellen *Engagementbericht* als bedeutend aufgegriffen und schwerpunktmäßig auf der Ebene der Verbände und Kirchen sowie der Landes- und Kommunalpolitik verortet, wo um den richtigen Umgang mit der Monetarisierung gerungen wird (BMFSJ 2017, S. 265). Fünf Punkte sind dabei zentral:

- *Verschränkung von Engagement und Erwerbsarbeit* (Inwieweit kann eine Tätigkeit für und in der Gesellschaft im Fall zunehmender Monetarisierung noch von einer Erwerbstätigkeit abgegrenzt werden?),
- *Phänomen der Ökonomisierung und Entgrenzung des Sozialen* (Wie stark verschränkt ist ein effizientes Freiwilligenmanagement mit wirtschaftlichem Denken?),
- *Gewährleistungspflicht der Kommune durch ein verpflichtendes, entschädigendes Engagement* (die unterschiedlichen Aufgaben der Daseinsvorsorge – vom Schöffen über den Katastrophenschutz, die Feuerwehr bis zum freiwilligen Engagement in der Bibliothek – sind breit angelegt und werden durch unterschiedliche Formen der Anerkennung aufgewogen),
- *Engagement in korporatistischen Strukturen* (bei den Wohlfahrtsverbänden, wo das Engagement immer eine Rolle spielte, wird die Monetarisierung auch aufgrund von Kostendruck mitgedacht, aber häufig weniger thematisiert) (BMFSJ 2017, S. 265–266).

- In der Auseinandersetzung im Umgang mit der Monetarisierung ist als Fazit weder die Forderung, dass Geld im Ehrenamt nichts zu suchen habe, erhoben worden, noch der Pragmatismus, ‚jeder regelt es improvisierend im Alltag für sich'. Stattdessen gilt, dass für die Handlungssicherheit im Umgang zu Bezahlung und Entschädigung weitere Diskussionen nötig sind, um tragfähige Positionen und Lösungsansätze zu finden.

5.4 Corporate Social Responsibility

Bisher standen vorwiegend die Engagierten, die Rahmenbedingungen für ein Engagement und die Ebenen, auf denen ein Engagement erbracht werden soll, im Mittelpunkt der Betrachtung. Jetzt rücken die Wirtschaftsunternehmen in den Fokus und der Dreiklang von Engagierten – Staat – Verwaltung wird durch diesen Akteur erweitert. Unternehmen nehmen im Zuge der strategischen Förderung von bürgerschaftlichem Engagement einen beachtlichen Platz ein. Es gibt schon seit Beginn der Engagementforschung (Deutscher Bundestag 2002) die Empfehlung, den Ausbau des Corporate Citizenship voranzubringen. Gemeint ist damit die Kooperationen von Unternehmen und gemeinnützigen Organisationen. Zwei Begrifflichkeiten müssen in diesem Zusammenhang vorgestellt werden, über die in Deutschland zum gemeinwohlorientierten Engagement von Unternehmen diskutiert wird:

- Corporate Social Responsibility (CSR) und
- Corporate Citizenship (CC).

Corporate Social Responsibility ist der weiter gefasste Begriff. Er steht seit den 1990er-Jahren in der Diskussion und mit ihm sind sowohl innerbetriebliche Prozesse und Entscheidungen als auch die gesellschaftlichen Auswirkungen unternehmerischen Handelns verbunden (Backhaus-Maul 2011, S. 155).

Die gesellschaftliche Verantwortung von Unternehmen im Sinne eines nachhaltigen Wirtschaftens steht hier im Fokus – und zwar im eigentlichen Kerngeschäft, bezogen auf die gesamte Wertschöpfungskette. Es ist ein integriertes Unternehmens- und Organisationskonzept, das alle freiwilligen sozialen, ökologischen und ökonomischen Beiträge eines Unternehmens oder einer Organisation zur Übernahme gesellschaftlicher Verantwortung beinhaltet. Das CSR-Verständnis stützt sich auf internationale Leitlinien und Kodizes, wie etwa die OECD-Leitsätze für multinationale Unternehmen und der Global Compact der Vereinten Nationen (Sozialministerium Baden-Württemberg

2014a, b,). Konkret geht es beispielsweise um faire Geschäftspraktiken (auch in der Lieferkette), mitarbeiterorientierte Personalpolitik, den sparsamen Einsatz von natürlichen Ressourcen, den Schutz von Klima und Umwelt sowie um ein substanzielles Engagement vor Ort. Eine CSR-Strategie umfasst vier Handlungsfelder: Markt, Umwelt, Arbeitsplatz und Gemeinwesen (BMFSJ 2012, S. 80).

Der Schwerpunkt im Gemeinwesen liegt auf den Beziehungen des Unternehmens zu seinem direkten gesellschaftlichen Umfeld. Unternehmen kooperieren mit Kommunen, Vereinen und gemeinwohlorientierten Organisationen, um gemeinsam gesellschaftliche Herausforderungen zu bearbeiten und zu lösen. Dabei werden Unternehmensressourcen zur Verfügung gestellt. Unternehmen investieren Zeit, Geld, Know-how und Sachmittel, engagieren sich über Spenden, Sponsoring und Mitarbeiterfreistellungen (*Volunteering*). Von „Win–win-Situationen" spricht man dann, wenn das unternehmerische Engagement gesellschaftliche Anliegen unterstützt und gleichzeitig positive Auswirkungen auf die Unternehmensentwicklung angeschoben werden (BMSFJ 2012, S. 89).

5.4.1 Sektorenübergreifendes Zusammenspiel

Auch der Begriff des Corporate Citizenships bezieht sich auf das Unternehmen als Institution. Das Unternehmen ist in der Rolle eines „guten Bürgers". Dieser tritt in seinem lokalen Umfeld auf und entwickelt ein Engagement das über die eigentliche Geschäftstätigkeit des Unternehmens hinausreicht, welches positiv in die Gesellschaft wirkt und den Bereich des gemeinnützigen Engagements umfasst. Das Ziel und Anliegen ist es, dass das Unternehmen als Vorbild agiert und in der Folge die Mitarbeiter unterstützt und motiviert werden, sich gesellschaftlich zu engagieren (Endres und Thiess 2012, S. 170). Es ist der Versuch, Unternehmen auf möglichst vielfältige Weise mit dem Gemeinwesen zu verknüpfen. Instrumente des Corporate Citizenships können u. a. Sponsoring, Spenden und Stiftungsaktivitäten sein. Als Herausforderung gilt, notwendige Netzwerke zwischen Wirtschaftsunternehmen und sozialen Einrichtungen oder Vereinen aufzubauen, um diese Aktivitäten auszulösen. In diesem Zusammenhang rückt die Idee einer strategischen Förderung von bürgerschaftlichem Engagement in den Fokus: einerseits für das Unternehmen selbst, das festlegen muss, welchen Stellenwert das Thema hat oder bekommen soll; anderseits braucht dieses sektorenübergreifende Zusammenspiel eine Infrastruktur, um eine Win–win-Situation für alle teilnehmenden Akteure zu erreichen. Hier kommen erneut die Freiwilligenagenturen oder kommunalen Anlaufstellen für Bürgerengagement ins Spiel, die als intermediäre Organisationen als Ansprechpartner oder Vermittler in diesen Prozessen wirken können.

Zentral dafür ist es,

- Anlaufstellen für Unternehmen zum Einholen relevanter Informationen zu Engagementformen und Fördermöglichkeiten zu schaffen,
- regionale Netzwerke zu bilden und zu stärken, um CC zu ermöglichen,
- Schnittstellen zwischen Unternehmen und gemeinnützigen Organisationen zu schaffen sowie
- empirisches Wissen über Erfolgsfaktoren des Engagements zu ermitteln (BMFSJ 2012, S. 35).

Im *Ersten Engagementbericht* der Bundesregierung 2012 war das zentrale Thema das Engagement von Unternehmen. Unter dem Titel „Für eine Kultur der Mitverantwortung" wird das Thema sowohl aus sozialwissenschaftlicher als auch aus ökonomischer Sicht analysiert. Die geschätzten 11 Mrd. Euro, die Unternehmen jährlich in Engagement investieren, machen das Gewicht des Themas deutlich (BMFSJ 2012, S. 5) (Abb. 5.1).

Abb. 5.1 Unternehmensengagement nach Art der Förderung (BMFSJ 2012, S. 22)

5.4.2 Corporate Giving, Volunteering, Support

In drei Kategorien lässt sich das Engagement von Unternehmen sortieren: Corporate Giving, Corporate Volunteering und Corporate Support. In die Kategorie des Corporate Giving fallen finanzielle Zuwendungen, Sach- und Produktspenden sowie die Überlassung betrieblicher Infrastruktur (z. B. Räume, Fuhrpark) und kostenlose Dienstleistungen. Corporate Volunteering bedeutet die Freistellung von Mitarbeiterinnen und Mitarbeitern für ehrenamtliche oder gemeinnützige Organisationen. Das kann das Engagement bei der freiwilligen Feuerwehr oder beim THW sein, aber auch vom Arbeitgeber initiierte Projekte umfassen, wie beispielsweise Freiwilligentage für Mitarbeiterinnen und Mitarbeiter, etwa im Kindergarten, in einem Krankenhaus oder einem Alten- und Pflegeheim, oder aber die Mithilfe bei der Instandsetzung eines Sportplatzes. Das Instrument des Corporate Supports bezeichnet die Ausübung des Engagements über Dritte. Es sind Kooperationen, die Unternehmen eingehen, um sich zu engagieren, etwa mit Wohlfahrtseinrichtungen, Bildungs- und Kultureinrichtungen oder Nichtregierungsorganisationen (NGO) (BMFSJ 2012, S. 31). Insgesamt sind die Instrumente aus der Kategorie Corporate Giving am beliebtesten. Die finanziellen Zuwendungen summieren sich hier auf rund 10,9 Mrd. Euro (BMFSJ 2012, S. 31) (Abb. 5.2).

Bedeutsam ist das unternehmerische Engagement deshalb geworden, weil Unternehmen mit ihrem Engagement über ihre eigentliche Geschäftstätigkeit hinaus in die Gesellschaft eingebunden sind:

> „Sowohl beim Corporate Citizenship als auch bei der beim Corporate Social Responsibility geht es nicht um unternehmerische Wohltaten, sondern um strategische Verknüpfungen von wirtschaftlichem Handeln und gesellschaftlichem Engagement sowie um zeitgemäße Instrumente und Verfahren gesellschaftlicher Verantwortungsübernahme durch Unternehmen." (Backhaus-Maul 2011, S. 155)

Ein interessanter Aspekt zeigt sich in der Rolle von CSR in der Zivilgesellschaft am Beispiel der Wohlfahrtsverbände. Einerseits wirken diese Verbände als Partner von kleinen und mittleren Unternehmen an der Bearbeitung und Lösung gesellschaftlicher Herausforderungen mit und stellen dazu ihr spezifisches Wissen und ihre Ressourcen bereit. Andererseits nehmen gemeinnützige Sozialunternehmen, also die Wohlfahrtsverbände, zunehmend selbst ihre gesellschaftliche Verantwortung als Unternehmen im sozialen Sektor wahr und entwickeln eigene CSR-Maßnahmen und Strategien, wie z. B. Kooperationen mit Unternehmen. Eine bundesweite Vorbildfunktion hat in diesem Zusammenhang das

Corporate Giving	Corporate Volunteering	Corporate Support
Finanzielle Zuwendungen - Spenden **Abb. 5.3** Kategorien und Instrumente des bürgerschaftlichen Engagements (BMFSJ 2012, S. 31). Eigene Darstellung. - Sponsoring - Fundraising - Cause Related Marketing	Freistellung von Mitarbeiterinnen und Mitarbeitern in der Arbeitszeit für ehrenamtliche Tätigkeiten	Corporate Foundations Social Commissioning - NGOs, - Wohlfahrtsverbände - Kirchen, religiöse Einrichtungen - Vereine, Freiwilligenorganisationen - Lokale Sozial-, Bildungs-, Gesundheits- und Kultureinrichtungen
Sach- und Produktspenden - Spenden - Sponsoring -Fundraising	Gemeinnütziges Arbeitgeberengagement durch Bereitstellung von Zeit und Kompetenz der Mitarbeitenden	Social Lobbying - Arbeitgeberverbände, - Unternehmensverbände - Bürgerinitiativen - Gewerkschaften - öffentliche Verwaltungen - Parteien
Überlassung betrieblicher Infrastruktur	Engagement der Managementebene in den Vorständen von NGOs oder Fördervereinen	Social Entrepreneurship
Kostenlose Dienstleistungen		

Abb. 5.2 Kategorien und Instrumente des bürgerschaftlichen Engagements (BMFSJ 2012, S. 31; eigene Darstellung)

CSR-Kompetenzzentrum der Caritas in Deutschland, das 2011 beim Diözesanverband Rottenburg-Stuttgart mit Sitz in Stuttgart ins Leben gerufen wurde. Dessen Aufgabe ist es, karitative Einrichtungen bei der Entwicklung eigener CSR-Programme zu beraten, die Kooperation zwischen Wohlfahrtsorganisationen und Wirtschaftsunternehmen zu begleiten sowie Netzwerkveranstaltungen und Qualifizierungen anzubieten (Sozialministerium Baden-Württemberg 2014a, b). Auch für den Paritätischen Wohlfahrtsverband (Lang 2017) ist das Thema von Bedeutung. Er ist als Mittlerorganisation aktiv, um Kooperationen zwischen Unternehmen und Non-Profit-Organisationen zu ermöglichen. Vielfach geschieht dies in Netzwerkstrukturen mit unterschiedlichen gesellschaftlichen Akteuren im lokalen und regionalen Kontext und in der Rolle als Initiator oder Kooperationspartner, etwa in der Organisation von Volunteering-Aktivitäten.

5.5 Engagement in der Zuwanderungsgesellschaft

Mit rund 82,79 Mio. Einwohnern im Jahr 2017 ist Deutschland eines der 20 bevölkerungsreichsten Länder der Welt. Es leben hier rund 19,3 Mio. Menschen, die einen Migrationshintergrund haben (Statista 2019). Deutschland ist ein attraktives Zuwanderungsland und es zeichnet sich eine anhaltende Flüchtlingsdynamik ab.

Allein diese Entwicklung spricht dafür, dass das Thema bürgerschaftliches Engagement unter der Perspektive der Zuwanderungsgesellschaft Aufmerksamkeit verdient. Jedoch zeigen verschiedene Untersuchungen, dass sich Menschen mit Migrationshintergrund deutlich seltener engagieren (BMFSJ 2017, S. 198) als Menschen ohne Zuwanderungshintergrund. Dazu gibt der *Freiwilligensurvey* von 2014 eine klare Auskunft. Die Engagementquote von Menschen mit Migrationshintergrund liegt bei knapp 32 %. Die Quote der übrigen Bevölkerung beträgt dagegen knapp 47 % (Simonson et al. 2014).

Trotz dieser zunächst deutlich unterschiedlichen Engagementquote scheinen diese Zahlen mit hoher Wahrscheinlichkeit nicht das tatsächliche Engagementverhalten widerzuspiegeln (Roß 2012, S. 422). Studien zeigen vielmehr, dass Menschen mit Migrationshintergrund in traditionellen Engagementbereichen unterrepräsentiert sind, sei es bei den Wohlfahrtsverbänden, im Sport, in Schulen und Kindertageseinrichtungen, im Rettungswesen, bei der freiwilligen Feuerwehr oder im Umwelt- und Naturschutzbereich (Huth 2011, S. 201). Gleichwohl umfasst das Engagement von Menschen mit Migrationshintergrund ein thematisch und strukturell breites Spektrum, von der Nachbarschaftshilfe über den kulturellen, sportlichen Bereich bis hin zu Aktivitäten im Bildungs- und Gesundheitsbereich sowie in der politischen Interessenvertretung. Überdurchschnittlich häufig sind die Zugewanderten im religiösen Bereich sowie im Sozialbereich aktiv (BMFSJ 2017, S. 198). In struktureller Hinsicht überwiegen informelle Formen des Sich-gegenseitig-Helfens von Angehörigen, Freunden und Bekannten sowie das Engagement in den unterschiedlichen Migrantenselbstorganisationen (MSO) (BMFSJ 2017, S. 98; Huth 2011, S. 201; Uslucan 2015b, a, S. 32).

Eine Rolle spielt, dass Zugewanderte ihre freiwillige Tätigkeit häufig nicht als Engagement betrachten, denn in den Sprachen anderer Länder fehlen dafür Worte oder passgenaue Begriffe. So gibt es für das deutsche Wort „Ehrenamt" in kaum einer anderen Sprache einen vergleichbaren Begriff. Im Türkischen findet sich der Ausdruck „Fahri Görev" was der Bedeutung des „Freiwilligen Engagements" nahekommt.

Die Bedeutung von Engagement und Migration lässt sich exemplarisch an der Landesengagementstrategie in Baden-Württemberg verdeutlichen. Im Zuge dieser strategischen Überlegungen setzte sich ein sogenanntes Forschungs- und Entwicklungsteam mit dem „Engagement in einer Gesellschaft der Vielfalt" auseinander und bearbeitete in einem umfassenden und partizipativ angelegten Prozess die Thematik des Engagements von Migrantinnen und Migranten, das zunehmend in den Fokus geraten ist. Inhaltliches Ziel der Strategie ist die Verwirklichung einer sozial lebendigen und solidarischen Bürgergesellschaft, in der es potenziell allen Menschen möglich ist, sich zu engagieren. Erarbeitet wurde die Engagementstrategie zwischen Dezember 2012 und Dezember 2013 von über 100 Vertreterinnen und Vertretern aus Landesministerien, Kommunen, freien Organisationen (Wohlfahrts- und Sportverbände, Migrantenselbstorganisationen) und von engagierten Bürger*innen.

5.5.1 Engagement gibt es in allen Kulturen

In diesem Strategieprozess wurde zweierlei deutlich:

- ‚Engagement' gibt es in allen Kulturen – aber es wird unterschiedlich bezeichnet, verstanden und gelebt. Engagement ist vielfältiger und ‚bunter', als es in der Regel auf den ersten Blick wahrgenommen wird. Die immer wieder geäußerte Annahme, zugewanderte Menschen seien ‚weniger engagiert', korrigiert sich zu der Erkenntnis, dass sie eher ‚anders engagiert' sind als Menschen ohne (unmittelbare) Zuwanderungsgeschichte und dass deshalb ihre Formen des Engagements oft übersehen werden.
- Kulturüberschreitende Gemeinsamkeiten machen das Engagement von Menschen mit verschiedenen kulturellen Wurzeln in vielerlei Hinsicht ähnlicher als zunächst angenommen. Zentrale Gunst- bzw. Hemmfaktoren für Engagement sind weitgehend unabhängig davon, wo genau ein Mensch seine kulturellen Wurzeln sieht, sondern sind vielmehr von Faktoren abhängig wie Bildung, soziale Sicherheit, Erfahrungen von Selbstwirksamkeit. Ähnlichkeiten gibt es auch bezogen auf die Erwartungen und Motive, die mit Engagement verbunden werden: z. B. „etwas Gutes tun", „neue Kompetenzen erwerben", „sich beheimaten", „eine Position in der Gesellschaft finden" (Roß und Steiner 2014).

5.5 Engagement in der Zuwanderungsgesellschaft

Diese Befunde finden ihre Entsprechung in einer repräsentativen Erhebung mit türkischstämmigen Personen ab 18 Jahren in Nordrhein-Westfalen (Uslucan 2015a, b, S. 31). Als stärkstes Motiv wurde der Altruismus genannt, also anderen Menschen helfen. Darüber hinaus sind es die Tätigkeit, die Spaß macht, das Zusammentreffen mit anderen sowie die Ausweitung von Wissen und Kompetenzen (Abb. 5.3 und Abb. 5.4).

Grundsätzlich haben die sogenannten Lebenslagen und sozioökonomischen Faktoren (sozialer Status, Alter, Geschlecht) bei Menschen mit und ohne Migrationshintergrund wesentlichen Einfluss auf die Engagementbereitschaft analog zur Mehrheitsbevölkerung. Belegt ist, dass Einkommen und Bildungsniveau von Bedeutung sind und die Bereitschaft mit zunehmender Bildung und zunehmendem Einkommen ansteigen (Huth 2011, S. 202; BMFSJ 2017, S. 245). Diese förderlichen Voraussetzungen liegen bei Menschen mit Migrationshintergrund seltener vor als im deutschen Durchschnitt. Das führt konsequenterweise zu einer niedrigeren Engagementquote. Das heißt, dass prekäre Lebensverhält-

Tabelle 4: Motive und Erwartungen des Engagements (Mittelwert und Prozentwerte)

	Mittelwert	eher bis sehr wichtig	weniger wichtig und unwichtig
Anderen Menschen helfen können	4,66	98,4	1,3
Die Tätigkeit Spaß macht	4,57	98,5	1,5
Mit Menschen zusammenkommen, die einem sympathisch sind	4,48	97,1	2,9
Eigene Kenntnisse und Erfahrungen erweitern können	4,35	95,6	4,4
Zur Verbesserung der Lebenssituation von Migranten in Deutschland beitragen	4,32	96,3	3,7
Helfen, die türkische Kultur in Deutschland aufrechtzuerhalten	4,13	87,5	12,5
Etwas für das Gemeinwohl in Deutschland tun können	4,12	92,5	7,5
Für die Tätigkeit auch Anerkennung finden	4,07	90,4	9,6
Beitragen, die Bindung der Migranten an die Türkei zu erhalten	3,88	80,1	19,9
Berechtigte eigene Interessen vertreten	3,80	83,7	16,3
Tätigkeit soll auch für eigene berufliche Möglichkeiten Nutzen bringen	3,22	66,2	33,8

Mittelwert auf einer 5-stelligen Skala: 1 = unwichtig, 5 = sehr wichtig. Je höher der Mittelwert ist, desto wichtiger ist die Erwartung.
Quelle: Martina Sauer, Partizipation und Engagement türkeistämmiger Migrantinnen und Migranten in Nordrhein-Westfalen, Essen 2011.

Abb. 5.3 Engagementbereiche und Beteiligungsraten (Usculan 2015, S. 34)

Abbildung 1: Engagementbereiche und Beteiligungsraten

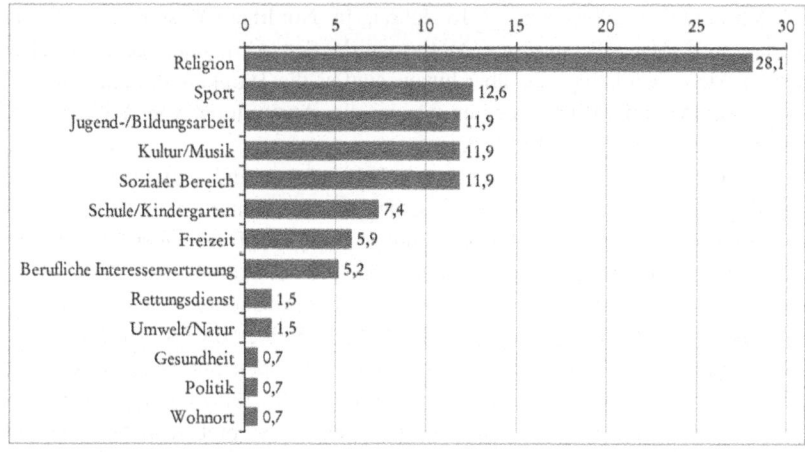

Quelle: Martina Sauer, Partizipation und Engagement türkeistämmiger Migrantinnen und Migranten in Nordrhein-Westfalen, Essen 2011.

Abb. 5.4 Engagementbereiche und Beteiligungsraten (Usculan 2015, S. 31)

nisse sich hemmend auswirken. Bei ungünstiger Ressourcenausstattung sinkt die Engagementbereitschaft. Menschen mit Migrationshintergrund positionieren sich hinsichtlich ihres Bildungs- und Erwerbsstatus strukturell schlechter als die Bevölkerung ohne Migrationshintergrund, was darauf zurückzuführen ist, dass das Bildungsniveau und die Bildungsbeteiligung der jungen Menschen mit Migrationshintergrund trotz Verbesserungen nach wie vor deutlich hinter dem Bildungsstand und der Bildungsteilhabe von jungen Menschen ohne Migrationshintergrund zurückbleibt. Aus diesem Grund ist ihr Beteiligungspotenzial und Beteiligungsverhalten weniger ausgeprägt als dies in der Gesamtbevölkerung der Fall ist (BMFSJ 2017, S. 245).

In die Perspektive gedacht, kann das bedeuten, dass die Engagementquote steigen könnte, sollten die strukturellen Engagementhürden abgebaut und die persönlichen Voraussetzungen gestärkt werden. Weitere Faktoren, die zur Stärkung des Engagements führen, sind die interkulturelle Öffnung traditioneller Engagementfelder, die Unterstützung der Migrantenselbstorganisationen (MSO) und Kooperationen zwischen Verwaltung, freien Trägern, Vereinen und eben jenen MSO (Huth 2011, S. 203).

5.5.2 Migrantenselbstorganisationen

Die Migrantenselbstorganisationen (MSO) stehen aus unterschiedlichen Gründen in der Diskussion. Zunächst einmal wird hier Hilfe und Selbsthilfe im Rahmen der ethnischen Community erbracht und dieses Engagement wird häufig nicht als solches wahrgenommen und bezeichnet. Hier herrscht eine gewisse Unübersichtlichkeit, die sich angesichts der Pluralität der MSO mit unterschiedlichen Einsatzfeldern, Motivlagen, Anreizstrukturen und kulturspezifischen Verständnissen von Engagement ergibt. Hinzu kommen die unterschiedlichen Zuwanderungsgruppen in der zeitlichen Chronologie, die von Gastarbeitern über Spätaussiedler zu Flüchtlingen sowie angeworbenen und hochqualifizierten Zuwanderern reicht. Unterschiedliche Generationen in den einzelnen Zuwanderungsgruppen prägen das Bild zusätzlich. Diese heterogenen Zuwanderergruppen finden sich und ihre Interessen in einer vielfältigen Landschaft von Migrantenorganisationen wieder, ohne dass sie in der deutschen Öffentlichkeit bis in die 1990er-Jahre eine große Rolle spielten – und entsprechend auch nicht das hier erbrachte Engagement. Dabei sind die MSO in vielen Bereichen tätig. Neben Religion, Kultur, Freizeit und Geselligkeit ist vermehrt eine Konzentration in der Bildung, Elternbegleitung und Gesundheit festzustellen (Huth 2011, S. 204).

Ein verstärktes Augenmerk wird auf die MSO in ihrer Funktion als Brückenbauer und Multiplikatoren gerichtet. Sie schaffen Beteiligungs- und Mitgestaltungsmöglichkeiten am Gemeinwesen für Menschen mit Migrationshintergrund und ermöglichen so Partizipation und Integration. Eine wichtige Forderung in diesem Zusammenhang ist, dass diese Arbeit Unterstützung und Rahmenbedingungen in Form von finanziellen Mitteln braucht, aber auch Beratung, Weiterbildungsmaßnahmen sowie die Anerkennung und Akzeptanz vor Ort verbessert werden muss.

Trotz der Qualität, die diesen unterschiedlich ausgerichteten Verbänden zugesprochen wird, werden sie „in der gesellschaftlichen und wissenschaftlichen Diskussion ambivalent und polarisiert wahrgenommen" (BMFSJ 2017, S. 249). Es wird gefragt, ob ihnen eine Integrations- oder eine Segregationsfunktion zuzuweisen ist, das heißt, inwieweit sie mit ihren Aktivitäten zu einer interkulturellen Zivilgesellschaft beitragen oder ob sie durch die Pflege der Herkunftskultur dazu beitragen, dass die neue Heimat fremd bleibt und nötige Akkulturationsprozesse unterbleiben (BMFSJ 2017, S. 249).

Inzwischen gibt es eine zunehmende Kenntnis über die MSO (Der Paritätische Baden-Württemberg 2014a, b) und es ist eine Vernetzung von Migrantenorganisationen mit kommunalen Fachstellen für Bürgerengagement, freien

Trägern, traditionellen Vereinen und Infrastruktureinrichtungen der Freiwilligenarbeit zu verzeichnen. Insbesondere suchen die Träger der Sozialen Arbeit und die Fachkräfte in der Integrationsarbeit Kontakt zu den MSO, um durch sie die Zielgruppen ihrer Arbeit zu erreichen. MSO können zum Vehikel sozialer Kohäsion werden. Der Staat beziehungsweise die Politik kann das Engagement von Zuwanderern durch eine stärkere Einbeziehung der Migrantenselbstorganisationen in den politischen Diskurs fördern sowie dadurch einen Beitrag zu deren Sichtbarmachung und Kenntnis der Aktivitäten leisten (Uslucan 2015b, a, S. 35). Der Ort, an dem dies sichtbar und praktiziert wird, ist die lokale Ebene, die Kommune. Eben dort, wo die Organisationen, Vereine, Verbände angesiedelt sind, wo die Menschen leben und sich in das Gemeinwesen einbringen, wo also Förderung und unterstützende Strukturen vorhanden sind.

5.5.3 Bürgerschaftliches Engagement in der kommunalen Flüchtlings- und Integrationspolitik

Die enorme Zuwanderung von Flüchtlingen im Sommer 2015 ist in vielen Orten zu einer zentralen kommunalpolitischen Problematik geworden. Für die Bewältigung dieser Herausforderung sehen die Kommunen das freiwillige Engagement der Bevölkerung als eine der zentralen Ressourcen – so lautet das Ergebnis einer aktuellen Umfrage bei Städten, Landkreisen und Gemeinden, die 2016 erhoben wurde. In der Flüchtlingshilfe zeigt sich eine positive Entwicklung, die sich in Tausenden von helfenden Engagierten ablesen lässt. Zum Beispiel in Sammelunterkünften, im Deutschunterricht, in der Hausaufgabenhilfe, in der Gründung von Fahrradwerkstätten, Nähstuben, bei begleiteten Behördengängen und Arztbesuchen, bei der Arbeits- und Wohnungssuche, bei Dolmetschertätigkeiten, Initiativen und Patenschaften für Einzelpersonen oder für ganze Familien, bei Freizeitaktivitäten und interkulturellen Cafés – überall sind Menschen engagiert und übernehmen Verantwortung. Es wird in diesem Zusammenhang auf aktive Willkommens- bzw. Flüchtlingsinitiativen verwiesen und die Offenheit und das Engagement der Vereine hervorgehoben.

Kirchen, Wohlfahrtsverbände und zivilgesellschaftliche Einrichtungen sind vielerorts zu Anlaufstellen für die engagierten Bürger*innen geworden, die hier helfen und sich einbringen wollen (Gesemann und Roth 2017, S. 141). Jedoch sind die lokalen Flüchtlingsnetzwerke eine Ressource, die organisiert und gestaltetet werden muss. Es ist inzwischen zu beobachten, dass es ohne eine hauptamtliche Infrastruktur nicht geht.

5.5 Engagement in der Zuwanderungsgesellschaft

Es sind Herausforderungen, die sich im Zuge dieser Entwicklung herausgebildet haben, denn sie müssen vor Ort in die kommunale Kooperationslandschaft eingebunden werden (Gesemann und Roth 2017, S. 144), auch um Verwerfungen in der Gesellschaft vorzubeugen (Hummel 2017, S. 133). Kommunen können dabei auf bereits etablierte Netzwerke, professionelle Einrichtungen und Kooperationen mit der lokalen Zivilgesellschaft zurückgreifen.

Engagementpolitisch geht es darum, neue Initiativen, alteingesessene Vereine, Wohlfahrtsverbände, Kirchen, Migrantenorganisationen, Moscheegemeinden und andere zivilgesellschaftliche Akteure gemeinsam mit Politik, Kommunalverwaltung und Unternehmen in produktive und dauerhafte Netzwerke einzubinden, jenseits von Konkurrenz und Korporatismus (Hummel 2017, S. 143). Mit der Flüchtlings- und Integrationspolitik entwickelt sich langsam ein lokales Handlungsfeld, das auf produktive Kooperationsbeziehungen mit den zivilgesellschaftlichen Akteuren vor Ort setzt und die Einbindung der Bevölkerung insgesamt als wichtige Gestaltungsaufgabe kommunaler Integrationspolitik ansieht (Gesemann und Roth 2017, S. 17).

Es bleibt dennoch zu konstatieren, dass eine Diskrepanz zwischen den Möglichkeiten ehrenamtlichen Engagements und den Bedarfen der Flüchtlinge besteht. So kann zwar ehrenamtliches Engagement vieles leisten (Willkommenskultur, Integration in die lokale Zivilgesellschaft), stößt aber an Grenzen: bei rechtlichen Fragen, beim Zugang zum Wohnungs- und Arbeitsmarkt, beim Zugang zu Sprachkursen oder bei der Regelung der ärztlichen Versorgung. Hier bedarf es professioneller Strukturen und klarer Schnittstellen zwischen Haupt- und Ehrenamt (Klein 2017, S. 128).

Meist werden Einwanderer als die Objekte einheimischer Bemühungen gesehen. Es werden ihre Defizite hervorgehoben und es gibt einen Betreuungs-, Kontroll- und Gefährlichkeitsdiskurs (Thränhardt 2010, S. 521). Migranten sind weniger als Akteure präsent, sondern Akteure der Mehrheitsgesellschaft diskutieren *über* sie. Sie engagieren sich auch *für* sie, denn es gibt eine Fülle von zielgruppenorientierten Aktivitäten auf breiter Basis. Bislang wurden die Aktivitäten der herkunftsbezogenen Gruppen jedoch entweder skeptisch beobachtet oder als wenig relevant wahrgenommen (Thränhardt 2010, S. 518). Die Bedeutung der Selbstorganisationen rückt erst jetzt in den Fokus, ebenso die Idee, dass Flüchtlinge für Flüchtlinge aktiv werden können.

5.6 Engagement schafft Heimat – im Spannungsfeld von Globalisierung und lokalem Raum

Die Kommune ist ein Ort, an dem Dienstleistungen erbracht werden, wo unterschiedliche Interessen, Lebensstile und Milieus aufeinandertreffen. Diese Ebene funktioniert durch das öffentliche Regelwerk, durch „Vielfaltsmanagement", durch Interessenausgleich und ein hohes Maß an Engagement (Hummel 2011b, S. 104). Das Engagement und das Ehrenamt finden sich im Gemeinderats- oder Stadtratsmandat, in Vereins- und Handwerkskammerrollen, in Stadtteilvereinen sowie in zahllosen Projekten oder Initiativen. Dieser lokale Raum, in dem Menschen aufeinandertreffen und zusammenleben, wird mit dem vielschichtigen Begriff *Heimat* bezeichnet. Es ist ein Begriff, der eine Renaissance erfahren hat, der im Kontext der Globalisierung anzusiedeln ist und sich in Mobilitäts- und Migrationsprozessen zeigt. Die Kulturwissenschaftlerin Beate Binder sieht darin eine Akzentverschiebung (2008, S. 1), in der es um die Themen Migration und Interkulturalität als unverzichtbare Elemente des Nachdenkens über Heimat (Eppenstein 2010, S. 25) geht, und in der die hypermobile Gesellschaft einen Gegenpol sucht (Schmitt-Roschmann 2011).

In diesen Kontext gehört, dass es ‚Heimat' im traditionellen, übergreifenden Sinne immer weniger gibt, „denn die Vorstellung von Heimat als Ort der traditionellen Ordnung, Herkunft und Verwurzelung verbindet sich immer aufs Neue mit modernen Formen der Kultivierung und Aufwertung des Heimatlichen" (Binder 2008, S. 6). Das ist offensichtlich auch gegenwärtig der Fall, wenn Heimat vor allem dort als Referenz herangezogen wird, wo über migrationsbedingte gesellschaftliche Veränderungen und die Herausforderungen an eine Einwanderungsgesellschaft diskutiert und nachgedacht wird. Angesichts der Heimatsuche von rund 18 Mio. Menschen mit Migrationshintergrund, von denen viele hierzulande eine Heimat suchen, aber in den letzten Jahrzehnten eben nicht richtig angekommen sind – u. a. auch deshalb, weil ihnen das Ankommen von der Mehrheitsgesellschaft schwer gemacht wurde –, ist dies eine wichtige Debatte, die inzwischen in der öffentlichen Diskussion problematisiert wird. Wird Heimat vor diesem Hintergrund aufgerufen, dann in der Absicht, den Begriff ideologischen Besetzungen zu entreißen und die Möglichkeit der Veränderung von Heimat anzusprechen: Heimat als etwas Veränderbares.

Die Frage nach der Zugehörigkeit ist eine, die alle Menschen betrifft. Wo gehöre ich hin, wo bin ich zu Hause? Zu Heimat hat jeder eine eigene Vorstellung, denn es gibt keine allgemeingültige Definition. Der Kulturwissenschaftler Hermann Bausinger hat sich intensiv mit dem Thema auseinandergesetzt. Für ihn ist Heimat eine räumlich-soziale Einheit mittlerer Reichweite, in welcher der Mensch ein Stück Sicherheit und Verlässlichkeit seines Daseins erfährt, als ein Ort tiefsten Vertrauens:

> „Heimat als Nahwelt, die verständlich und durchschaubar ist, als Rahmen, in dem sich Verhaltenserwartungen stabilisieren, in dem sinnvolles, abschätzbares Handeln möglich ist – Heimat also als Gegensatz zu Fremdheit und Entfremdung, als Bereich der Aneignung, der aktiven Durchdringung, der Verlässlichkeit." (Bausinger 1980, S. 20)

Er spricht nicht von einem feststehenden Begriff, sondern zeigt eine Vielzahl an Möglichkeiten auf, was Heimat sein kann. Damit ist ein Spannungsfeld eröffnet, das die eigene Wahrnehmung ebenso einbezieht wie die Auseinandersetzung mit anderen.

Heimat gilt als Zielzustand, als Sehnsuchtsort, welche die eigene Auseinandersetzung mit der Gegenwart prägt und orientiert. Beschrieben wird eher eine Suchbewegung, in der Orte und Menschen mehr oder weniger heimatlich sein können – so legt Beate Mitzscherlich das aktuelle Bild von Heimat dar. Die Studie von Mitzscherlich spricht von zentralen Aspekten, die mit Heimat einhergehen: Heimat ist in Vergangenheit, Gegenwart und Zukunft verortet und geht mit einer bestimmten Qualität von Bindung, Vertrautheit und Zugehörigkeit einher. Heimat in diesem Sinne ist kein dauerhafter Besitzzustand, sondern etwas, das man aktiv herstellen, pflegen, immer wieder neu finden, erfinden und besetzen muss (Mitzscherlich 2010, S. 10). Es geht darum, seine eigenen Projektionen und Wunschvorstellungen in diesen Begriff zu integrieren, es geht um eine aktive Aneignung sozialer Lebensräume und der Umwelt. Eine aktive und partizipatorische Komponente kommt ins Spiel. Sie fordert den Einzelnen zur Gestaltung auf: sich Heimat aktiv anzueignen. Das geht nicht ohne Beteiligung – der inneren und äußeren. Für diesen Prozess wurde der Begriff der Beheimatung eingeführt.

Sich beheimaten heißt, Beziehungen zu Orten und zu den dort lebenden Menschen aufzubauen, diese Beziehungen zu gestalten und damit Verantwortung für sich selbst, aber auch für Orte und Menschen zu übernehmen (Mitzscherlich 2010, S. 10). Diesen Gedanken, für sich und andere Verantwortung zu übernehmen und sein Handeln an einen Ort zu binden, zumindest temporär, den greift auch Simone Egger auf: „Länger an einem Ort zu leben, bedeutet ja nicht nur, sozial eingebunden, sondern auch verantwortlich zu sein" (Egger 2014, S. 157). Der Nahraum, sozial eingebunden und sozial verantwortlich: das charakterisiert Heimat und das sind zugleich Anknüpfungspunkte für die These, dass

Engagement Heimat schafft. Bürgerschaftliches Engagement wird an der Schnittstelle, wo die Privatsphäre auf den öffentlichen Raum trifft, gelebt und erbracht. Es orientiert sich an subjektiven Bedürfnissen, verfolgt Interessen und schafft Sinnorientierungen. Es ist somit Ausdruck eines individuellen Lebensstils. Von bürgerschaftlichem Engagement wird immer dann gesprochen, wenn Personen Tätigkeiten ausüben, die freiwillig, gemeinwohlorientiert im öffentlichen Raum stattfinden und nicht auf materiellen Gewinn ausgerichtet sind. Es geht darum, eigene Interessen zu vertreten, Spaß und Freude zu haben, eigene Ideen umzusetzen, Verantwortung zu übernehmen und sich zu verwirklichen: „für mich – für uns – für andere" ist das Credo (Deutscher Bundestag 2002).

Das illustrieren auf anschauliche Weise die in vielen Kommunen entstehenden Mehrgenerationenhäuser sowie die Mütter- und Nachbarschaftszentren. In diesen Räumen und Arrangements werden private und öffentliche Interessen ausgebaut, vernetzt und weiterentwickelt. Die Nachbarschaft wird entdeckt, konstruiert, betont und gestärkt. Dabei geht es ebenso um Mitverantwortung und Mitgestaltung. Bundesprogramme wie das Programm der Mehrgenerationenhäuser „Lokale Bündnisse für Familien" oder das Programm der „Sozialen Stadt" – sie alle initiieren, fördern und bündeln bürgerschaftliches Engagement.

Das konkrete Handeln findet dann vor Ort statt, also im kommunalen Raum – dort, wo Menschen ihre Heimat haben oder auf der Suche nach Heimat sind. Dort, wo das Thematisieren von Gefühlen der Zugehörigkeit erlaubt ist, von Loyalitäten und Verbindlichkeiten:

> „Heimat ist die Instanz, die zwischen dem Globalen, dem Lokalen und dem Individuum vermittelt und die als Voraussetzung für gesellschaftliche Partizipation und das Funktionieren einer Zivilgesellschaft gehandelt wird, wobei nicht formale Prozeduren der Integration, sondern vielmehr diejenigen Akte angesprochen werden, in denen gesellschaftliche Sichtbarkeit und Anerkennung hergestellt werden." (Binder 2008, S. 10)

Ohne außer Acht zu lassen, dass immer dort, wo von Heimat die Rede ist, auch Fragen der Zugehörigkeit, der Ausgrenzung und Grenzziehung eine Rolle spielen (Weber und Ferdinand 2009, S. 17). Damit stellt sich eine zentrale Frage: Wo kann denn eigentlich das Engagement erbracht werden, um die Teilnahme und Teilhabe umzusetzen? Die lokale Ebene ist in aller Regel der Ort des Geschehens. Eben dort, wo die Menschen ihre Lebenswelt, ihren Alltag und ihren Sozialraum haben – dort, wo sie zu Hause sind oder eben nicht. Die Ursprünge des Begriffs ‚Sozialraum' beziehen sich auf systematische Analysen moderner Städte durch die Chicagoer Schule in den 1920er-Jahren.

Dabei geht es – ganz im örtlichen Sinne betrachtet – auch um die Möglichkeit, die eigenen Lebensbedingungen zu beeinflussen, so zu leben, wie es zur eigenen Person passt, auszuwählen, zu gestalten und somit auch zu verantworten, wie das eigene Lebensumfeld und die eigenen Beziehungen aussehen. Der Aspekt der „Selbstverwirklichung" und die Handlungsfähigkeit sind eine wichtige Dimension von Beheimatung (Mitzscherlich 2010, S. 11) – und diese Dimension ist eine Schnittmenge zum bürgerschaftlichen Engagement. Wo, wenn nicht hier, können Menschen durch ihre Aktivitäten in ihrem Nahfeld Einfluss nehmen? Im Quartier, im Nachbarschaftszentrum, im Alten- und Pflegeheim, in der ambulanten Wohngruppe, in der Kita und Schule, im Sportverein, im Umweltbereich, bei Paten- oder Mentorenprojekten, im kirchlichen Umfeld und bei den Wohlfahrtsverbänden. Überall finden Bürgerinnen und Bürger Möglichkeiten des Handelns oder sehen Anlass für eigene Initiativen. Sie werden aktiv, weil sie sich einem Ort zugehörig fühlen, sei es schon immer und eben gerade jetzt.

Dieses freiwillige Handeln ist mit Beheimatung verbunden und schafft Heimat. Die Volkskundlerin Ina-Maria Greverus sah bereits in den 1970er-Jahren, gerade angesichts der vielgestaltigen Bürgerprotestbewegungen, die in dieser Zeit entstanden sind, dass im Protest ein Aneignungsakt liegt in dem Sinne, dass Bereiche seiner Heimat errungen werden. In diese Entwicklungslinie passt der Diskurs um bürgerschaftliches Engagement und die Ergänzung der Partizipation. Auf den Punkt gebracht heißt das aber auch, dass es ohne engagierte Bürger keine lebendige Kommune gibt (Hummel 2011a, S. 793). Als Folge gesellschaftlicher Individualisierungs- und Pluralisierungsprozesse (Olk und Hartnuß 2011, S. 147) in der Diskussion um die Reform des Sozialstaats und um die Weiterentwicklung der Demokratie gewinnt das freiwillige Engagement an Attraktivität und bedeutet letztlich die Stärkung der Bürger- oder Zivilgesellschaft.

Literaturempfehlungen

Zur Auseinandersetzung zum Mehrwert des Engagements

Roß, P.-S. (2014a). Freiwilliges Engagement. In U. Arnold, K. Grunwald, & B. Maelicke (Hrsg.), *Lehrbuch der Sozialwirtschaft* (4. erw., S. 417–438). Baden-Baden: Nomos.

Die Problematik, Engagierte in der Konkurrenz zu hauptamtlichen Fachkräften zu sehen

Bundesministerium für Familie, Senioren, Frauen und Jugend [BMFSJ] (2017). (Hrsg.). *Zweiter Engagementbericht über die Entwicklung des bürgerschaftlichen Engagements in der Bundesrepublik Deutschland. Schwerpunktthema: „Demografischer Wandel und bürgerschaftliches Engagement: Der Beitrag des Engagements zur lokalen Entwicklung"*. Berlin.

Ausarbeitung zum Themenfeld des unternehmerischen Engagements

Endres, E., & Thiess, M. (2012a). Corporate Citizenship. Neue Formen der Vernetzung zwischen Unternehmen und Gemeinwohlorganisationen. In D. Rosenkranz & A. Weber (Hrsg.), *Freiwilligenarbeit. Einführung in das Management von Ehrenamtlichen in der Sozialen Arbeit* (2. akt., S. 169–179). Weinheim: Beltz Juventa.

Das Engagement in der Zuwanderungsgesellschaft

Uslucan, H.-H. (2015a). Freiwilliges Engagement von Zuwanderern. *Aus Politik und Zeitschichte (ApuZ) Engagement, 65*(14–15), 28–34.

Literatur

Backhaus-Maul, H. (2011). Corporate citizenship/corporate social responsibility. In Deutscher Verein für öffentliche und private Fürsorge (Hrsg.), *Fachlexikon der sozialen Arbeit* (S. 155–156). Baden-Baden: Nomos.

Bausinger, H. (1980). Kulturelle Identität – Schlagwort und Wirklichkeit. In K. Köstlin (Hrsg.), *Heimat und Identität. Probleme regionaler Kultur* (S. 9–24). Neumünster: Karl Wachholtz.

Beck, U. (2015). *Risikogesellschaft Auf dem Weg in eine andere Moderne* (22. Aufl.). Frankfurt a. M.: Suhrkamp.

Binder, B. (2008). Heimat als Begriff der Gegenwartsanalyse? Gefühle der Zugehörigkeit und soziale Imaginationen in der Auseinandersetzung um Einwanderung. In Deutsche Gesellschaft für Volkskunde (Hrsg.), *Zeitschrift für Volkskunde* (S. 1–17). Münster: Waxmann.

Brödel, R. (2006). Bürgerschaftliches Engagement und Weiterbildung. *Report 29*(3), 70–78. https://www.die-bonn.de/doks/broedel0601.pdf. Zugriffen: 15. Jan. 2016.

Bundesministerium für Familie, Senioren, Frauen und Jugend [BMFSJ] (Hrsg.). (2012). *Erster Engagementbericht 2012. Für eine Kultur der Mitverantwortung*. Berlin.

Bundesministerium für Familie, Senioren, Frauen und Jugend [BMFSJ] (Hrsg.). (2017). *Zweiter Engagementbericht über die Entwicklung des bürgerschaftlichen Engagements in der Bundesrepublik Deutschland. Schwerpunktthema: „Demografischer Wandel und bürgerschaftliches Engagement: Der Beitrag des Engagements zur lokalen Entwicklung"*. Berlin.

Der Paritätische Baden-Württemberg (2014). *Migrantenselbstorganisationen. Für ein Engagement in einer Gesellschaft der Vielfalte*. https://paritaet-bw.de/uploads/media/Bro_Vielfalt_erleben_web.pdf. Zugriffen: 15. Okt. 2017.

Deutscher Bundestag (2002). *Bericht der Enquete-Kommission „Zukunft des Bürgerschaftlichen Engagements". Bürgerschaftliches Engagement: auf dem Weg in eine zukunftsfähige Bürgergesellschaft. Drucksache 14/8900*. https://dipbt.bundestag.de/doc/btd/14/089/1408900.pdf. Zugegriffen: 7. Dezember 2015.

Egger, S. (2014). *Heimat: Wie wir unseren Sehnsuchtsort immer wieder neu erfinden*. München: Riemann.

Endres, E., & Thiess, M. (2012b). Corporate Citizenship. Neue Formen der Vernetzung zwischen Unternehmen und Gemeinwohlorganisationen. In D. Rosenkranz & A. Weber (Hrsg.), *Freiwilligenarbeit. Einführung in das Management von Ehrenamtlichen in der Sozialen Arbeit* (2. akt., S. 169–179). Weinheim: Beltz Juventa.

Eppenstein, Th. (2010). Interkulturelle Heimatfindung – Migration und die Kunst ein Zuhause zu haben. In *epd Dokumentation, Heimat im 21. Jahrhundert – Moderne, Mobilität, Missbrauch und Utopie* (S. 24–32). Frankfurt a. M.: Gemeinschaftswerk der Evangelischen Publizistik.

Evers, A., & Olk, T. (1996). *Wohlfahrtspluralismus. Vom Wohlfahrtsstaat zur Wohlfahrtsgesellschaft*. Opladen: Westdeutscher Verlag.

Gesemann, F., & Roth, R. (2017). Bürgerschaftliches Engagement in der kommunalen Flüchtlings- und Integrationspolitik. Ergebnisse einer Umfrage bei Städten, Landkreisen und Gemeinden. In A. Klein, R. Sprengel, & J. Neuling (Hrsg.), *Jahrbuch Engagementpolitik. Engagement für und mit Geflüchteten* (S. 140–145). Schwalbach/Ts.: Wochenschau Verlag.

Helmer-Denzel, A., & Weber, U. (2016). *Rahmenbedingungen für die Qualifizierung von bürgerschaftlich Engagierten und Fachkräften des bürgerschaftlichen Engagements in Baden-Württemberg*. Stuttgart: Studie im Auftrag des Ministeriums für Soziales und Integration Baden-Württemberg.

Hollstein, B. (2015). *Ehrenamt verstehen. Eine handlungstheoretische Analyse*. Frankfurt a. M., New York: Campus.

Hummel, K. (2011a). Kommune. In T. Olk & B. Hartnuß (Hrsg.), *Handbuch Bürgerschaftliches Engagement* (S. 777–798). Weinheim, Basel: Beltz Juventa.

Hummel, K. (2011b). Engagementförderung in der Stadt- und Dorfentwicklung. In A. Klein, P. Fuchs, & A. Flohé (Hrsg.), *Handbuch Kommunale Engagementförderung im sozialen Bereich* (S. 104–122). Berlin: Eigenverlag des Deutschen Vereins für öffentliche und private Fürsorge e. V.

Hummel, K. (2017). Die Reifeprüfung der Zivilgesellschaft. In A. Klein, R. Sprengel, & J. Neuling (Hrsg.), *Jahrbuch Engagementpolitik. Engagement für und mit Geflüchteten* (S. 130–133). Schwalbach/Ts.: Wochenschau Verlag.

Huth, S. (2011). Bürgerschaftliches Engagement von und mit Menschen mit Migrationshintergrund. In A. Klein, P. Fuchs, & A. Flohé (Hrsg.), *Handbuch Kommunale Engagementförderung im sozialen Bereich* (S. 201–205). Berlin: Eigenverlag des Deutschen Vereins für öffentliche und private Fürsorge e. V.

Klein, A. (2017). Bedarfe der Engagementförderung in der Flüchtlingshilfe. In A. Klein, R. Sprengel, & J. Neuling (Hrsg.), *Jahrbuch Engagementpolitik. Engagement für und mit Geflüchteten* (S. 122–129). Schwalbach/Ts.: Wochenschau.

Klein, A., Olk, T., & Hartnuß, B. (2010). Engagementpolitik als Politikfeld: Entwicklungserfordernisse und Perspektiven. In T. Olk, A. Klein, & B. Hartnuß (Hrsg.), *Engagementpolitik. Die Entwicklung der Zivilgesellschaft als politische Aufgabe* (S. 24–62). Wiesbaden: VS Verlag.

Lang, R. (2017). Angebot. *Gute Sache – Qualifizierung für Unternehmenskooperationen*.https://www.gute-sachen.org/ueber-gute-sache/angebot/. Zugriffen: 25. Sept. 2017.

Mitzscherlich, B. (2010). „Was ist Heimat heute?" Eine psychologische Perspektive auf die Möglichkeit. In *epd Dokumentation, Heimat im 21. Jahrhundert - Moderne, Mobilität, Missbrauch und Utopie* (S. 7–12). Frankfurt a. M.: Gemeinschaftswerk der Evangelischen Publizistik.

Olk, Th., & Hartnuß, B. (2011). Bürgerschaftliches Engagement. In Th. Olk & B. Hartnuß (Hrsg.), *Handbuch Bürgerschaftliches Engagement* (S. 145–162). Weinheim, Basel: Beltz Juventa.

Redmann, B. (2015). *Erfolgreich führen im Ehrenamt. Ein Praxisleitfaden für freiwillig engagierte Menschen.* Wiesbaden: Springer Gabler.

Reifenhäuser, C., Hoffmann, S., & Kegel, T. (2017). *Freiwilligen-Management*. Regensburg: Walhalla.

Röbke, T. (2012). Freiwilligenmanagement zwischen Engagementpolitik und Praxis vor Ort. In D. Rosenkranz & A. Weber (Hrsg.), *Freiwilligenarbeit. Einführung in das Management von Ehrenamtlichen in der Sozialen Arbeit* (2. akt., S. 15–27). Weinheim: Beltz Juventa.

Rosenkranz, D., & Görtler, E. (2012). Woher kommen künftig die Freiwilligen? Die Notwendigkeit einer gezielten Engagementplanung in der Wohlfahrtspflege. In D. Rosenkranz & A. Weber (Hrsg.), *Freiwilligenarbeit. Einführung in das Management von Ehrenamtlichen in der Sozialen Arbeit* (2. akt., S. 46–56). Weinheim: Beltz Juventa.

Roß, P.-S. (2012). *Demokratie weiter denken. Reflexionen zur Förderung bürgerschaftlichen Engagements in der Bürgerkommune.* Baden-Baden: Nomos.

Roß, P.-S. (2014b). Freiwilliges Engagement. In U. Arnold, K. Grunwald, & B. Maelicke (Hrsg.), *Lehrbuch der Sozialwirtschaft* (4. erw., S. 417–438). Baden-Baden: Nomos.

Roß, P.-S., & Steiner, I. (2014). Vielfalt des Engagements in einer offenen Gesellschaft. Warum wir die Diskussion über „Freiwilliges Engagement von Menschen mit Migrationshintergrund" hinter uns lassen sollten. *bbe-newsletter 21*. https://www.b-b-e.de/fileadmin/inhalte/aktuelles/2014/11/NL21_Gastbeitrag_Ross_Steiner.pdf. Zugriffen: 20. Okt. 2017.

Schmitt-Roschmann, B., 2011. *Heimat - Sehnsuchtsort und Orientierungspunkt* Landeskulturverband Schleswig-Holstein e.V., Simonson, J., Vogel, C., & Tesch-Römer, C. (Hrsg.). (2017). *Freiwilliges Engagement in Deutschland. Der Deutsche Freiwilligensurvey 2014*. Wiesbaden: Springer VS.

Simonson, J., Vogel, C., & Tesch-Römer, C. (Hrsg.). *Freiwilliges Engagementin Deutschland. Der Deutsche Freiwilligensurvey 2016.* Wiesbaden: Springer VS.

Sozialministerium Baden-Württemberg. (2014). *Nachhaltigkeit und CSR.* https://www.csr-in-deutschland.de/DE/Was-ist-CSR/Grundlagen/Nachhaltigkeit-und-CSR/nachhaltigkeit-und-csr.html. Zugriffen: 25. Sept. 2017.

Statista. (2019). *Verteilung der Bevölkerung* in Deutschland nach Migrationshintergrund im Jahr 2018.* https://de.statista.com/statistik/daten/studie/1236/umfrage/migrationshintergrund-der-bevoelkerung-in-deutschland/. Zugriffen: 02. Aug. 2019.

Steinbacher, E. (2004). *Bürgerschaftliches Engagement in Wohlfahrtsverbänden. Professionelle und organisationale Herausforderungen in der Sozialen Arbeit.* Wiesbaden: Deutscher Universitäts-Verlag.

Thränhardt, D. (2010). Engagement und Integration. In T. Olk, A. Klein, & B. Hartnuß (Hrsg.), *Engagementpolitik. Die Entwicklung der Zivilgesellschaft als politische Aufgabe* (S. 510–524). Wiesbaden: VS Verlag.

Uslucan, H.-H. (2015). Freiwilliges Engagement von Zuwanderern. *Aus Politik und Zeitschichte (ApuZ). Engagement, 65*(14–15), 28–34.

Vandamme, R. (2007). Monetarisierung und Bürgerschaftliches Engagement – Plädoyer für eine konsequente Stärkung des Bürgerschaftlichen Engagements! *BBE newsletter* 24/2007. https://www.b-b-e.de/uploads/media/nl24_vandamme.pdf. Zugegriffen: 20. Okt. 2017.

Weber, U., & Ferdinand, A. C. (Hrsg.). (2009). *Heimat in Reutlingen. Draufsichten, Einsichten, Aussichten.* Reutlingen: Oertel und Spörer.

Literatur

Alberg-Seberich, M., Backhaus-Maul, H., Nährlich, S., Rickert, A., & Speth, R. (2015). Über die Zukunft von Engagement und Engagementpolitik. *Aus Politik und Zeitgeschichte (APuZ) Engagement,* 65(14152015), 15–21.
AOK-Bundesverband. (2016). *Drittes Pflegestärkungsgesetz (PSG III).* https://www.aok-bv.de/hintergrund/gesetze/index_16397.html. Zugriffen: 25. Juni 2019.
Backhaus-Maul, H. (2011). Corporate citizenship/corporate social responsibility. In Deutscher Verein für öffentliche und private Fürsorge (Hrsg.), *Fachlexikon der sozialen Arbeit* (S. 155–156). Baden-Baden: Nomos.
Backhaus-Maul, H. (2011). Zivilgesellschaft. In Deutscher Verein für öffentliche und private Fürsorge (Hrsg.), *Fachlexikon der sozialen Arbeit* (S. 998–999). Baden-Baden: Nomos.
Backhaus-Maul, H., Speck, K., Hörnlein, M., & Krohn, M. (Hrsg.). (2015). *Engagement in der Wohlfahrtspflege. Empirische Befunde aus der Terra incognita eines Spitzenverbandes.* Wiesbaden: Springer VS.
Bausinger, H. (1980). Kulturelle Identität – Schlagwort und Wirklichkeit. In K. Köstlin (Hrsg.), *Heimat und Identität. Probleme regionaler Kultur* (S. 9–24). Neumünster: Karl Wachholtz.
Beck, U. (2015). *Risikogesellschaft. Auf dem Weg in eine andere Moderne* (22. Aufl.). Frankfurt a. M.: Suhrkamp.
Behringer, J. (2016). Sich in die eigenen Angelegenheiten einmischen. Das politische Potential freiwilligen Engagements. In A. Klein, R. Sprengel, & J. Neuling (Hrsg.), *Jahrbuch Engagementpolitik 2016. Engagement und Partizipation* (S. 99–109). Schwalbach/Ts.: Wochenschau Verlag.
Benighaus, Ch., Wachinger, G., & Renn, O. (Hrsg.). (2016). *Bürgerbeteiligung. Konzepte und Lösungswege für die Praxis.* Frankfurt a. M.: Wolfgang Metzner.
Bertelsmann Stiftung (2014). *Partizipation im Wandel – Unsere Demokratie zwischen Wählen, Mitmachen und Mitentscheiden.* Gütersloh: Bertelsmann Stiftung.
Beyer, T. (2012). Identität statt Ressource. Das Ehrenamt und die Freie Wohlfahrtspflege. In D. Rosenkranz & A. Weber (Hrsg.), *Freiwilligenarbeit. Einführung in das Management von Ehrenamtlichen in der Sozialen Arbeit* (2. akt., S. 27–34). Weinheim: Beltz Juventa.

Biedermann, C. (2012). Freiwilligen-Management: Die Zusammenarbeit mit Freiwilligen organisieren. In D. Rosenkranz & A. Weber (Hrsg.), *Freiwilligenarbeit. Einführung in das Management von Ehrenamtlichen in der Sozialen Arbeit* (2. akt., S. 57–66). Weinheim: Beltz Juventa.

Bierhoff, H.-W. (2002). Wie entsteht soziales Engagement und wie wird es aufrechterhalten? In D. Rosenkranz & A. Weber (Hrsg.), *Freiwilligenarbeit. Einführung in das Management von Ehrenamtlichen in der Sozialen Arbeit* (1. Aufl., S. 21–30). Weinheim: Juventa.

Binder, B. (2008). Heimat als Begriff der Gegenwartsanalyse? Gefühle der Zugehörigkeit und soziale Imaginationen in der Auseinandersetzung um Einwanderung. In Deutsche Gesellschaft für Volkskunde (Hrsg.), *Zeitschrift für Volkskunde* (S. 1–17). Münster: Waxmann.

Bogumil, J., & Holtkamp, L. (2006). *Kommunalpolitik und Kommunalverwaltung. Eine policyorientierte Einführung*. Wiesbaden: VS-Verlag.

Bogumil, J., & Holtkamp, L. (2010). Die kommunale Ebene. In T. Olk, A. Klein, & B. Hartnuß (Hrsg.), *Engagementpolitik. Die Entwicklung der Zivilgesellschaft als politische Aufgabe* (S. 382–403). Wiesbaden: VS Verlag.

Braun, S. (2003). *Putnam und Bourdieu und das soziale Kapital in Deutschland. Der rhetorische Kurswert einer sozialwissenschaftlichen Kategorie*. Universität Potsdam, Arbeitspapier 2/2003.

Braun, S. (2011). Sozialkapital. In T. Olk & B. Hartnuß (Hrsg.), *Handbuch Bürgerschaftliches Engagement* (S. 53–64). Weinheim, Basel: Beltz Juventa.

Braun, J., & Klages, H. (Hrsg.). (2001). *Freiwilliges Engagement in Deutschland. Freiwilligensurvey 1999. Ergebnisse der Repräsentativerhebung zu Ehrenamt, Freiwilligenarbeit und bürgerschaftlichem Engagement. Band 2: Zugangswege zum freiwilligen Engagement und Engagementpotential in den neuen und alten Bundesländern*. Stuttgart: Kohlhammer.

Brödel, R. (2006). Bürgerschaftliches Engagement und Weiterbildung. *Report* 29(3), 70–78. https://www.die-bonn.de/doks/broedel0601.pdf. Zugriffen: 15. Jan. 2016.

Bubolz-Lutz, E., & Mörchen, A. (Hrsg.). (2013). *Zukunftsfaktor Bürgerengagement. Entwicklungswerkstatt für kommunale Engagementstrategien. Impulse – Konzepte – Ergebnisse*. Witten: FoGera. https://www.engagiert-in-nrw.de/sites/default/files/asset/document/zukunftsfaktor_be_publikation_web.pdf. Zugriffen: 18. Mai 2020.

Bundesarbeitsgemeinschaft der Freien Wohlfahrtspflege e. V. [BAGFW] (Hrsg.). (2014). *Die Freie Wohlfahrtspflege – Vom Menschen für Menschen*. https://www.bagfw.de/fileadmin/user_upload/Veroeffentlichungen/Publikationen/BAGFW_Imagbrosch_Webversion.pdf. Zugriffen: 02. Juli 2019.

Bundesarbeitsgemeinschaft der Freien Wohlfahrtspflege e. V. [BAGFW]. (2016). *Stellungnahme der BAGFW zum Gesetzentwurf für ein Drittes Gesetz zur Stärkung der pflegerischen Versorgung und zur Änderung weiterer Gesetze (Drittes Pflegestärkungsgesetz – PSG III)*. https://www.bagfw.de/fileadmin/user_upload/Veroeffentlichungen/Stellungnahmen/2016/2016-10-12_Stellungnahme_PSG_III_final.pdf. Zugriffen: 25. Juni 2019.

Bundesarbeitsgemeinschaft der Freien Wohlfahrtspflege e. V. [BAGFW]. (o. J.a). *Geschichte der Freien Wohlfahrtspflege in Deutschland*. https://www.bagfw.de/ueber-uns/freie-wohlfahrtspflege-deutschland/geschichte. Zugegriffen: 02. Juli 2019.

Bundesarbeitsgemeinschaft der Freien Wohlfahrtspflege e. V. [BAGFW]. (o. J.b). *Selbstverständnis.* https://www.bagfw.de/ueber-uns/freie-wohlfahrtspflege-deutschland/selbstverstaendnis. Zugegriffen: 03. Juli 2019.

Bundesministerium für Familie, Senioren, Frauen und Jugend [BMFSJ], (Hrsg.). (2012). *Erster Engagementbericht 2012.* Berlin: Für eine Kultur der Mitverantwortung.

Bundesministerium für Familie, Senioren, Frauen und Jugend [BMFSJ] (Hrsg.). (2017). *Zweiter Engagementbericht über die Entwicklung des bürgerschaftlichen Engagements in der Bundesrepublik Deutschland. Schwerpunktthema: „Demografischer Wandel und bürgerschaftliches Engagement: Der Beitrag des Engagements zur lokalen Entwicklung".* Berlin.

Bundesministerium für Familien, Senioren, Frauen und Jugend [BMFSJ]. (2017). *Engagement ist unverzichtbar für gesellschaftlichen Zusammenhalt.* 29. März 2017. https://www.bmfsfj.de/bmfsfj/aktuelles/alle-meldungen/engagement-ist-unverzichtbar-fuer-gesellschaftlichen-zusammenhalt/115540. Zugriffen: 04. Juli 2017.

Dahme, H.-J., & Wohlfahrt, N. (2011). Freie Wohlfahrtspflege und Bürgerschaftliches Engagement – eine Zwischenbilanz. *Theorie und Praxis in der sozialen Arbeit, 2*(2011), 115–124.

Der Paritätische Baden Württemberg. (2014). *Migrantenselbstorganisationen. Für ein Engagement in einer Gesellschaft der Vielfalte.* https://paritaet-bw.de/uploads/media/Bro_Vielfalt_erleben_web.pdf. Zugriffen: 15. Okt. 2017.

Deutscher Bundestag. (2002). *Bericht der Enquete-Kommission „Zukunft des Bürgerschaftlichen Engagements". Bürgerschaftliches Engagement: auf dem Weg in eine zukunftsfähige Bürgergesellschaft. Drucksache 14/8900.* https://dipbt.bundestag.de/doc/btd/14/089/1408900.pdf. Zugegriffen: 07. Dez. 2015.

Deutscher Bundestag. (2014). *Bericht über die Arbeit des Unterausschusses „Bürgerschaftliches Engagement" in der 18. Wahlperiode.* 21. Juni 2017. https://www.bundestag.de/blob/513862/7c9ffc16f16788205c1842567f62c6e7/bericht-18--wp-data.pdf. Zugriffen: 02. Juli 2017.

Dix, Y. (2005). *Ehrenamt als Ersatz für die Soziale Arbeit?! Die aktuelle Entwicklung im Verhältnis Ehrenamt – Soziale Arbeit und ihre Zukunftsperspektiven.* Norderstedt: Grin.

Droß, P. J. (2013). Ökonomisierungstrends im Dritter Sektor. Discussion Paper SP V 2013–301. *Wissenschaftszentrum Berlin für Sozialforschung.* https://bibliothek.wzb.eu/pdf/2013/v13-301.pdf. Zugriffen: 05. Juli 2019.

Düx, W., Sass, E., Prein, G., & Tully, C. J. (Hrsg.). (2008). *Kompetenzerwerb im Freiwilligen Engagement. Eine empirische Studie zum informellen Lernen im Jugendalter.* Wiesbaden: VS-Verlag.

Ebert, O., & Speck, K. (2011). Freiwilligenagenturen. In Th. Olk & B. Hartnuß (Hrsg.), *Handbuch Bürgerschaftliches Engagement* (S. 553–566). Weinheim, Basel: Beltz Juventa.

Egger, S. (2014). *Heimat: Wie wir unseren Sehnsuchtsort immer wieder neu erfinden.* München: Riemann.

Embacher, S. (2011). „Ein inneres Geländer": kommunale Leitbilder für die Förderung bürgerschaftlichen Engagements. In A. Klein, P. Fuchs, & A. Flohé (Hrsg.), *Handbuch Kommunale Engagementförderung im sozialen Bereich* (S. 247–257). Berlin: Eigenverlag des Deutschen Vereins für öffentliche und private Fürsorge e. V.

Embacher, S., & Lang, S. (2008). *Bürgergesellschaft. Lern- und Arbeitsbuch Bürgergesellschaft*. Bonn: J. H. W. Dietz.
Endres, E., & Thiess, M. (2012). Corporate Citizenship. Neue Formen der Vernetzung zwischen Unternehmen und Gemeinwohlorganisationen. In D. Rosenkranz & A. Weber (Hrsg.), *Freiwilligenarbeit. Einführung in das Management von Ehrenamtlichen in der Sozialen Arbeit* (2. akt., S. 169–179). Weinheim: Beltz Juventa.
Enquete-Kommission (2002). *Bürgerschaftliches Engagement – auf dem Weg in eine zukunftsfähige Bürgergesellschaft. „Zukunft des Bürgerschaftlichen Engagements" des Deutschen Bundestages*. Schriftenreihe Band 4. Opladen: Leske & Budrich.
Eppenstein, T. (2010). Interkulturelle Heimatfindung – Migration und die Kunst ein Zuhause zu haben. In *epd Dokumentation, Heimat im 21. Jahrhundert – Moderne, Mobilität, Missbrauch und Utopie* (S. 24–32). Frankfurt a. M.: Gemeinschaftswerk der Evangelischen Publizistik.
Erler, G. (2013). Bürgerbeteiligung – der Sprung vom Helfen zum Mitentscheiden. In A. Klein, R. Sprengel, & J. Neuling (Hrsg.), *Jahrbuch Engagementpolitik 2013. Staat und Zivilgesellschaft* (S. 43–48). Schwalbach/Ts.: Wochenschau Verlag.
Evers, A. (2009). Bürgergesellschaftliches Engagement. Versuch, einem Allerweltsbegriff wieder Bedeutung zu geben. In I. Bode, A. Evers, & A. Klein (Hrsg.), *Bürgergesellschaft als Projekt. Eine Bestandsaufnahme zu Entwicklung und Förderung zivilgesellschaftlicher Potentiale in Deutschland* (S. 66–79). Wiesbaden: VS Verlag.
Evers, A. (2011). Der Bezugsrahmen Zivilgesellschaft. Definitionen und ihre Konsequenzen für die Engagementforschung. *Soziale Arbeit. Zeitschrift für soziale und sozialverwandte Gebiete, 60*(Juni), 207–219.
Evers, A. (2011b). Wohlfahrtsmix. In Deutscher Verein für öffentliche und private Fürsorge (Hrsg.), *Fachlexikon der sozialen Arbeit* (7. Aufl., S. 979–980). Baden-Baden: Nomos.
Evers, A. (2016). Freiwilliges Engagement und Partizipation. Auf der Suche nach Verbindungen. In A. Klein, R. Sprengel, & J. Neuling (Hrsg.), *Jahrbuch Engagementpolitik 2016. Engagement und Partizipation* (S. 110–117). Schwalbach/Ts.: Wochenschau Verlag.
Evers, A., Klie, T., & Roß, P.-S. (2015). Die Vielfalt des Engagements. Eine Herausforderung an Gesellschaft und Politik. *Aus Politik und Zeitgeschichte (APuZ) Engagement, 65*(14–15), 3–9.
Evers, A., & Olk, T. (1996). *Wohlfahrtspluralismus. Vom Wohlfahrtsstaat zur Wohlfahrtsgesellschaft*. Opladen: Westdeutscher Verlag.
Gensicke, Th. (2006). Bürgerschaftliches Engagement in Deutschland. *Aus Politik und Zeitgeschichte, 12*(2006), 9.
Gerzer-Sass, A. (2011). Mehrgenerationenhäuser. In T. Olk & B. Hartnuß (Hrsg.), *Handbuch Bürgerschaftliches Engagement* (S. 567–576). Weinheim: Beltz Juventa.
Gesemann, F., & Roth, R. (2017). Bürgerschaftliches Engagement in der kommunalen Flüchtlings- und Integrationspolitik. Ergebnisse einer Umfrage bei Städten, Landkreisen und Gemeinden. In A. Klein, R. Sprengel & J. Neuling (Hrsg.), *Jahrbuch Engagementpolitik. Engagement für und mit Geflüchteten* (S. 140–145). Schwalbach/Ts.: Wochenschau Verlag.
Gesetzblatt für Baden-Württemberg. (2017). *Herausgegeben am 08.02.2017: Verordnung der Landesregierung über die Anerkennung der Angebote zur Unterstützung im Alltag nach § 45 a Absatz 3 SGB XI, zur Förderung ehrenamtlicher Strukturen*

und Weiterentwicklung der Versorgungsstrukturen und Versorgungskonzepte nach § 45 c Absatz 7 SGB XI sowie über die Förderung der Selbsthilfe nach § 45 d SGB XI (Unterstützungsangebote-Verordnung – UstA-VO) (S. 49–56). https://sozialministerium. baden-wuerttemberg.de/fileadmin/redaktion/m-sm/intern/downloads/Downloads_ Pflege/UstA-VO_Begruendung_2017.pdf. Zugriffen: 25. Juni 2019.

Glaser, U. (2012). Engagementförderung und Freiwilligenmanagement im kommunalen Aufgabenfeld. In D. Rosenkranz & A. Weber (Hrsg.), *Freiwilligenarbeit. Einführung in das Management von Ehrenamtlichen in der Sozialen Arbeit* (2. akt., S. 191–113). Aufl. Weinheim: Beltz Juventa.

Grohs, S., & Bogumil, J. (2011). Management sozialer Dienste. In A. Evers, R. G. Heinze, & T. Olk (Hrsg.), *Handbuch Soziale Dienste* (S. 299–314). Wiesbaden: VS Verlag.

Grunwald, K., & Steinbacher, E. (2008). Ehrenamt. In B. Maelicke (Hrsg.), *Lexikon der Sozialwirtschaft* (1. Aufl., S. 275–279). Baden-Baden: Nomos.

Grunwald, K., & Langer, A. (Hrsg.). (2018). *Sozialwirtschaft Handbuch für Wissenschaft und Praxis*. Baden-Baden: Nomos.

Habermas, J. (1981). *Theorie des kommunikativen Handelns* (Bd. 2). Frankfurt a. M.: Suhrkamp.

Hamburger, F. (2011). Soziale Arbeit. In Th. Olk & B. Hartnuß (Hrsg.), *Handbuch Bürgerschaftliches Engagement* (S. 317–328). Weinheim, Basel: Beltz Juventa.

Hartnuß, B. (2018). *Bürgerschaftliches Engagement und Soziale Arbeit. Ein Studienbuch für die Praxis*. Bremen: Apollon University Press.

Hartwig, J., & Kroneberg, D. W. (Hrsg.). (2015). *Praxis Bürgerkommune. Bürgerbeteiligung. Bürgernähe. Bürgerengagement*. Berlin: Lit.

Haubner, T. (2017). *Die Ausbeutung der sorgenden Gemeinschaft. Laienpflege in Deutschland*. Frankfurt a. M., New York: Campus.

Heinze, R. G. (2011). Verbände. In Th. Olk & B. Hartnuß (Hrsg.), *Handbuch Bürgerschaftliches Engagement* (S. 465–473). Weinheim, Basel: Beltz Juventa.

Heinze, R., & Olk, T. (1981): Die Wohlfahrtsverbände im System sozialer Dienstleistungsproduktion. *Kölner Zeitschrift für Soziologie und Sozialpsychologie, 33*. Jg., 94–114.

Heite, C. (2011). Professionalität im Post-Wohlfahrtsstaat. Zur aktivierungspolitischen Reformierung Sozialer Arbeit. In K. Böllert (Hrsg.), *Soziale Arbeit als Wohlfahrtsproduktion* (S. 107–124). Wiesbaden: Springer.

Helmer-Denzel, A., & Weber, U. (2016). *Rahmenbedingungen für die Qualifizierung von bürgerschaftlich Engagierten und Fachkräften des bürgerschaftlichen Engagements in Baden-Württemberg*. Stuttgart: Studie im Auftrag des Ministeriums für Soziales und Integration Baden-Württemberg.

Hilse-Carstensen, T., Meusel, S., & Zimmermann, G. (2019). Freiwilliges Engagement und soziale Inklusion. Perspektiven zweier gesellschaftlicher Phänomene in Wissenschaft und Praxis. In Dies. (Hrsg.), *Freiwilliges Engagement und soziale Inklusion. Perspektiven zweier gesellschaftlicher Phänomene in Wissenschaft und Praxis* (S. 11–23). Wiesbaden: Springer.

Hinn, G. (2011). Seniorenbüros. In Th. Olk & B. Hartnuß (Hrsg.), *Handbuch Bürgerschaftliches Engagement* (S. 541–552). Weinheim, Basel: Beltz Juventa.

Hoch, H., Klie, T., & Wegner, M., (Hrsg.). (2010). *Zweiter wissenschaftlicher Landesbericht zu bürgerschaftlichem Engagement und Ehrenamt in Baden-Württemberg in den*

Jahren 2004/2005/2006. Freiburg: Zentrum für zivilgesellschaftliche Entwicklung an der Evangelischen Fachhochschule.

Hoeft, Ch., Klatt, J., Klimmeck, A., Kopp, J., Messinger, S., Rugenstein, J., & Walter, F. (Hrsg.). (2014). *Wer organisiert die „Entbehrlichen"? Viertelgestalterinnen und Viertelgestalter in benachteiligten Stadtquartieren*. Bielefeld: Transcript.

Hollstein, B. (2015). *Ehrenamt verstehen. Eine handlungstheoretische Analyse*. Frankfurt a. M.: Campus.

Hummel, K. (2011a). Kommune. In Th. Olk & B. Hartnuß (Hrsg.), *Handbuch Bürgerschaftliches Engagement* (S. 777–798). Weinheim, Basel: Beltz Juventa.

Hummel, K. (2011b). Engagementförderung in der Stadt- und Dorfentwicklung. In A. Klein, P. Fuchs, & A. Flohé (Hrsg.), *Handbuch Kommunale Engagementförderung im sozialen Bereich* (S. 104–122). Berlin: Eigenverlag des Deutschen Vereins für öffentliche und private Fürsorge e. V.

Hummel, K. (2017). Die Reifeprüfung der Zivilgesellschaft. In A. Klein, R. Sprengel, & J. Neuling (Hrsg.), *Jahrbuch Engagementpolitik. Engagement für und mit Geflüchteten* (S. 130–133). Schwalbach/Ts.: Wochenschau Verlag.

Huth, S. (2011). Bürgerschaftliches Engagement von und mit Menschen mit Migrationshintergrund. In A. Klein, P. Fuchs, & A. Flohé (Hrsg.), *Handbuch Kommunale Engagementförderung im sozialen Bereich* (S. 201–205). Berlin: Eigenverlag des Deutschen Vereins für öffentliche und private Fürsorge e. V.

Jakob, G. (2010). Infrastrukturen und Anlaufstellen zur Engagementförderung in den Kommunen. In T. Olk, A. Klein, & B. Hartnuß (Hrsg.), *Engagementpolitik. Die Entwicklung der Zivilgesellschaft als politische Aufgabe* (S. 233–259). Wiesbaden: VS Verlag.

Jakob, G., & Röbke, Th. (2011). Engagementfördernde Infrastrukturen im kommunalen Wohlfahrtsmix. In A. Klein, P. Fuchs, & A. Flohé (Hrsg.), *Handbuch Kommunale Engagementförderung im sozialen Bereich* (S. 290–303). Berlin: Eigenverlag des Deutschen Vereins für öffentliche und private Fürsorge e. V.

Kegel, Th. (2017). Sozialmanagement und Freiwilligen-Management – eine sinnvolle Ergänzung. In C. Reifenhäuser, S. G. Hoffmann, & T. Kegel (Hrsg.), *Freiwilligen-Management* (S. 53–82). Regensburg: Walhalla.

Keupp, H. (2001). *Bürgergesellschaftliches Engagement als Basis posttraditionaler Gemeinschaftsbildung: Zur sozialpsychologischen Infrastruktur spätmoderner Gesellschaften*. https://www.ipp-muenchen.de/texte. Zugegriffen: 08. Nov. 2017.

Klein, A. (2011a). Der Begriff „Bürgerschaftliches Engagement". In A. Klein, P. Fuchs, & A. Flohé (Hrsg.), *Handbuch Kommunale Engagementförderung im sozialen Bereich* (S. 36–39). Berlin: Eigenverlag des Deutschen Vereins für öffentliche und private Fürsorge e. V.

Klein, A. (2011b). Zivilgesellschaft/Bürgergesellschaft. In Th. Olk & B. Hartnuß (Hrsg.), *Handbuch Bürgerschaftliches Engagement* (S. 29–40). Weinheim, Basel: Beltz Juventa.

Klein, A. (2017). Bedarfe der Engagementförderung in der Flüchtlingshilfe. In A. Klein, R. Sprengel, & J. Neuling (Hrsg.), *Jahrbuch Engagementpolitik Engagement für und mit Geflüchteten* (S. 122–129). Schwalbach/Ts.: Wochenschau Verlag.

Klein, A., Fuchs, P., Schaaf-Derichs, C., & Neuling, J. (2014). Infrastruktureinrichtungen der Engagementförderung im kommunalen Raum. Nachhaltigkeit als zentrale Herausforderung der Engagementpolitik. In A. Klein, R. Sprengel, & J. Neuling (Hrsg.), *Jahrbuch Engagementpolitik 2014. Engagement- und Demokratiepolitik* (S. 106–113). Schwalbach/Ts.: Wochenschau Verlag.

Klein, A., Olk, Th., & Hartnuß, B. (2010). Engagementpolitik als Politikfeld: Entwicklungserfordernisse und Perspektiven. In T. Olk, A. Klein, & B. Hartnuß (Hrsg.), *Engagementpolitik. Die Entwicklung der Zivilgesellschaft als politische Aufgabe* (S. 24–62). Wiesbaden: VS Verlag.

Klein, A., Sprengel, R., & Neuling, J. (Hrsg.). (2016). *Jahrbuch Engagementpolitik 2016. Engagement und Partizipation.* Schwalbach/Ts.: Wochenschau Verlag.

Klie, T. (2015). Welfare Mix – Elf Thesen. In A. Klein, R. Sprengel, & J. Neuling (Hrsg.), *Jahrbuch Engagementpolitik. Engagement und Welfare Mix – Trends und Herausforderungen* (S. 28–31). Schwalbach/Ts.: Wochenschau Verlag.

Krell, W. (2012). Freiwilligen-Agenturen – Entwicklungsagenturen für bürgerschaftliches Engagement. In D. Rosenkranz & A. Weber (Hrsg.), *Freiwilligenarbeit. Einführung in das Management von Ehrenamtlichen in der Sozialen Arbeit* (2. akt., S. 78–89). Weinheim: Beltz Juventa.

Kuhn, U. (2015). Nur gemeinsam sind wir stark. Wohlfahrtsträger als Partner lokaler Verantwortungsgemeinschaften. In A. Klein, R. Sprengel, & J. Neuling (Hrsg.), *Jahrbuch Engagementpolitik. Engagement und Welfare Mix – Trends und Herausforderungen* (S. 37–42). Schwalbach/Ts.: Wochenschau Verlag.

Lang, R. (2017). Angebot. *Gute Sache – Qualifizierung für Unternehmenskooperationen.* https://www.gute-sachen.org/ueber-gute-sache/angebot/. Zugriffen: 25. Sept. 2017.

Lietzmann, H. J. (2016). Die Demokratisierung der Repräsentation. Dialogische Politik als neue Form der repräsentativen Demokratie. In M. Glaab (Hrsg.), *Politik mit Bürgern – Politik von Bürgern. Praxis und Perspektiven einer neuen Beteiligungskultur* (S. 41–57). Wiesbaden: Springer.

Lochner, B. (2008). *Ehrenamtliches Engagement in Wohlfahrtsverbänden. Die Notwendigkeit Ehrenamtliches Engagement in Wohlfahrtsverbänden neu zu bewerten und neu zu gestalten.* Saarbrücken: VDM Verlag Dr. Müller.

Lübking, U. (2011). Einführung: Die Notwendigkeit kommunaler Engagementförderung. In A. Klein, P. Fuchs, & A. Flohé (Hrsg.), *Handbuch Kommunale Engagementförderung im sozialen Bereich* (S. 11–26). Berlin: Eigenverlag des Deutschen Vereins für öffentliche und private Fürsorge e. V.

Merchel, J. (2013). Freie Wohlfahrtspflege. In K. Grunwald, G. Horcher, & B. Maelicke (Hrsg.), *Lexikon der Sozialwirtschaft* (2. Aufl., S. 364–368). Baden-Baden: Nomos.

Meyer, D. (o. J.). Freie Wohlfahrtspflege. *Konrad-Adenauer-Stiftung.* https://www.kas.de/web/soziale-marktwirtschaft/freie-wohlfahrtspflege. Zugriffen: 02. Juli 2019.

Ministerium für Soziales und Integration Baden-Württemberg. (2017). *Begründung I.* https://sozialministerium.baden-wuerttemberg.de/fileadmin/redaktion/m-sm/intern/downloads/Downloads_Pflege/UstA-VO_Begruendung_2017.pdf. Zugriffen: 24. Juni 2019.

Mitzscherlich, B. (2010). „Was ist Heimat heute?" Eine psychologische Perspektive auf die Möglichkeit. In *epd Dokumentation, Heimat im 21. Jahrhundert - Moderne, Mobilität, Missbrauch und Utopie* (S. 7–12). Frankfurt a. M.: Gemeinschaftswerk der Evangelischen Publizistik.

Munsch, Ch. (2005). *Die Effektivitätsfalle. Gemeinwesenarbeit und bürgerschaftliches Engagement zwischen Ergebnisorientierung und Lebensbewältigung.* Hohengehren: Schneider.
Neumann, D. (2016). *Das Ehrenamt nutzen. Zur Entstehung einer staatlichen Engagementpolitik in Deutschland.* Bielefeld: Transcript.
Olk, T. (2011). Freie Träger in der Sozialen Arbeit. In H.-U. Otto & H. Thiersch (Hrsg.) unter Mitarbeit von K. Grunwald, K. Böllert, G. Flösser & C. Füssenhäuser, *Handbuch Soziale Arbeit. Grundlagen der Sozialarbeit und Sozialpädagogik* (4., erw., Aufl., S. 415–428). München: Reinhardt.
Olk, Th., & Hartnuß, B. (2011). Bürgerschaftliches Engagement. In Th. Olk & B. Hartnuß (Hrsg.), *Handbuch Bürgerschaftliches Engagement* (S. 145–162). Weinheim: Beltz Juventa.
Oschmiansky, F. (2010). *Neues Steuerungsmodell und Verwaltungsmodernisierung.* https://www.bpb.de/politik/innenpolitik/arbeitsmarktpolitik/55048/steuerung-modernisierung. Zugriffen: 16. Aug. 2019.
Priller, E. (2016). Zivilgesellschaftliches Engagement. Eine Aufgabe für jede Nonprofit-Organisation und die Gesellschaft. In A. Zimmer & T. Hallmann (Hrsg.), *Nonprofit-Organisationen vor neuen Herausforderungen* (S. 161–173). Wiesbaden: Springer VS.
Priller, E., Alscher, M., Droß, P. J., Paul, F., Poldrack, C. J., Schmeißer, C., & Waitkus, N. (2013). *Dritte-Sektor-Organisationen heute: Eigene Ansprüche und ökonomische Herausforderungen Ergebnisse einer Organisationsbefragung.* Discussion Paper SP IV 2012–402. Berlin: Wissenschaftszentrum für Sozialforschung. https://bibliothek.wzb.eu/pdf/2012/iv12-402r2.pdf. Zugriffen: 05. Juli 2019.
Redmann, B. (2015). *Erfolgreich führen im Ehrenamt. Ein Praxisleitfaden für freiwillig engagierte Menschen.* Wiesbaden: Springer Gabler.
Reifenhäuser, C., Hoffmann, S. G., & Kegel, T. (2017). *Freiwilligen-Management.* Regensburg: Walhalla.
Röbke, Th. (2012). Freiwilligenmanagement zwischen Engagementpolitik und Praxis vor Ort. In D. Rosenkranz & A. Weber (Hrsg.), *Freiwilligenarbeit. Einführung in das Management von Ehrenamtlichen in der Sozialen Arbeit* (2. akt., S. 15–27). Weinheim: Beltz Juventa.
Rödl, Ch. (Hrsg.). (2016). *Newsletter Kompass Gesundheit und Soziales. Das dritte Pflegestärkungsgesetz,* Nürnberg. https://www.roedl.de/themen/kompass-gesundheit-soziales/05-2016/drittes-pflegestaerkungsgesetz. Zugriffen: 25. Juni 2019.
Rosenkranz, D., & Görtler, E. (2012). Woher kommen künftig die Freiwilligen? Die Notwendigkeit einer gezielten Engagementplanung in der Wohlfahrtspflege. In D. Rosenkranz & A. Weber (Hrsg.), *Freiwilligenarbeit. Einführung in das Management von Ehrenamtlichen in der Sozialen Arbeit* (2. Aufl., S. 46–56). Weinheim: Beltz Juventa.
Rosenkranz, D., & Weber, A. (2012). Freiwilligenarbeit in der Sozialen Arbeit zwischen Tradition, ‚Homöopathie' und Zukunftsaufgabe. In D. Rosenkranz & A. Weber (Hrsg.), *Freiwilligenarbeit. Einführung in das Management von Ehrenamtlichen in der Sozialen Arbeit* (2. akt., S. 11–14). Weinheim: Beltz Juventa.
Roß, P.-S. (2012). *Demokratie weiter denken. Reflexionen zur Förderung bürgerschaftlichen Engagements in der Bürgerkommune.* Baden-Baden: Nomos.

Roß, P.-S. (2013). Bürgerschaftliches Engagement. In K. Grunwald, G. Horcher, & B. Maelicke (Hrsg.), *Lexikon der Sozialwirtschaft* (2. Aufl., S. 179–184). Baden-Baden: Nomos.
Roß, P.-S. (2014). Freiwilliges Engagement. In U. Arnold, K. Grunwald, & B. Maelicke (Hrsg.), *Lehrbuch der Sozialwirtschaft* (4. erw., S. 417–438). Baden-Baden: Nomos.
Roß, P.-S. (2018). Governance. In K. Grunwald & A. Langer (Hrsg.), *Handbuch der Sozialwirtschaft* (S. 727–739). Baden-Baden: Nomos.
Roß, P.-S., & Steiner, I. (2014). Vielfalt des Engagements in einer offenen Gesellschaft. Warum wir die Diskussion über „Freiwilliges Engagement von Menschen mit Migrationshintergrund" hinter uns lassen sollten. *bbe-newsletter 21*. https://www.b-b-e.de/fileadmin/inhalte/aktuelles/2014/11/NL21_Gastbeitrag_Ross_Steiner.pdf. Zugriffen: 20. Okt. 2017.
Roth, R. (2011a). Das Politikfeld kommunale Engagementförderung – eine Bilanz. In A. Klein, P. Fuchs, & A. Flohé (Hrsg.), *Handbuch Kommunale Engagementförderung im sozialen Bereich* (S. 27–35). Berlin: Eigenverlag des Deutschen Vereins für öffentliche und private Fürsorge e. V.
Roth, R. (2011b). Partizipation. In T. Olk & B. Hartnuß (Hrsg.), *Handbuch Bürgerschaftliches Engagement* (S. 77–88). Weinheim: Beltz Juventa.
Roth, R. (2016). Entpolitisiertes bürgerschaftliches Engagement? Thesen zum Auseinanderdriften von freiwilligem Engagement und politischer Beteiligung. In A. Klein, R. Sprengel, & J. Neuling (Hrsg.), *Jahrbuch Engagementpolitik 2016. Engagement und Partizipation* (S. 118–130). Schwalbach/Ts.: Wochenschau Verlag.
Sachße, Ch. (2002). Traditionslinien bürgerschaftlichen Engagements in Deutschland. *Aus Politik und Zeitgeschichte, 9*, 3–5.
Sachße, Ch. (2011). Traditionslinien bürgerschaftlichen Engagements in Deutschland. In Th. Olk & B. Hartnuß (Hrsg.), *Handbuch Bürgerschaftliches Engagement* (S. 17–28). Weinheim: Beltz Juventa.
Schaaf-Derichs, C. (2011). Qualifizierung für hauptamtliche und freiwillige Akteure im bürgerschaftlichen Engagement. In A. Klein, P. Fuchs, & A. Flohé (Hrsg.), *Handbuch Kommunale Engagementförderung im sozialen Bereich* (S. 312–323). Berlin: Eigenverlag des Deutschen Vereins für öffentliche und private Fürsorge e. V.
Schade, J. (2002). „Zivilgesellschaft" – eine vielschichtige Debatte. *INEF Report. Institut für Entwicklung und Frieden der Gerhard-Mercator-Universität Duisburg 59*.
Schmid, J. (2010). Engagementpolitik auf Landesebene – Genese und Strukturierungen eines Politikfeldes. In T. Olk, A. Klein, & B. Hartnuß (Hrsg.), *Engagementpolitik. Die Entwicklung der Zivilgesellschaft als politische Aufgabe* (S. 352–381). Wiesbaden: VS Verlag.
Schmitt-Roschmann, B. (2011). *Heimat - Sehnsuchtsort und Orientierungspunkt*. Landeskulturverband Schleswig-Holstein e.V.
Simonson, J., Vogel, C., & Tesch-Römer, C. (Hrsg.). (2017). *Freiwilliges Engagement in Deutschland. Der Deutsche Freiwilligensurvey 2014*. Wiesbaden: Springer VS.
Sozialministerium Baden-Württemberg (2014). *Nachhaltigkeit und CSR*. https://www.csr-in-deutschland.de/DE/Was-ist-CSR/Grundlagen/Nachhaltigkeit-und-CSR/nachhaltigkeit-und-csr.html. Zugriffen: 25. Sept. 2017.
Srikiow, L. (2013). Die Mitmachgesellschaft. Bürgerengagement – Freiwillige sind eine wichtige Stütze – brauchen aber auch selbst Unterstützung. *Das Parlament, 63*, 34–36.

Statista (2019). *Verteilung der Bevölkerung* in Deutschland nach Migrationshintergrund im Jahr 2018.* https://de.statista.com/statistik/daten/studie/1236/umfrage/migrationshintergrund-der-bevoelkerung-in-deutschland/. Zugriffen: 02. Aug. 2019.

Steinbacher, E. (2000). Wohlfahrtsverbände und bürgerschaftliches Engagement – eine Allianz für die Gesellschaft? Wohlfahrtsverbändeforschung und ihr Blick auf freiwilliges und bürgerschaftliches Engagement. In U. Otto, S. Müller & C. Besenfelder (Hrsg.), *Bürgerschaftliches Engagement. Herausforderungen für Fachkräfte und Verbände* (S. 93–117). Opladen: Leske und Budrich.

Steinbacher, E. & Otto, U. (2000): Bürgerschaftliches Engagement als Herausforderung für Wohlfahrtsverbände. Das Beispiel eines Seniorenbüros im Deutschen Roten Kreuz (DRK). In. U. Otto, S. Müller & C. Besenfelder (Hrsg.), *Bürgerschaftliches Engagement. Herausforderungen für Fachkräfte und Verbände* (S. 1–19). Opladen: Leske und Budrich.

Steinbacher, E. (2004a). *Bürgerschaftliches Engagement in Wohlfahrtsverbänden. Professionelle und organisationale Herausforderungen in der Sozialen Arbeit.* Wiesbaden: Deutscher Universitäts-Verlag.

Steinbacher, E. (2004b). Lebensweltorientierte Fachlichkeit in der Förderung bürgerschaftlichen Engagement. In K. Grunwald & H. Thiersch (Hrsg.), *Praxis Lebensweltorientierter Sozialer Arbeit. Handlungszugänge und Methoden in unterschiedlichen Arbeitsfeldern* (S. 317–331). Weinheim: Beltz Juventa.

Straßburger, G., & Rieger, J. (2014). Partizipation kompakt – Komplexe Zusammenhänge auf den Punkt gebracht. In G. Straßburger & J. Rieger (Hrsg.), *Partizipation kompakt. Für Studium, Lehre und Praxis sozialer Berufe* (S. 230–239). Weinheim: Beltz Juventa.

Streeck, W., & Schmitter, P. C. (1996). Gemeinschaft, Markt, Staat – und Verbände? In P. Kenis & V. Schneider (Hrsg.), *Organisation und Netzwerk. Institutionelle Steuerung in Wirtschaft und Politik* (S. 123–164). Frankfurt a. M.: Campus Verlag.

Tabatt-Hischfeldt, A. (2018). *Öffentliche Steuerung und Gestaltung der kommunalen Sozialverwaltung im Wandel. Eine Einführung.* Wiesbaden: Springer.

Thränhardt, D. (2010). Engagement und Integration. In T. Olk, A. Klein, & B. Hartnuß (Hrsg.), *Engagementpolitik. Die Entwicklung der Zivilgesellschaft als politische Aufgabe* (S. 510–524). Wiesbaden: VS Verlag.

Uslucan, H.-H. (2015). Freiwilliges Engagement von Zuwanderern. *Aus Politik und Zeitschichte (ApuZ). Engagement* 65(14–15), 28–34.

Vandamme, R. (2007). Monetarisierung und Bürgerschaftliches Engagement — Plädoyer für eine konsequente Stärkung des Bürgerschaftlichen Engagements! *bbe Newsletter* 24/2007. https://www.b-b-e.de/uploads/media/nl24_vandamme.pdf. Zugriffen: 20. Okt. 2017.

Vandamme, R. (2011). Bürgerorientierung in der Kommunalverwaltung: Ansätze und Perspektiven. In A. Klein, P. Fuchs, & A. Flohé (Hrsg.), *Handbuch Kommunale Engagementförderung im sozialen Bereich* (S. 258–269). Berlin: Eigenverlag des Deutschen Vereins für öffentliche und private Fürsorge e. V.

Vandamme, R. (2013). Anstelle eines Abschiedsbriefes: Beobachtungen zur Zukunft der Kommunalen Anlaufstellen für Bürgerschaftliches Engagement. In Städtetag Baden-Württemberg (Hrsg.), *Kommunale Anlaufstellen für Bürgerschaftliches Engagement. Fakten. Instrumente. Innenansichten* (S. 116–125). Stuttgart. https://www.

staedtetag-bw.de/media/custom/2295_76_1.PDF?1369827710. Zugegriffen: 13. Mai 2020.

Weber, U. (2019). Care im bürgerschaftlichen Engagement und ziviler Partizipation mit Blick auf die neue Welt der Pflegestärkungsgesetze und die UstA-VO in Baden-Württemberg. In L. Kolhoff (Hrsg.), *Aktuelle Diskurse in der Sozialwirtschaft II, Perspektiven Sozialwirtschaft und Sozialmanagement* (S. 251–272). Wiesbaden: Springer.

Weber, U., & Ferdinand, A. C. (Hrsg.). (2009). *Heimat in Reutlingen. Draufsichten, Einsichten, Aussichten*. Reutlingen: Oertel und Spörer.

Wurtzbacher, J. (2014). Politische Grundlagen von Partizipation: Leitbild und Beteiligungsformen. In G. Straßburger & J. Rieger (Hrsg.), *Partizipation kompakt. Für Studium, Lehre und Praxis sozialer Berufe* (S. 99–107). Weinheim: Beltz Juventa.

Zängl, P. (2013). Seniorenpolitik. In K. Grunwald, G. Horcher, & B. Maelicke (Hrsg.), *Lexikon der Sozialwirtschaft* (2. Aufl., S. 874–875). Baden-Baden: Nomos.

Zentrum für Qualität in der Pflege (Hrsg.). (2013). Freiwilliges Engagement im pflegerischen Versorgungsmix – Themenreport. Berlin. https://www.zqp.de/wp-content/uploads/2016/06/ZQP_Themenreport_Freiwilliges_Engagement.pdf. Zugriffen: 26. Juni 2019.

Zimmer, A. (2009). Bürgergesellschaftliches Engagement – Thema von Lehre und Forschung? In I. Bode, A. Evers, & A. Klein (Hrsg.), *Bürgergesellschaft als Projekt. Eine Bestandsaufnahme zu Entwicklung und Förderung zivilgesellschaftlicher Potentiale in Deutschland* (S. 80–100). Wiesbaden: VS Verlag.

Zimmer, A. (2012). Die verschiedenen Dimensionen der Zivilgesellschaft. *Bundeszentrale für politische Bildung (bpb)*. https://www.bpb.de/politik/grundfragen/deutsche-verhaeltnisse-einesozialkunde/139713/dimensionen. Zugegriffen: 6. Nov. 2017.

Zimmer, A., & Rauschenbach, Th. (2011). Bürgerschaftliches Engagement unter Druck? Eine Einleitung. In Th. Rauschenbach & A. Zimmer (Hrsg.), *Bürgerschaftliches Engagement unter Druck? Analysen und Befunde aus den Bereichen Soziales, Kultur und Sport* (S. 11–28). Opladen: Barbara Budrich.

The manufacturer's authorised representative in the EU is Springer Nature Customer Service Centre GmbH, Europaplatz 3, 69115 Heidelberg, Germany. If you have any concerns regarding our products, please contact ProductSafety@springernature.com

Printed and bound by CPI Group (UK) Ltd, Croydon, CR0 4YY

25/03/2026

02078225-0009